指称、语境与语义学

任远 著

中国社会科学出版社

图书在版编目（CIP）数据

指称、语境与语义学 / 任远著 . —北京：中国社会科学出版社，2022.10
ISBN 978-7-5227-1050-1

Ⅰ.①指… Ⅱ.①任… Ⅲ.①分析哲学—研究 Ⅳ.①B089

中国版本图书馆 CIP 数据核字（2022）第 220181 号

出 版 人	赵剑英
责任编辑	孙　萍
责任校对	王佳玉
责任印制	王　超

出　　版	中国社会科学出版社
社　　址	北京鼓楼西大街甲 158 号
邮　　编	100720
网　　址	http://www.csspw.cn
发 行 部	010-84083685
门 市 部	010-84029450
经　　销	新华书店及其他书店
印　　刷	北京君升印刷有限公司
装　　订	廊坊市广阳区广增装订厂
版　　次	2022 年 10 月第 1 版
印　　次	2022 年 10 月第 1 次印刷
开　　本	710×1000　1/16
印　　张	18.5
插　　页	2
字　　数	293 千字
定　　价	98.00 元

凡购买中国社会科学出版社图书，如有质量问题请与本社营销中心联系调换
电话：010-84083683
版权所有　侵权必究

引　　言

以逻辑和语言分析为基本特征的分析哲学在 20 世纪 70 年代迎来转折，克里普克的《命名与必然性》与卡普兰的《论指示词》这两篇经典文献不但催生了新指称理论的兴起，也为分析哲学带来前所未有的方法。卡普兰在提出一种直接指称理论的同时，也给出了最早的二维语义框架，通过两种语境的区分，把语言学意义、认知意义与真值条件内容加以明确的区别，瓦解了高度整合的弗雷格式涵义。这项工作为后来的语言哲学、心灵哲学、模态形而上学和哲学逻辑的发展开辟了道路。在某种意义上，本书通过对最近 20 年中发展出来的主流哲学语义学的梳理，见证了卡普兰工作的深远影响。我们不妨说，如果以语言哲学为中心的狭义分析哲学运动以弗雷格的《涵义与指称》作为发端，那么某种意义上它衰落于克里普克和卡普兰关于指称与模态之关系的发现。

本书的内容大致可以分为两个部分。我们首先给出了指称理论的基本框架和当代发展简史，以直接指称理论为中心论述新指称理论的兴起（第一章）。在比较弗雷格和罗素关于指称理论的奠基性阐述的基础上，这里特别是试图回答欣迪卡对维特根斯坦与新指称理论之关系的提问，表明前期维特根斯坦并非欣迪卡所设想的那样可能是直接指称论者，而后期维特根斯坦在指称问题上也并非如传统所认为的那样支持簇描述理论（第二章）。新指称理论从限定摹状词的指称性使用的发现出发，通过指称的因果理论和语义外部论在哲学方法上给传统语言哲学带来巨大冲击（第三章），到直接指称理论奠定新指称理论的主要成果。直接指称理论论证了与表达式相联系的描述性识别性质与语句真值条件的模态变更不兼容，因此以这种方式表述的涵义不能进入句子的语义内容中（第四章）。如何回答认知意义的问题和应对命题态度归属态度的问题，是直接指称论者必须应对的挑战（第五章）。作为实验哲学运动的典范领域，实验语义学希望通过说明东西方指称实践的跨文化差异，表明扶手椅上的先验论证作为哲学方法论的局限，以及直觉对于哲学研究的关键影响。我们通过对实验语义学方法的质疑，表明指称多元论的论题还需要更为坚实的论证（第六章）。

新指称理论揭示了弗雷格式涵义的语义层面和认知层面的内容具有相互冲突的特征，新弗雷格主义的一种应对策略是重新解释涵义概念，使得涵义具有非描述性和动态的特征，以回避模态和索引性的批评，同时由于对涵义的认知特征的强调，这种处理因而也颠覆了"语言先于思想"的语言哲学教条，为语言哲学与心灵哲学的沟通提供了桥梁（第七章）。语义学的核心观念是考察语句类型在特定语境下形成的陈说的真值条件。根据组合语义学，分析用以表达命题的句子的成分特别是指称表达式对所表达命题的语义贡献，以及用可能世界语义学来说明命题作为内涵实体的特征，是考察命题真值条件的关键因素。但这样表述的时候，仍然是前卡普兰式的语义学观念。当前语言和逻辑哲学的核心关注，在于语境因素对于语句内容的影响，这里有各种语境和内容需要进行深入分析。从路易斯和卡普兰基于语境的索引语义学研究的兴起，陈说的使用语境和赋值语境的区分、形而上学语境与认知语境的区分、使用语境与评价语境的区分，构成了当代语义学的最重要主题，代表工作分别是卡普兰的指示词的语义学（第四章）、查尔默斯的二维语义学（第八章）和麦克法兰的相对主义的语义学（第九章）。这些语义学的共同特征是都具有二维语境指标，而各自区分了语言学意义和语义内容，以及真值条件内涵和认知内涵、语义内容和评价内容。对于这类语境和内容的处理，已经远远超出了传统语言哲学对于意义理论的追寻，而是把主要论题置入心理内容、形而上学、认识论以及哲学领域的各个方面。查尔默斯的二维语义学试图一揽子解决长期以来语言和心灵哲学中留下的主要困惑。麦克法兰的语义学方法则给了相对主义这种屡受诟病却又无处不在的哲学立场以新生。此外，还存在着一种否认语句的真值条件内容能够在语义学框架内得到充分解释的思潮，即是雷卡纳提等人提倡的真值条件语用学。最小主义与激进语境主义的论战是语言哲学在当代的主要领地，试图通过解释语境敏感性的影响范围而确定语义学的边界（第十章）。

本书的相当部分内容曾以删节的形式在一些哲学期刊上发表，相关内容收入本书时又进行了删改和补充，本书呈现的是作者数年来在指称理论和哲学语义学领域作为整体的研究面貌，期待得到同行的批评和指正。感谢多年来给予笔者帮助的同事和师友，感谢本书责编为此书出版付出的劳动。

目　　录

第一章　什么是指称理论 ………………………………………（1）
　第一节　指称问题的相关基本概念 ………………………………（1）
　第二节　不同层次的指称问题 ……………………………………（7）
　第三节　指称概念是一个确定的和基本的概念吗 ………………（16）

第二章　早期分析哲学中的指称理论 …………………………（19）
　第一节　所谓弗雷格—罗素传统 …………………………………（19）
　第二节　弗雷格式思想与罗素式命题 ……………………………（24）
　第三节　维特根斯坦的指称理论 …………………………………（28）
　第四节　新指称理论的兴起 ………………………………………（49）

第三章　摹状词的指称性使用与指称的因果理论 ……………（55）
　第一节　限定摹状词的指称性使用 ………………………………（55）
　第二节　指称的因果理论 …………………………………………（69）

第四章　直接指称理论 …………………………………………（80）
　第一节　唐纳兰—克里普克对描述主义的批评 …………………（80）
　第二节　卡普兰—佩里的直接指称理论 …………………………（86）
　第三节　直接指称理论与直接指称词项 …………………………（94）
　第四节　直接指称理论与其他新指称理论 ………………………（104）

第五章　信念归属、交流与语义内容 ……………………………（109）
　　第一节　直接指称与认知意义 …………………………………（109）
　　第二节　指称性交流的结构 ……………………………………（116）
　　第三节　信念归属与语义内容 …………………………………（131）

第六章　实验语义学与指称理论 …………………………………（137）
　　第一节　实验语义学的基本主张和论证路线 …………………（139）
　　第二节　跨文化直觉差异与实验设计 …………………………（142）
　　第三节　直觉、语义事实与指称的约定 ………………………（145）
　　第四节　寻找指称理论的方法论与哲学直觉 …………………（150）
　　第五节　解释跨文化差异 ………………………………………（157）

第七章　弗雷格式涵义概念的构成与解释 ………………………（162）
　　第一节　弗雷格式涵义概念的二重性构成 ……………………（162）
　　第二节　新弗雷格主义对涵义的认知解释 ……………………（173）
　　第三节　新弗雷格主义与直接指称理论 ………………………（183）
　　第四节　对涵义概念的语用预设解释 …………………………（190）

第八章　内涵与二维语义学 ………………………………………（197）
　　第一节　二维语义学的理论动机和基本思路 …………………（198）
　　第二节　认知内涵：认知必然性与先天性 ……………………（204）
　　第三节　可设想性、认知可能性与形而上学可能性 …………（210）
　　第四节　索莫斯的批评和查尔默斯的回应 ……………………（215）

第九章　相对主义的语义学 ………………………………………（222）
　　第一节　相对主义与评价敏感性 ………………………………（223）
　　第二节　相对主义真概念的形式刻画 …………………………（226）
　　第三节　相对主义真概念的哲学解释 …………………………（230）
　　第四节　对相对主义真概念的质疑与回应 ……………………（236）

第十章　意义与语境敏感性 （245）
第一节　问题的背景 （245）
第二节　最小主义与语境主义 （248）
第三节　对几个基本问题的探讨 （260）

参考文献 （273）

第 一 章

什么是指称理论

第一节 指称问题的相关基本概念

一 关于指称概念的几点区分

指称问题展现为不同的维度,其中一种主要的提问方式是:自然语言中的指称表达式和外语言的对象之间是如何相关的?这种提法明显地继承了传统认识论的核心问题,在那里问题是:认知主体如何切中超越的客体?在分析传统下的心灵哲学中,这个问题则变成:心理表征如何可能成为外部对象的表征,即意向性或关于性的本质是什么?于是我们注意到,当代语言哲学中的指称问题在某个层面上仍旧是传统认识论问题在语言学转向后的延续:自然语言中的指称表达式表征外语言的对象如何可能?

但这并不是指称问题的全部,甚至也不是本书所要关心的首要问题。语言表达式的意向性显然是心理状态的意向性的派生物,正如普特南所指出的,符号或任何物理对象本身无法指称此物而不指称彼物,然而,心灵中的思想则显然确实能够指称此物而不是彼物。[①] 塞尔显然也赞同这一点:"我们不可能借助语言的意向性来解释心灵的意向性,因为语言的意向性已经是依赖于心灵的意向性了。"[②]

我们首先需要澄清问题域。我们说某个表达式指称某个对象是什么意

[①] Hilary Putnam, *Reason, Truth and History*, Cambridge: Cambridge University Press, 1981, p. 2.

[②] John Searle, *Mind, Language and Society*, Basic Books, 1998, p. 91.

思？它与我们所说的某认知主体思考某个对象（心灵哲学）、谈论某个对象（语义学）、识别某个对象（认识论），这之间的区别和关联何在？在此我们先明确下述概念上的区分。后文将指出，混淆相关的区分正是许多有关指称的困惑产生的原因。

（1）指谓（denote）和指涉（refer）的区分。这一区分被罗素（1905）和斯特劳森（1950）关于摹状词的论战带出。当我们说表达式 e 指谓对象 O，我们不用考虑表达式的使用者，并且显示表达式和对象之间的关系是相对稳定的，这意味着指谓关系是表达式和对象之间的二元关系，这一关系是语义关系。另外，当我们说，某说话者 S 使用表达式 e 向听者 A 指涉对象 O 时，这一关系涉及说话者和听者、表达式和对象，因此是四元的语用关系；这也意味着，指涉总是在某一场合下的一个言语行为。语义关系和语用关系的典型差别之一是后者以非系统的方式与语境相关联，特别是当语境因素中包含说话者意图时。需要指出的是，许多相关文献中并不总是明确做出这种区分，相当多的文献笼统地将两者混合在一起而表述成：语言表达式 e 和对象 O 之间具有指称（reference）关系。[①]后文中除非讨论的需要我们也不刻意强调这一区分，但这一区分始终要被注意到。

（2）谈论（talk about）某个对象和思考（think of）某个对象的区分。罗蒂指出了谈论某个对象和指称某个对象的区别。[②]罗蒂认为指称关系承诺了被指称对象的存在，而谈论某个对象则不必做出这样的承诺。但罗蒂的区分不过是指谓/指涉区分的一种特殊情况。当我们考察作为涉及认知主体的指涉关系时，这一关系以何种方式体现仍不明确。至少有一种主要的认知主体指涉对象的方式，即谈论某个对象。此外还有一种不明显的指涉关系，即思考某个对象。二者之间存在着显著的差别：一方面，谈论某个对象意味着必须使用语言表达式，动用声音、书写、姿势等物理上可明显进行公共观察的符号，也即，对象需要以某种语言学或语言交流的

[①] 还有一些文献喜欢使用"指派"（designate），这个词更加灵活，不受指称表达式的类型的限制。

[②] Richard Rorty, *Philosophy and The Mirror of Nature*, Princeton University Press, 1979, p. 289. 罗蒂用"事实的"和"意向的"来区别这两种关系。在此罗蒂用指称（reference）一词，似乎主要考虑的是指谓。

方式来被给出，而思考某个对象则未必需要直接使用语言表达式，某些哲学家认为我们通过某种"思想的语言"或"心理语"来进行思考，还有相当多哲学家和语言学家（如 Jackendoff，1992）认为我们直接思考的不是对象而是概念（concept）。无论如何，思考某个对象，即使得对象进入我们的思想或将之作为思想的一个构成成分，在很大程度上是认知主体的心理过程而不完全是言语行为。另一方面，谈论某个对象显然需要以思考某个对象作为其必要条件。这不仅因为，理性认知主体的言语行为是对思想的表达，而且在于，在指称性交流活动中，成功交流得以进行需要说话者和听者之间的相互理解，听者需要把握说话者的指称意图而不仅仅是说话者所使用的语言表达式，因此"指涉行为必须通过思考对象这一概念来解释"[①]。

（3）思考（think of）某个对象与识别（identify）某个对象的区分。思考某个对象有多种方式，例如，按照埃文斯（Evans，1982）的建议，我们可以用知觉的方式、回忆的方式和交流（被告知）的方式来思考某个对象，当然我们也可以用描述的或纯定性的方式来思考某个对象。按照某些观点（如 Frege，1892/1952 和 Evans，1982），当外部对象被思考时，也即对象被呈现于认知主体的意识之中时，总是以特定的方式、从某个单侧去被呈现，也即思考某个对象总是从特定的方式去思考。与此对照，识别某个对象则要求把对象以整体的方式被给出，也即，识别对象的结果是要求知道所考察的对象是哪一个对象，要求把这个对象与同一背景中的其他对象区分出来。识别对象也有多种方式，例如斯特劳森（1959）建议有相对于叙事的识别（story-relative identification）和直接定位的识别（direct-location identification）。另一方面，我们还可以区分描述性识别（利用描述性条件进行识别）和指示性识别（利用指示行为进行识别）。思考某个对象是否要求以对该对象的识别为前提，或至少包含识别该对象的能力？这个问题并不简单，例如罗素和埃文斯对此持肯定的态度而 Bach 对此持否定的态度。本书将会讨论这个问题，但我们首先至少要意识到这是两件不同的事情。

（4）思考某个对象的方式与谈论某个对象的内容的区分。这一区分

---

① Kent Bach，*Thought and Reference*，Oxford：Oxford University Press，1987，p. 40.

相对于本书的主题极其重要。表面上看来，在语言交流活动中，说话者所谈论的内容就是说话者所思考的东西。根据弗雷格以及后来成为分析哲学之中心教条的某种观点：所思考的东西被所谈论的东西所表达，研究思想的最好办法就是研究语言。但是，关键在于，认知主体以这种方式或那种方式思考某个对象，或某对象以这种方式或那种方式呈现给认知主体，这一点是如何进入主体使用语言表达式对该对象的谈论之中的？在此我们要询问的是，当说话者在某个语境下说出了（utter）某个包含指称表达式 e 的句子 S，他说出或谈论了什么东西？可能的候选者比如：（a）说话者说出了这个句子的习规的语言学意义；（b）说话者说出了关于表达式 e 所指涉之对象具有某个性质，该对象和性质的结合代表了世界中的某个事态；（c）说话者传达了他关于所指涉对象的某种信念；（d）说话者传达了某种他期待使听者领会的意图；等等。描述在某次语言交流活动中说话者说出的包含指称表达式的句子究竟在那个语境下有多少种含义（significance）并不容易，因为这已经是在要求一个合理的包含不同层次的意义理论。在这一意义理论中，某个层次探讨的是陈说的习规意义，另一个层次讨论的是陈说（utterance）的真值条件，还有的层次探讨的是陈说的认知效用，别的层次讨论的则是陈说的会话蕴涵，等等。无论如何，这些不同的意义层次与说话者思考对象的方式的关联是复杂的。探讨这种关联就是本书的主要目的之一。

（5）关于指称的事实和关于指称的知识的区分。考虑："Aristotle"指称亚里士多德，"水"指称水，这些分别是英语和汉语里有关语言使用中的语义事实。另一方面，"Cicero"的指称是西塞罗，"Tully"的指称也是西塞罗，这也是两个语义事实。但是，大部分人知道"Cicero"的指称是西塞罗这一语义事实，只有较少的人知道"Tully"的指称也是西塞罗这一语义事实。这提示我们，不可混淆关于指称的事实和关于指称的知识：如果你不知道"Cicero"的指称是西塞罗，你就不能完整理解包含指称表达式"Cicero"的句子，但这与"Cicero"指称西塞罗是否为一个语言学中的事实，两者是不同的。其次，"Cicero"（以及"Tully"）凭借何种条件指称西塞罗，与知道哪些东西才能知道"Cicero"的指称是西塞罗，也是不同的问题。名称"Cicero"和"Tully"也许会凭借近似的条件（如非常类似的因果链）指称西塞罗，但是，理解名称"Cicero"和

"Tully", 即知道"Cicero"的指称是西塞罗与知道"Tully"的指称也是西塞罗, 可能需要不同的知识。因此, 我们还要将关于指称确定的条件和关于名称之理解的知识区分开。

二　指称表达式的种类

当我们试图建立某个指称理论来一般性地说明指称表达式和外语言对象的关联, 我们似乎预设了存在某个普遍的理论来系统说明所有的指称表达式是如何与对象相关联的, 以及它们是如何去影响包含指称表达式的句子在特定语境下的陈说的真值的。但这可能只是一种误解。不妨先考虑研究指称问题的通常的进路。设某个语言表达式 e 在某个语境 C 中之所以能被说话者用于指涉外语言实在中的对象 O, 据说, 是由于存在着下述事情中的一项或几项成立:

(1) 根据描述理论: 对象 O 满足指称表达式 e 的涵义, 或对象 O 落入与表达式 e 相关联的概念之中;

(2) 根据历史—因果理论: 对象 O 和指称表达式 e 之间存在某种历史或因果之关联;

(3) 根据意向理论: 某说话者 S 意图在特定场合用指称表达式 e 来代表 O。

这些理论解释各有其困难, 但其中一个共同的问题是这类表述方式忽略了不同指称表达式的类型差异, 而这种类型差异对于指称理论的选择可能具有根本的重要性。正如埃文斯 (1982) 的书名所暗示的, 事实上是存在着不同种类的指称, 每种指称表达式要求各自的语义理论。因此, 我们有必要区分不同类型的指称表达式。目前, 我们暂时按照语法范畴做出这一区分, 但这并不意味着在具体使用场合中这些指称表达式的语义行为总可以按照其语法范畴来区分。

自然语言中被用于指涉某种外语言对象的表达式, 在句法上被当作单称词项的范畴, 典型地在句子中被用作逻辑主语, 通常包括下述类别:

(1) 名称: 通常包括专名和通名, 特别地, 后者包括自然类名和理论词项。

专名: 包括人名、地名等, 一般地, 指特定对象的专有名称。专名看上去颇为简单, 在实际处理上则相当复杂, 事实上, "专名形成了对指称理论的测试"①。

自然类名：指涉自然类（如榆树、老虎、黄金等）的词项，实际上是通名。

理论词项：自然科学中用于指涉可能是抽象实体的名称，如电子等。理论词项的指称问题与有关科学实在论的争论有关，本书不讨论这类词项。

（2）摹状词，包括限定和不定摹状词。限定摹状词的一般形式是定冠词加上形容词或名词短语，即形如"the F"，"F"表达了某个性质。相应地，不定摹状词常具有"an F"的形式。限定摹状词和非限定摹状词的主要区别在于满足摹状词的描述性条件的对象是否是唯一。摹状词的主要特征是显性地具有描述性意义，或者说其描述性意义被语言学编码于句法构成之中。某些哲学家认为摹状词并不是真正的指称表达式或单称词项，但这是指摹状词对包含它的句子的语义贡献可能不是某个外部对象；然而就指涉关系而言，我们总是假定说话者可以使用摹状词来谈论某个对象。

（3）索引词和指示词。前者如"我""你""现在""此处"等，后者如"他""那里""这些"等。卡普兰（1977）指出了纯粹索引词和真正指示词之间的区别②：纯粹索引词本身有明显的描述性意义，使用时具有自反性特征，例如，"我"的意义是"在任一场合下说出包含此表达式的该句子的说话者"，并且"我"这个词总是指向这个说话者；另一方面，真正的指示词不具备描述性意义，但总是伴随着相关的指示行为以辅助确定指示词在特定场合下的指示对象。

值得注意的是，对于"他"这类语法上用作代词的表达式，实际上存在着两种不同使用。一种是如上用作指示词，伴随着特定的指示动作指涉邻近空间中的特定个体。另一种是用于复指现象，即在句子的语境中指涉先行词所指涉的对象，这是一种"语法上的懒惰"。卡普兰把"他"这

---

① Keith Donnellan, "Proper Names and Identifying Descriptions", in D. Davidson and G. Harman, eds., *The Semantics of Natural Language*, Dordrecht: Reidel, 1972, p. 358.

② B. Caplan (2003) 指出，如果不是卡普兰的工作，可能我们现在还在用罗素的"自我中心的殊相"（egocentric particulars）或赖欣巴赫的"自反性的殊型"（token reflexives）这类术语来谈论索引词。Ben Caplan, "Putting things in contexts", *Philosophical Review*, 112（2），2003, p. 191.

类词的两种使用与形式语言中的自由变元和约束变元相类比,前者的语义值是基于指派的而后者的语义值是通过语法结构给出的。

此外还有一类复杂指示词。复杂指示词是将简单指示词如"that"与表达性质的形容词或名词性短语"F"结合起来得到的词项,即形如"that F"的词项,例如,"那个穿黑衣的女人"等。复杂指示词与简单指示词的不同在于,简单指示词"that"在被说出的时候,往往伴随着指示性动作,复杂指示词"that F"在被说出的时候,可能但是不必伴随着指示性动作。

可以将自然语言中的指称表达式与一阶形式语言中的单称词项作简单的类比:

指示词:类似于一阶语言中的个体自由变元;其特征是指示词的指称根据陈说语境而变化,可指向任何对象,依赖于说话者的当下意图和具体的指示动作;

索引词:类似于一阶语言中的带自由变元的函项;其特征是索引词的指称根据陈说语境而变化,可按照一定的规则指向任何对象,依赖于与表达式的相关的语言学习规;

摹状词:类似于一阶语言中的概念或函项;其特征是指向满足摹状词所表达概念的对象,在同一赋值环境中相对于陈说语境保持相对稳定,但在不同赋值环境中可能产生变化;

自然类名:类似于一阶语言中的个体常元的集合或谓词常元;其特征是指向固定的对象集合,既不随陈说语境变化也不随赋值环境而变化;

专名:类似于一阶语言中的个体常元;其特征是指向固定的对象,既不随陈说语境变化也不随赋值环境而变化。

注意到这种类比尽管不是严格意义上的分类学(taxonomy)上的类比,但在某种意义上,它们仍然体现了不同的指称表达式和所指涉对象相对于陈说语境在关联程度的确定性(当下性)的连续谱系。

第二节 不同层次的指称问题

指称问题的一般提法是,语言表达式表征(represent)外语言的对象,这如何可能?我们希望把这个问题置于更广阔的问题框架中,即某实体a表征另一实体b，其充要条件是什么？例如，某个肖像表征某一人物，某个符号表征某一意义，以及某些心理图像（如果有的话）表征某一实在中的对象或事态，其充要条件如何？语言指称问题因此与心理表征问题和符号学理论之间有着密切的呼应。

指称问题的复杂性往往在于有不同方面的问题纠缠其中。其中最突出的一个问题是指称理论与意义理论的关系问题。不同哲学家对此问题的立场大相径庭。例如，在达米特那里，指称理论是其意义理论（包括指称理论、涵义理论、语力理论）的核心，尽管指称本身"不是意义的一个部分"①，但是在戴维森那里，指称理论则在其整体论框架下的意义理论中找不到任何位置。而在蒯因那里，则是作为语义概念的两种需要被明确区分开的情形，指称理论虽然面临着某些难题，但是远比意义理论更有希望。另一方面，与谓词表达式不同，由于指称表达式的意义通常与其指称的对象关系密切，某些论者认为对于指称理论而言首要的是单称词项的意义理论②，另一些论者则坚持区分关于名称的意义理论和指称理论③。还有论者④把指称理论作为广义的语义学（包括语义学和心理语义学）的一部分，后者的主要任务在于行为解释和表征实在。Soames（1989b）区分了两种语义理论，即基于命题态度的语义理论观和基于真值条件的语义理论观。根据前者，语义理论的作用在于告诉我们相对于某个陈说语境句子表达了什么内容，从而句子的意义就是从陈说语境到命题内容（what is said）的函数；根据后者，语义理论的作用在于告诉我们什么是句子的真值条件，从而句子的意义是从陈说语境到真值条件的函数。假设某种合理的语义理论应当将这两种直觉结合起来，也即，将命题内容等同于真值条件。于是问题就变成什么是句子的真值条件，它应当是以对象为成分还是以涵义为成分，这正是直接指称理论和弗雷格主义的争论之焦点。

到底什么是指称理论？这即是问，指称理论的问题领域和理论任务是

---

① Michael Dummett, *The Logical Basis of Metaphysics*, Cambridge: Harvard University Press, 1991, p. 123.

② Schiffer, Stephen, "The Basis of Reference", *Erkenntins*, Vol. 13, No. 1, 1978.

③ Ziff, Paul, "About Proper Name", *Mind*, Vol. 86, 1977.

④ Devitt, Michael, "Against Direct Reference", In *Midwest Studies in Philosophy*, Vol. 14, 1989.

什么？对此至少可以作出若干不同回答。比如，指称理论作为形式语义学理论，也即，其主要任务是描述单称词项的语义值的指派，以及这种指派与包含单称词项的句子的真值指派之间的关系。根据这种观点，指称理论是构成意义理论的基本的组成部分。又比如，指称理论作为语言表征理论，其主要任务是解释语言和外语言的世界之物是如何被关联的，这种观点预设了语言和世界是两个形上学上分离的领域：直观上，这意味着一边是说话者持有某语言表达式，一边是说话者识别出世界中的某对象。还有一种观点认为，指称理论作为现象学或意向性理论，它要求解释包含指称表达式的思想如何与说话者的意图相关，如何影响语言使用者的交往行为和理性行动。

因此，粗略而言，我们认为在指称问题中，主要关心的相关问题包括：真值条件问题（指称表达式对所在语句在特定场合下的陈说的真值条件的贡献）、表征实在问题（指称表达式是如何与实在中的对象发生联系的）、认知意义与行为解释问题（包含指称表达式的句子和思想是如何影响认知主体的信念和行为的），以及交流问题（包含指称表达式的句子的陈说在特定的场合下传达了哪些信息使得成功的语言交流活动得以可能）。这四方面的问题显然不能截然分开，但是划分和限定不同的问题域将有利于我们将问题表述得更清楚，讨论不同问题域之间的相互关联因而也是题中之义。于是，本书将指称这一概念所涉及的这些主要问题表述为下述四个层次的框架：

一 指称问题的认识论方面和语义学方面

由于指称表达式总是被用于指涉外语言的对象，问题自然浮现为该如何解释这一语言现象。或一般地，作为指称表达式的语言的某一部分与作为对象的实在的某一部分是如何关联的？注意这一问题询问的是指称表达式如何（how）与对象关联，而不是指称表达式与哪个（what）对象关联。前一问题假定了后一问题作为已知的语义事实而询问这种事实的来由。因此，认识论问题的核心在于认知主体对于建立某种语义事实中所起的作用。对这一问题的回答的关键是，是否存在某个能够决定指称的"涵义"，从而使得指称表达式具有指涉外语言对象的"能力"。分析哲学中的传统阵营肯定这种"涵义"的存在，并将之作为表达式和对象之间的认知中介；而新阵营则否认这种"涵义"的存在，将表达式和对象之间的关联描述成偶然的历史事实。后文我们将详细分析这种"涵义"概念的笛卡儿主义根源，但目前我们还要注意认识论层面的不同情况。

（1）表征问题（或现象学问题）：指称表达式何以能够指称或代表外语言的对象？指称表达式的意向性从何而来？表达式表征某对象的充要条件如何？

（2）识别问题：通过何种规则，机制或过程，指称表达式来获得（get）或确定（fix）其指称。

（3）知识问题：理解一个包含指称表达式的句子需要哪些知识？它与获得表达式的指称之间的关系如何？

认识论问题要解释指称表达式之所以具有某种语义值或指称对象的原因，还要解释语义值可能会发生的变化。换言之，认识论问题是语义学的基础，为某种语义理论的合理性提供辩护。这正是卡普兰称之为"元语义学"、Stalnaker 称之为"基础语义学"的原因。①

另一方面，指称问题的语义学方面，又被称为"描述语义学"问题，典型地与语言表达式的"意义"有关，在我们所关心的情况中主要讨论指称表达式的语义值，以及指称表达式所出现的句子的语义值问题。由于句子的语义值就是其真值②，句子的语义内容就是句子的真值条件，这是有关句子的语义学的最主要的方面。指称表达式的语义学问题，就是指称表达式对于所在句子的真值条件的贡献，及对句子的真值的影响。注意到对某个语义学理论的本体论或认识论的辩护并不是该语义学理论的一部分，也即语义学理论只描述语义学是什么，但无须解释为什么如此规定语义值的理由。将名称的指称确定的方式与名称的语义内容分开，正是克里普克在《命名与必然性》中做出的一个重要区分。通常，某句子所表达

---

① David Kaplan, "Afterthoughts", In J. Almog, J. Perry, and H. Wettstein. eds., *Themes from Kaplan*, Oxford: Oxford University Press, 1989, p. 574; Robert Stalanker, "Reference and Necessity", in *A Companion to Philosophy of Language*, eds., Bob Hale and Crispin Wright, Oxford: Blackwell, 1997, p. 535.

② 不同文献中对句子的语义值概念表述不同，Stalnaker（1997）称句子的语义值是真值，Thau（2002）第 4 章中称句子的语义值是真值条件。但这些说法上的分歧并不是实质性的，我们需要从论者的整体表述来把握术语的用法。

的命题被称为该句子的命题内容,相应地,指称表达式的内容则是指该表达式对于所在句子所表达的命题的语义贡献。于是,有关指称的语义学问题就体现为两个层次:

(1) 命题层次:包含指称表达式的句子表达了怎样的命题?特别地,这一命题是单称命题还是一般命题,或者,是独立于对象的命题还是依赖于对象的命题?

在这个层次上,显著的问题是内涵语境中,当对包含指称表达式的语句进行共指称词项替换时,其真值变化问题。

(2) 表达式层次:指称表达式(专名、索引词和指示词、摹状词)的语义内容是什么,此即,指称表达式对于所在句子的真值条件的贡献如何?特别地,指称表达式的语义内容是描述性的意义还是其所指称的对象?

注意到两个层次都有类型和殊型的区分。根据前者,所考虑的是句法范畴的表达式的一般语义特征;根据后者,所考虑的是表达式在特定场合出现时的语义表现。

语义学问题有时候体现出复杂的一面,那就是我们不清楚如何定义某个语句的"意义"。分析哲学传统中有一些著名的"意义"之给出方式:根据戴维森,句子的意义由该句子的真值条件给出;根据格莱斯,句子的意义可以还原成说话者意图所造成的行为反应;根据达米特,句子的意义构成于理解某种语言所必须的知识之中。在给出句子"意义"之定义的时候,哲学家们期望用合一的方式来刻画不同的有关意义的直觉,但困难往往在于,这样的直觉难以用合一的方式刻画出来。例如,Thau(2002)试图指出,根本就没有"句子的意义"这样一件事情,因为下述三种关于意义的直觉对于不同的表达式是不兼容的:

(1) 由句子的各成分意义合成的意义并决定句子的真值的东西;
(2) 同一句法范畴的句子在不同场合下所说出的相同的东西;
(3) 当句子在特定场合下被说出时说话者和听者所交流的东西。

正如我们将在后文看到的,卡普兰(1977)和佩里(1977)关于索引词的工作把(1)和(2)分开了,而格莱斯(1975)有关表达/交流的区分的工作则分别把(1)及(2)与(3)分开了。

本书中实际上将把语义学层次限定在与真值条件有关的层次上。注意到"真值条件"是一个带有明显的符合论色彩的术语,因而它与"表征"问题有着密切的联系。

二 指称问题的心理学方面和语用学方面

指称问题最终不仅仅是语言哲学中的问题,这不仅意味着对语言的意向性的根本解释最后必须诉诸心灵的意向性;而且在此我们要注意到,第一章第一节的区分已经表明,"指称某个对象"是个含混的说法,它既可以是指某种语义事实,也可以是指某种言语行为,还可以指某种心理状态或心理过程。一方面,我们可以"思考某个对象""知觉某个对象"甚至仅仅是"把注意力投向某个对象";另一方面,说话者在指称性交流行为中总存在某种"指称意图",即意图谈论某个对象,这一对象不一定与说话者实际使用的指称表达式所指涉的对象相同。

心灵的表征理论认为,心理状态是一种表征性的状态,具有获得、传达和使用信息的功能。当我们思考某个外部对象时,我们的心灵就处于这样一种状态,一方面,它与外部对象处于某种因果关系之中,能够发生协变作用,另一方面,它具有能被赋值为真假的内容,也即具有语义性质。如同在自然语言中存在着某类表达式用于指称外语言对象,我们假定在心理—神经状态中存在着某种我们可以称为"心理表征"或"心理指称"的东西来指涉外部对象。① 相对于语言学的句子层面的内部心理表征则可称为思想。

指称问题的心理学层面也包含着不同的问题。首先是心理表征或心灵意向性的解释问题。当代心灵哲学对这个问题的回答大多上采取了自然化的立场,即把心灵的意向性按照自然主义或物理主义的方式还原为其他非意向性的关系或功能。其次,对应于自然语言学的语义学,我们可以考察与指称有关的心理语义学,典型问题是,如何个体化某个信念或思想,以及思想具有何种结构?这方面文献中有著名的外部论和内部论之争,即应当采用认知主体内在的认知状态来个体化信念还是应当采用外在于认知主体心理状态的语境因素来个体化信念。与之相关的问题是,如何区分从言

---

① 例如,Evans (1982) 将关于对象的心理表征称为 "idea",Bach (1987) 称为 "mental name",Fodor (1993) 称为 "mentalese name"。

信念（思想）和从物信念（思想），后者是否必须还原成前者才能被理解，或至少后者的真值要通过前者来确定？所谓从物信念或从物思想即以对象为其成分的信念或思想。但是，我们如何能持有一个关于对象的思想，或对象如何能进入思想之中，这是一个非常重要的问题。

本书不打算专门考察上述前两方面的问题，但它们无疑构成了我们所关心的问题的理论背景。本书关注的是指称问题的心理学层面是如何影响其认识论层面和一般语义学层面的。特别地，我们需要考察指称问题的心理学层面对认知意义的解释。通常，共指称的不同语言表达式具有不同的认知意义，这是指不同的指称表达式会给我们的信念造成差异，以及以不同的方式影响我们的行为。这种认知意义的差别不一定能够在语言学意义的范围内得到解释，而必须诉诸心理学层面加以考虑，正如 Luntley 提出的"思想论题"："通过名称来思考某对象就是考察出现在某个句子中的名称对于主体行为的影响。"[1]

最后，当指称作为言语行为，核心的问题在于如何分析作为言语行为的指涉行为，以及如何解释指称性交流活动？说话者使用某个表达式以指涉某个对象，那么这一指涉行为成功进行的充要条件是什么？明显地，指称性交流是由说话者和听者共同完成的言语行为活动，核心在于传达指称。一方面，传达指称的必要条件是什么？另一方面，正确传达了指称是否就足以保证交流成功进行？因此，建立一个合适的言语交流模型是语用学层面的关键：它包括解释说话者意图的听者的理解、说话者和听者的公共知识、语境中的知觉因素等不同侧面。

考虑语用学层面的另外一层意思是，区别句子的命题内容与句子传达的信息，即格莱斯之所谓"所明言的"（what is said）和"所蕴涵的"（what is implicated）的区分。在指称性交流行为中，关于对象的某些信息是通过语义来表达的，某些信息是通过非语义的途径给出的。正确确认哪些信息属于语义表达的信息对于产生合理的意义理论至关重要。但语义—语用的界限非常不容易给出。

---

[1] Michael Luntley, *Contemporary Philosophy of Thought: Truth, World, Content*, Oxford: Blackwell, 1999, p. 211.

三 不同层次之间的关系

更为根本的问题在于，指称问题的上述不同层次之间的相互关系如何，也即，是否某些层次更为基本，以及是否存在统一的理论回答各个层次的问题，或者不同层次之间的问题具有某种相互独立性？对这些问题的讨论事实上超越了单纯的语言哲学中的指称理论的问题域，而更多地与意义理论、模态问题、心理内容理论以及诸种形上学立场密切相关，在此本书不可能给出完整的解释，下面仅作扼要说明。

以语义学层面与其他层面的关系为例，我们可以提出下述问题：（1）语义—语用的边界（interface）如何划分；（2）指称的认识论问题与语义学问题是否是独立的；（3）语义学和心理学中哪个层面在哲学解释上具有优先性？就问题（1）而言，主流的立场是认为语义学的领域是命题内容（what is said），语用学的领域是会话蕴涵，但是对于习规蕴涵（conventional implicature）应当属于哪个领域有较大争议。此外，还存在一种激进的语用学立场，认为即使是对于句子的真值条件的确定也不是语义学而是语用学的事情，因为句子的意义与各种不同的真值条件变更（truth-condition variety）是兼容的，其原因在于，使得同一句子类型的不同陈说的真值为真或假的可能境况是无穷的，并且不存在系统的方法来说明句子真值条件是如何随语境变化的。于是激进语用学的极端立场可以归纳为：根本就不存在真值条件语义学。[1] 就问题（2）而言，有些论者将前者称为指称问题，后者称为意义问题。外延主义者通常主张将两个领域明确分开。激进的直接指称论者 Wettstein 认为语义学无须承担解决认知意义的负担。反之，内涵主义者如 Church 和卡尔纳普主张将认识论吸纳进语义学之中，特别地，将"涵义"或认知意义的概念容纳在句子的真值条件之中。经典的描述主义指称理论事实上提供了对指称的认识论和语义学的合一解释，粗略而言，即名称的语义内容就是与名称相联系的对象的描述性的识别条件，因此在描述主义那里二者是相互依赖的，但这正是新指称理论的"语义学革命"所反对的。本书后面将仔细考察这一点。

---

[1] Charles Travis, "Pragmatics", in *A Companion to Philosophy of Language*, eds., Bob Hale and Crispin Wright, 1997, Oxford: Blackwell, 1997.

就问题（3）而言，即主张"语言先于思想"或者反之，涉及语言哲学的根本方法论。弗雷格以降的分析哲学之所以被称为发动了语言学转向，就在于下述基本的优先性论题：语言对思想的解释上的优先性。达米特解释这个论题时指出，"即使我们知道具有某个概念是怎么回事，我们也不能通过概念和语词的心理联系来解释语词是如何表达该概念的。因此，即使我们能够具有某个关于思想的哲学理论，我们也不能利用这个理论来构建对语言的哲学解释"①。但这一教条在 20 世纪 80 年代后日益遭到挑战。埃文斯（Evans，1985）认为涵义概念依赖于在先的思想概念②；塞尔（Searle，1983）更主张，语言哲学只是心灵哲学的分支，心理指称在解释上先于语言指称，谈论某个对象的必要条件是思考该对象。③ Devitt 则认为，语言的语义学密切关联于思想的语义学，并且后者具有某种优先性，"显然语义学应当告诉我们名称凭借什么东西来指涉指称。对此的解释必须不断地涉及心灵，因为除心灵及心灵与外部世界的关系外没有什么能建立指称的习规"④。Schiffer 则早就持有下述观点："我把指称理论的中心问题置于命题态度心理学的问题之中。因为知道某个句子的意义就是知道当说话者认真和字面地说出某个句子时所应当具有的命题态度。知道某个表达式的意义就是知道它对于所在句子的意义上的贡献。因此，指称理论首要而言就是单称词项的意义理论。指称理论的基础必定因此是使用单称词项之人的心灵中的思想理论；典型地，这一思想是有关在特定使用场合用单称词项所指涉的对象的思想。因此指称的基础是我们关于事物的思想的理论，也即，从物命题态度的理论。"⑤

此外，讨论不同层面的指称论题往往都要涉及各种形上学立场。例如一些直接指称论者预设了素朴的知觉实在论立场，即我们知觉所把握的是外部对象本身而不是某种"心理对象"或对象之表象。反之，语义理论

---

① Michael Dummett, *The Logical Basis of Metaphysics*, Cambridge: Harvard University Press, 1991, p. 315.

② Gareth Evans, *Collected Papers*, Oxford: Clarendon, 1985, p. 301.

③ John Searle, *Intentionality*, Cambridge: Cambridge University Press, 1983. 参见第 6 章和第 9 章。

④ Michael Devitt, "Against Direct Reference", In *Midwest Studies in Philosophy*, Vol. 14, 1989, p. 222.

⑤ Stephen Schiffer, "The Basis of Reference", *Erkenntnis*, Vol. 13, No. 1, 1978, p. 171.

家 Jackendoff 则支持基于概念论的指称理论。根据语义实在论：语言表达式指涉世界中的事物；而根据概念论，语言表达式指涉被语言使用者将世界之物概念化后的实体。① 因此，只有基于对不同形上学立场的差异的评价，分析不同的指称论题之间的实质性差异才是有意义的。

第三节 指称概念是一个确定的和基本的概念吗

关于指称关系的概念存在不同的负面观点。这些观点要么认为语言表达式和外语言对象之间的指称关系是脆弱和不稳定的，要么认为指称概念本身在哲学上不具备实质性内容。

蒯因（Quine，1960）利用著名的"gavagi"的思想实验来论证指称之不可测知性或不确定性论题。粗略而言，该论题要表明，基于彻底翻译假设或原始语言的观察经验作为输入，没有理由确定地得出哪一种翻译手册比别的翻译手册更为可靠；也即，对于同样的经验数据，存在着多个彼此不兼容的翻译手册或原始语言指称表达式的指派方式，使得它们都得到经验数据的相同的支持。Leeds 据此推出，指称不是一个完整的概念。② 普特南进一步用模型论方法推广了指称不确定性论题，断定"任何仅仅确定整个语句真值的方法都不能确定（谓词或自然类词项的）指称"③。

戴维森持有一种"无指称的实在"观，否认指称概念具有哲学上的重要性。意义整体论者戴维森认为意义的单位是整个语言，采取还原式的分析将句子意义分解成各部分的意义，最后还原成语词的指称，这种方法是不足取的。戴维森说道："行为主义者和其他要对语言和交流做出彻底分析的人放弃了堆积木式的处理方法而赞成一种使语句成为经验解释之焦点的研究方向。……语词除了在语句中发挥作用以外别无其他功能，这就是说，语词的语义特征是从语句的语义特征中抽象出来的……如果'乞

---

① Ray Jackendoff, "Why a Conceptualist of Theory of Reference", *Linguistics and Philosophy*, Vol. 21, 1998, p. 211.
② Stephen Leeds, "How to Think about Reference", *Journal of Philosophy*, 70, 1973, p. 495.
③ Hilary Putnam, *Reason, Truth and History*, Cambridge: Cambridge University Press, 1981, p. 33.

力马扎罗'指称乞力马扎罗山,那么,毫无疑问,在讲英语的说话者,这个词与这座山之间存在着某种关系。可是,人们能在不首先对这个词在语句中的作用给出解释的情况下来解释这种关系,这是不可思议的。"[1] 也就是说,在戴维森那里,语义学框架先于认识论,指称概念作为一种堆积木式或还原式的意义理论的基础是不适当的。

利兹(Leeds,1978)、布兰顿(Brandom,1994)、菲尔德(Field,2001)和霍里奇(Horich,1995,1998)等人分别表述了收缩论(deflationism)的指称观。作为当代真理理论的主流思潮,收缩论的方法被自然地延拓到对指称的分析上。粗略而言,收缩论的真理理论断言真谓词不具有实质性(特别地,如符合论所断言)的内容,而仅具有逻辑概括和语义上行的作用。类似地,根据收缩论的指称观,指称概念缺乏实质性内容,指称关系不是语言实体和外部世界实体的对应或关联关系,指称关系无非去引号。例如,菲尔德指出,"由收缩论产生的相关问题是,如果真值条件不占据中心地位,那么指称也很难占据中心地位,因为指称的重要性显然是从其对真值条件的贡献产生的。如果真值条件不占中心地位,真完全由去引号图式来解释,那么指称也可以完全由去引号图式来解释"[2]。根据菲尔德,关于指涉关系,我们不可能得出比去引号理论加上递归分析更丰富的理论,即全部关于指称的概念可以用下述图式来表示:

(R) 如果 b 存在,则"b"指涉 b 而不是任何别的东西;如果 b 不存在,则"b"什么也不指涉。[3] 与此类似,霍里奇则认为,所谓流行的指称的"描述理论"只是给出了名称的意义,指称的"因果理论"只是给出了指称关系在社会语言学层面上的跟从,这些理论不管本身正确与否,都未解释 x 指涉 y 是什么意思。按照 Horich 的说法,"x 指涉 y 粗略即 x 是单称词项'n'(引号内)并且 y 是事情 n(引号外)"。更精确地,这意味着下述两件事情:

(1) 等价图式,即 (x) (<n>指涉 * x 当且仅当 n = x),其中 <n>

---

[1] Donald Davidson, *Inquiries into Truth and Interpretation*, Oxford: Clarendon Press, 1984, p. 220.

[2] Hartry Field, *Truth and the Absence of Fact*, Oxford: Oxford University Press, 2001, p. 117.

[3] Hartry Field, *Truth and the Absence of Fact*, Oxford: Oxford University Press, 2001, p. 117.

是使用词项"n"表达的命题成分；(2) 用指涉*来定义指涉：w 指涉 x 当且仅当（∃k）(w 表达 k & k 指涉*x)。其中指涉关系用于单称词项，指涉*关系用于命题成分，指涉*关系是比词项的指涉关系更基本的关系，但它是不可被明确定义的。①

收缩论的指称理论认为除上述去引号图式外，不可能得出形如"'x 指涉 y'意味着'x 和 y 之间具有某种非语义关系 r'"或形如"x 指涉 y 的关系由 x 和 y 之间具有某种关系 r 构成"这样的实质性论断。收缩论并不否认指称关系的存在，但不认为指涉关系可以还原为某种更基本的关系，这是由于收缩论者认为：(1) 以去引号图式的例作为公理的理论已经给出了涉及指称之全部事实的解释基础，(2) 别的理论不可能比以去引号图式的例作为公理的理论更基本。②

这里我们需要在语词"指称"的意义和指称关系之间做出区分。在考察"指涉"或"指称"一词的意义时，正如考察作为谓词的"真"的意思时面临的情况类似，"x 指涉 y"的意思就是去引号。而加引号或去引号的实质即在于语义上行或下行。但指涉关系本身并不同于"指涉"一词的意义，承认"指涉"的意义是去引号并不妨碍我们进一步追问关于指涉关系的实质性问题。

---

① Paul Horich, *Meaning*, Oxford：Oxford University Press, 1998, p. 120.
② Paul Horich, *Meaning*, Oxford：Oxford University Press, 1998, pp. 123 – 124.

第 二 章

早期分析哲学中的指称理论

第一节 所谓弗雷格—罗素传统

弗雷格的《涵义与指称》(1892) 与罗素的《论指谓》(1905) 可以分别被视为分析哲学的奠基和开端之作。两篇文章的动机都是要解决类似的哲学—逻辑困惑，包括同一命题的信息性问题、否定存在陈述的真值问题、空名问题和命题态度语境的共指称替换问题等。但是，弗雷格和罗素却采取了风格迥异的解决路径。众所周知，弗雷格的主要办法是引入了著名的"涵义"概念，罗素则提出了作为"哲学分析典范"的摹状词理论。粗略而言，两种哲学方案的共同之处在于支持下述见解，即传统上认为代表对象的指称表达式（在弗雷格那里主要是未加区分的名称和摹状词；在罗素那里则主要是通常的名称和限定摹状词），对其所在句子的语义贡献却并非其所代表的对象。根据弗雷格，包含指称表达式的语句所表达的命题是一个包含该表达式之涵义的思想；而根据罗素，这类语句实际上是伪装的量化语句，蕴涵着一个存在断定命题。克里普克在《命名和必然性》中把弗雷格和罗素并称为反密尔主义者，认为从他们那里形成了有关专名指称理论的描述主义传统。[1]

分析哲学始于弗雷格—罗素新传统的建立，语义分析成为此后处理哲学问题的标准手段。但是，所谓"弗雷格—罗素的描述主义传统"却是

---

[1] Saul Kripke, *Naming and Necessity*, Cambridge, MA: Harvard University Press, 1980, p. 27. 事实上克里普克对于弗雷格和罗素的差异还是有明确的认识（参见 Kripke 同页的脚注），不像某些评论者（如 Noonan）所认为的那样把两人的描述主义差别完全混为一谈，参见 Harold Noonan, *Frege*, Cambridge: Polity Press, 2001, pp. 213 – 215.

一个混乱的称呼。固然粗看上去,在弗雷格和罗素那里,普通的名称和对象的联系都是间接的,但是两人所给予的相关解释却实际上是大异其趣甚至是背道而驰的。粗看上去,在弗雷格那里,专名与对象/个体的关系问题首先体现为语义问题(其次才是将认识论吸纳于其中),即名称的语义值是对象/个体,名称的语义值受涵义决定。而在罗素那里,专名与对象/个体的关系问题则主要体现为认识论问题,即普通名称是某个限定摹状词的缩写,人们通过该限定摹状词来识别与名称相关联的对象。但两者也并非全无联系[1]。弗雷格对什么是涵义这一关键问题略嫌语焉不详,但他至少将之表述成呈现模式。如果我们把呈现模式解释成描述性的,或在表达式层面上将其当作限定摹状词,也可以粗略地将弗雷格的观点解释成,名称通过与之涵义相同的限定摹状词来决定其指称对象。这似乎与罗素的表述就相差无几了。但注意到这仅仅是对弗雷格观点的一种解释。但即使是这样的解释下我们仍要留意弗雷格意义上的"决定"到底是"语义决定"还是"认识论决定"的意思。事实上,弗雷格建立了整套的语义学框架,名称和语义值的关系不过是其中的基础部分。另一方面,当罗素说名称是限定摹状词的缩写,他并不意味着名称具有如此这般的涵义,罗素压根儿是反对涵义指称之区分的[2]。在罗素的语义学里面,不仅与普通名称相联系的摹状词并非名称的涵义,而且真正的名称是没有涵义的,一个包含真正名称的句子所表达的命题,直接以该名称所指称的对象为其成分。

始于20世纪60—70年代的新指称理论就是以对夹杂不清的所谓"弗雷格—罗素的描述主义传统"的攻击开始的。具有讽刺意味的是,这一哲学运动的主要理论后果之一却是将弗雷格和罗素的立场明确地区分开,并形成了重新解释弗雷格之"涵义"概念的新弗雷格主义和提倡罗素之"单称命题"概念的新罗素主义之间的两大阵营的对立。于是在进入本书的主题之前,我们首先需要澄清弗雷格和罗素的基本立场的差异。

弗雷格倾其一生的主要工作是为数学寻找比当时所能提供的更好的、

---

[1] 认识论和语义学之区分在弗雷格那里当然不是泾渭分明的,毋宁说弗雷格的涵义和指称理论的特点正是将认识论引入了语义学,这一点尤其体现在达米特对弗雷格的诠释中。

[2] 罗素在《论指谓》("On Denoting")一文中使用了一个晦涩的"格雷林的挽歌论证"来攻击弗雷格的涵义指称区分。

客观可靠的逻辑基础,他对意义的分析工作则源自他从《概念文字》到《算术基础》的逻辑观点的变化。在《算术的基本规则》第 1 卷的长篇导言中弗雷格总结了其逻辑系统在《算术基础》发表以后的三个主要变化,包括引入概念作为函项的值域、为此必须区分意义的两个方面,以及更严格地刻画对象和函项之间的区分。① 弗雷格在这篇导言里充满热情地写道:"作为符号的涵义和指称的区分的结果最后导致了我称之为'思想'和'真值'的区分,在这种情况下句子的涵义是思想,其指称是真值。这首先就是承认真值是真。也即,我区分了两个真值,真和假……只有详细了解这本书的人才会发现,通过引入真值,一切变得多么简单和明确。这些优点使我的观点更有分量,尽管它初看上去的确颇为奇怪。"②

尽管在《概念文字》时期弗雷格已经讨论了名称的语义功能,但后来弗雷格放弃了他早期的观点,只是在 1891 年后连续发表的五篇文章才真正奠定了其意义理论的基础,而一种弗雷格式的语义学的最终完成则要等到近 30 年后《思想》《复合思想》等论文的发表。我们在此可以简要概括弗雷格式语义学的基本信条,这些信条后来大都为分析哲学的主要代表人物如维特根斯坦、卡尔纳普、蒯因和戴维森等人所吸收和改造。简要而言,弗雷格的语义学是一个基于涵义—语义值区分的二层次意义理论,其特征是:

(1)在每个层次上作为整体和部分的表达式的意义都满足构成性原则或组合性原则,即复合表达式的语义值由它的组成部分的语义值所决定,并且复合表达式的涵义由它的组成部分的涵义所决定。在语义值层面上,作为整体表达式的语句的语义值是其真值,作为其部分的表达式则有不同情况,名称的语义值就是它所代表的对象,谓词的语义值是它所代表的从对象到真值的函项或概念。③ 在涵义层面上,语句的涵义是其所表达的思想,也即其真值条件。名称的涵义是其所代表的对象的呈现模式,谓

---

① 参见 Gottlob Frege, *The Basic Laws of Arithmetic*, Trans. & ed., Montgomery Furth, University of California Press, 1964, pp. 1 – 29。

② 参见 Gottlob Frege, *The Basic Laws of Arithmetic*, Trans. & ed., Montgomery Furth, University of California Press, 1964, pp. 6 – 7。

③ 此外,语句联结词的语义值是从真值到真值的一阶函项;量词的语义值是从概念到真值的二阶函项。

词的涵义是决定谓词所表达的概念的东西。

（2）在普通或直接语境中，复合表达式的整体和部分之间遵循等意义的可替换原则，也即，对复合表达式的某个成分（如名称）代以具有相同语义值（或涵义）的另一个成分（另一个名称）应当不会改变整个表达式的语义值（或涵义）。但在命题态度语境下这一原则有被破坏的危险，弗雷格采取的策略是，认为在这样的语境中名称的指称是间接的，其间接指称是它通常的涵义。

（3）语义值和涵义这两个意义层次的各要素相互平行对应，两个层次的关系是涵义决定语义值，也即，名称的涵义决定其语义值（名称所代表的对象），句子的涵义（思想）决定其语义值（真值）。

通过引入涵义概念而把意义区分成两个层次，弗雷格不仅构建了一个漂亮的语义学理论框架，而且解决了前述四个棘手的哲学—逻辑困惑。换言之，弗雷格通过付出"涵义"为代价，赎回了这些哲学—逻辑难题。但这个代价是否值得？弗雷格虽然对什么是涵义也做过一些描述，但远未清晰。在我们于后文对此概念进行详细分析之前，我们可以简单指出一些与弗雷格式的涵义概念和指称理论有关的重要事实。弗雷格式涵义概念的最重要特征是其二重性：即同时作为语义理论的构成要素和对象的认知呈现模式。后文中我们将前者称为涵义的语义层面，将后者称为涵义的认知层面。弗雷格式的认知性涵义在多大程度上具有心理学特征，此事尚有争议，因为弗雷格将涵义置于所谓主客之间的"第三领域"，在某种程度上模糊了认知色彩。

再看罗素的指称理论。罗素从不讳言自己前后观点的多次转变。蒯因曾经撰文分析罗素不同时期的本体论的发展，罗素的认识论立场则始终接近于以洛克和贝克莱为代表的英国经验论传统。我们在此所关注的罗素的思想暂时限于其逻辑原子主义论时期的基本表述。按照萨斯伯里（R. Sainsbury）的说法，逻辑原子主义者罗素的意义理论包含两个主要的成分。其一是实在论的意义理论，即认为表达式的意义在于其所代表的实体对于真正的指称表达式而言，此实体为表达式的指称物，对于句子而言，此实体为其特定的陈说所表达的命题。其二是所谓的"基本的认识论原则"或曰"亲知原则"，即每个我们所能理解的命题必须完全由我们能亲知的成分构成。按罗素的说法，"所有我们可理解的命题，不管它们主要涉及的事物是否只能被我们描述地知道,都是完全由我们所亲知的成分构成的,因为一个成分若不被我们亲知就不能被我们理解"[1]。亲知原则是理解罗素的指称理论的最重要的出发点,在另一个地方,罗素解释道,"我们所亲知的东西包括感觉材料和共相,也可能包括我们自身,但不会是物理对象或他人心"[2]。语言和世界的联系是通过语义力达成的,而语义力的来源就是我们亲知的知识。根据罗素的亲知原则,为理解一个表达式必须亲知其语义值,这意味着理解真正的指称表达式要求亲知相关的感觉材料,理解谓词则要求亲知其所代表的共相。由于所有描述的知识最终都可以分解还原成亲知的知识,因此亲知的知识构成了我们关于世界的知识的逻辑出发点。

对于罗素而言,意义和理解之间的重要关联正是通过亲知原则实现的。根据罗素所言,理解一个表达式就是知道其意义,为理解一个名称,就必须亲知该名称所命名的殊相,并且知道该名称就是此殊相的名称。兰特雷(M. Luntley)指出,将罗素的实在论的意义理论和其亲知原则相联系起来的则是罗素的下述洞见,即"语言表征的语义力来自语境敏感表达式的语义力",而这意味着"在指示词的情形下,对感觉材料的亲知关系构成了语境敏感的指称关系"[3]。通过提出"缺乏指称物的名称词组是否会使得其所在的句子缺乏意义"这样的问题,罗素将语法上的单称词项划分为两类。一类是罗素式的单称词项,即真正的指称表达式(实际上是指示词这类语境敏感表达式),这类表达式对所在句子的语义贡献纯粹是其指称物,如果其所指为空则会导致所在的句子缺乏意义;另一类是非罗素式的单称词项(如摹状词和普通专名),即虽然他们也在原子语句中扮演语法主语的角色,但即使所指为空也不会使得所在的句子无意义。罗素的亲知原则于是体现为下述埃文斯(G. Evans)所称的"罗素原则":思考某个对象要求知道所思考的是哪一个对象。也即,罗素原则要求的是将识别对象作为思考对象的前提条件。而上述两类不同的表达式正好代表

---

[1] Bertrand Russell, *The Problems of Philosophy*, Oxford: Oxford University Press, 1959, p. 58.
[2] Nathan Salmon & Scott Soames, eds., *Propositions and Attitudes*, Oxford University Press, 1988, p. 3.
[3] Michael Luntley, *Contemporary Philosophy of Thought: Truth, World, Content*, Oxford: Blackwell, 1999, p. 285.

了思考对象的两种不同方式：与真正的指称表达式相对应的思考对象的方式是某种直接的思考方式，典型地如知觉某个对象；而与非罗素式单称词项相对应的思考对象的方式则是描述的方式。根据上述对罗素认识论背景的澄清，我们认为，罗素的指称理论实际上包含着下述四个不同方面。

（1）直接指称论题：真正的专名（即指示词）是真正的指称表达式。所谓真正的指称表达式具有下述特征：其唯一的语义功能是代表其对象；包含真正指称表达式的句子表达的是单称命题；没有描述性涵义；其指称的对象是亲知的对象。

（2）摹状词理论：限定摹状词不是真正的指称表达式，其逻辑结构是量化短语；从而包含限定摹状词的语句的逻辑形式可以通过改写为存在量化句而被揭示。

（3）名称意义的描述主义论题：普通的专名不是真正的专名（从而也不是真正的指称表达式）而是伪装或缩写的摹状词，也即普通专名的意义由与之相联系的摹状词给出。

（4）名称指称的描述主义论题：普通专名指涉其对象的机制是，对象通过满足与名称相联系的摹状词而被唯一识别，从而被指称。

我们认为罗素的这些论题实际上是对不同类型的指称表达式做出了分类。重要的是要注意到，在罗素那里，既有直接指称理论的早期表达，也有描述主义理论的经典概括。罗素与直接指称论者的共同之处在于对单称命题的强调，不同之处在于对普通专名的看法。另一方面，弗雷格和罗素虽然在名称如何指涉对象方面的处理有异曲同工之处，即都认为指称关系涉及对象的识别性质，但是在对于包含指称表达式的语义特征方面两者完全是背道而驰的：无论是单称命题还是量化命题，罗素没有把任何与"涵义"有关的东西引入语义学之中。

第二节　弗雷格式思想与罗素式命题

罗素是少数几个在弗雷格还在世的时候就深刻认识到弗雷格工作之重要性的哲学家。弗雷格和罗素在1904年年底的通信中清楚向我们表明，在《论指谓》发表前夕，他们对于包含专名的语句所表达的命题是否以名称的涵义作为其构成成分而形成了明显的分歧。弗雷格写道："白雪覆盖的勃朗峰本身不是'勃朗峰的高度超过 4000 米'这个思想的成分。词语'月亮'的涵义是'月亮比地球小'这个思想的一部分。月亮本身（即词语'月亮'的指谓）不是词语'月亮'的涵义的一部分；否则月亮本身就会成为上述思想的一部分。"而罗素就此则回复说："我相信尽管勃朗峰被白雪覆盖，它本身仍然是命题'勃朗峰的高度超过 4000 米'所实际断言的一个成分。我们不能断言那个思想，因为思想是私人的心理学的事情：我们断言的是思想的对象，对我而言，它是某个复合物，其中勃朗峰本身是其成分。如果我们不承认这一点，我们将会得到的结论就是我们对勃朗峰根本一无所知。"① 如果我们注意到，罗素在《数学原理》时期（1903）也提出了"意义"和"指谓"的区分，罗素认为这多多少少和弗雷格的涵义和指称的区分类似。因此，正如塞尔曾指出的，罗素在《论指谓》中对涵义的攻击不仅是针对弗雷格，也是针对早期的自己。

在此我们可以引述泰勒（K. Taylor）对"旧弗雷格主义"的总结来概括弗雷格关于表达式的涵义和指称的若干基本论题。②

F1：指称词项除了指谓其指称外还具有表达涵义的语义功能。

F2：指称表达式的涵义是其呈现模式，涵义决定指称。

F3：涵义是我们认知判断的中介。

F4：命题是复合涵义并仅由涵义构成；因此思想并不总是依赖对象的。

F5：只有一般命题是可能的完整思想的内容；没有思想以单称命题作为其完整内容。

这一概括尽管稍嫌简略，但基本点明了涵义的双重功能，即认知判断之中介和命题内容之成分。我们再比较泰勒对罗素的基本指称论题，即所谓"旧罗素主义"的概括③：

R1：真正指称表达式的唯一语义功能是代表其承担者。

R2：真正指称表达式的没有描述性或内涵性的意义。

R3：只有直接亲知的对象，而不是描述的对象，才能作为真正指称

---

① Nathan Salmon & Scott Soames, eds., *Propositions and Attitudes*, Oxford University Press, 1988, pp. 56 – 57.

② Kenneth Taylor, *Reference and Rational Mind*, Stanford, CA：CSLI, 2003, pp. 58 – 59.

③ Kenneth Taylor, *Reference and Rational Mind*, Stanford, CA：CSLI, 2003, pp. 59 – 60.

表达式的指称。

R4：包含真正指称表达式的句子表达的是依赖于对象的命题（或称为单称命题）。

R5：某些思想的完整内容是依赖于对象的命题（单称命题）。

上述刻画中罗素和弗雷格之间的对立是明显的，但除非我们还注意到下述事实，即弗雷格在讨论指称词项的时候既包括通常的专名也包括摹状词，而罗素的"真正指称表达式"却只有逻辑专名，即前面所说的指示词（罗素甚至对于索引词"我"能否作为真正的指称表达式也持有怀疑态度）。因此，严格地说，从上述概括中，弗雷格和罗素的指称理论的真正分歧实际上重点体现在弗雷格式思想（F4 及 F5）和罗素式单称命题（R4 及 R5）的对立上，而这一分歧背后当然是出于不同的方法论进路，即我们已经指出的：对于弗雷格，其涵义指称区分的二层次意义理论的基础是以"求真"为核心的数学—逻辑哲学；对于罗素，以"亲知原则"为典型特征的认识论立场则是其指称理论的出发点。

探讨包含指称表达式的语句所表达的语义内容是语义学的中心任务，语义理论需要告诉我们，相对于语境有哪些信息被编码到句子中，以及语句的成真条件体现了语言和世界的何种关联。弗雷格式思想和罗素式命题是刻画语句的语义内容的两种基本方式，它们的冲突体现在语句的语义内容是否依赖于句子中指称表达式所指涉的对象。进一步，如果我们假定语句的语义内容就是其成真条件，那么弗雷格式思想和罗素式命题的差异又可以表达为语句的成真条件是否与对象的呈现模式有关。

我们可以从不同侧面表述弗雷格式思想的特征。第一，句子的涵义就是思想。因此关于涵义的说法也都适用于思想，而且弗雷格强调，句子的涵义就是说话者在理解这个句子时所把握到的东西，尽管弗雷格并没有清楚解释什么构成了"把握涵义"。第二，完整的思想的真值是绝对的，如果表达思想的句子中包含语境敏感的表达式，那么只用添上语境参数就能够使得相关句子表达完整的、从而是恒久的思想。第三，思想是命题态度的对象或内容，这使得思想具有认知价值，在实践推理中能够起作用，而且使得思想具有心理学上的实在性。第四，思想是 that 从句的指称，如果语句"A 相信 S"和语句"A 相信 S'"具有不同真值，则 S 和 S' 具有不同的间接指称。第五，思想的存在既独立于思想者，也独立于思想所关乎的对象。这一点是弗雷格的涵义的客观性论题,但是弗雷格所提到的一个例外是,第一人称思想是不可共享的,并且当"我"不存在时,第一人称思想本身也不能存在。

要注意的是,对于弗雷格式思想而言,一个关键问题在于思想作为理论实体的融贯性。这里融贯性包含两个意思,其一是弗雷格本人对思想的不同表述是否融贯。例如,在弗雷格那里,思想一方面是柏拉图式的实体,独立于语言和认知,因而不是心理学的对象;另一方面,思想是命题态度的对象,能够被我们把握并与物质世界产生互动,从而又具有某种心理学的实在性。其次,能否存在着这样的理论实体,融贯地合乎弗雷格提出的诸条关于思想的标准,特别是处理包含索引词的句子所表达的思想。有不少论者就此提出质疑。例如,佩里认为包含索引词的语句不能以弗雷格式思想作为命题态度的对象。①

相比起来,罗素式单称命题作为理论实体的结构是清晰的。尽管在罗素那里,日常物理对象并不是我们能够亲知的东西,而我们可理解的命题则必须由我们能够亲知的东西所构成,但罗素依然坚持了这样的观点:包含逻辑专名的句子所表达的命题直接由该逻辑专名所指涉的对象构成,从而这类命题就是单称命题。新罗素主义者后来则把通常情况下的外部对象都看作单称命题的成分。单称命题直接指称理论的基本理论构件,一般而言,单称命题 p 的结构可看作由对象 O 和性质 P 构成的二元组,或 n 个对象 O1,⋯,On 和一个 n 元关系 R 构成的 n+1 元有序组,其中对象和性质/关系都是外部世界中的实体。命题 p 为真,当且仅当对象 O 具有性质 P,或对象 O1,⋯,On 之间具有关系 R。单称命题所面临的批评一部分来自形而上学,认为外部世界中的个体不能作为命题的成分,因为这将使得命题作为抽象实体的本体论地位依附于外部对象。对单称命题的另一类批评则来自直接指称的反对者,认为单称命题的理论缺陷在于无法解释认知意义问题。

弗雷格式思想也可以看成由对象 O 的呈现模式和决定性质 P 的某种东西(即谓词的涵义)构成的二元组。而构成单称命题的二元序对中包含着的是对象 O 而非 O 的呈现模式。根据直接指称理论,所有刻画同一对象具有某个性质的不同的弗雷格式思想实际上表达了同一个单称命题,

---

① Perry, 2000, pp. 5 – 13.

因此在某种意义上单称命题可以看作根据对象划分的弗雷格式思想的等价类，也即，由以不同方式呈现同一对象的不同思想构成的集合的代表元。这样问题就归结为，罗素式命题对于弗雷格式思想的化约，在理论解释上是否是充分的？这正是新弗雷格主义和新罗素主义论争的焦点。

命题态度问题可用于检验不同的指称理论和语义方案，其中的关键是要说明语句的语义内容是如何作为心理内容或认知态度的对象。心理内容的反个体主义立场认为思想内容的个体化独立于思想者而依赖于外部世界的构成，因此罗素式命题而不是弗雷格式思想才是对思想内容进行个体化的合适候选者。同时，弗雷格困惑及克里普克困惑等多个思想实验揭示，心理内容既需要依赖于外部对象，又要反映思想的理性或认知方面，许多论者试图通过假定"狭内容"来解决这个问题。

新弗雷格主义和新罗素主义对于命题态度归属问题有不同解决方案：新弗雷格主义试图保留作为"狭内容"的涵义来解释信念报告中的认知意义差异，同时又主张通过抛弃传统弗雷格式涵义概念中的描述性构成来避免克里普克式的模态论证的攻击。新罗素主义阵营则坚持只能通过单称命题来个体化思想内容。素朴版本的新罗素主义主张认知意义的差异可以诉诸语用蕴涵理论来解释，精致版本的新罗素主义则希望把认知意义差异归结到不同语境下信念归属者对信念对象所持有的不同相信方式上。从中我们可以看出，在对语义内容和心理内容的处理方案上，罗素主义者希望保留形上学的简单性而使解释过程显得冗长，而弗雷格主义者保留了思想这一实体的解释力却不得不使我们形上学的世界复杂起来。

第三节　维特根斯坦的指称理论

欣迪卡（J. Hintikka）2002 年在《综合》杂志提出的第 36 个哲学问题是：维特根斯坦能否算作新指称理论者？[①] 欣迪卡认为，《逻辑哲学论》

[①] Jaakko Hintikka, "Problems of philosophy. Problem 36: was Wittgenstein a new theorist of reference?", *Synthese*, Vol. 131, 2002, p. 445. 著名分析哲学家、曾任《综合》杂志主编的欣迪卡在 1997—2002 年的《综合》杂志各卷（不定期）尾页提出一个哲学问题，内容涉及语言哲学、数学和逻辑哲学、科学哲学、形而上学等领域，累计提出 38 个哲学问题。

时期的维特根斯坦持有的逻辑—语义理论和20世纪70年代后以克里普克为主要代表的"新指称理论"之间具有显著的相似性。而《逻辑哲学论》中的下述几个教条体现了这种相似性：

1. 每个简单的名称必然地（即在所有可能事态中）指向其命名的对象。
2. 简单对象之间的等同陈述要么是空的，要么是必然为假的。
3. 所有简单名称（简单对象的名称）都是通过实指方式引入的。
4. 名称并不是通过它们的描述性内容来被运用的。

欣迪卡给出这几条相似点后发问：这是否意味着维特根斯坦在《逻辑哲学论》中的观点本质上与克里普克的相类似？如果两者观点类似的话，他们各自的理由是否相同？如果不同的话，差别在什么地方？

前后期维特根斯坦的哲学风格可谓针锋相对，分别被分析哲学的理想语言学派和日常语言学派奉为圭臬。如果欣迪卡所言不虚，从指称理论来看，《逻辑哲学论》时期的维特根斯坦和《哲学研究》时期的维特根斯坦似乎逆向对应着分析哲学中指称理论的发展，前期维特根斯坦持有名称的直接指称理论观而后期维特根斯坦却持有名称的描述理论。就维特根斯坦本人而言，他的后期哲学对前期哲学构成了明显的批判，但就分析哲学史而言，作为新指称理论运动核心的直接指称理论则是建立在对指称的描述理论的批判上的。欣迪卡显然注意到了这里面的奇特的张力。因此，欣迪卡的问题似乎就对新指称理论暗含着批评：从维特根斯坦的思想发展角度，直接指称理论本身并非什么新颖洞见，而是被后来的维特根斯坦所批判和抛弃的哲学立场。当然，这里面的前提是维特根斯坦版本的直接指称理论与克里普克引发哲学革命的新指称理论如出一辙。这正是我们要仔细考察的地方。

维特根斯坦在《逻辑哲学论》里持有意义的指谓观，认为名称的意义在于其指称。特别是，逻辑专名指称着简单对象。这一论题，与直接指称理论的基本立场是高度相似的，直接指称表达式（指示词和专名）不通过任何中介指称着对象。这一立场可以看作对罗素观点的继承。我们之前论述过，罗素的指称观包含几个不同的部分。对于指示词和索引词（即所谓真正的名称或逻辑专名），罗素持有明确的直接指称立场；对于日常的普通专名，罗素视之为缩写或伪装的摹状词，适合用指称的描述理论来分析。也即，对于不同类型的指称表达式，罗素有不同的处理方式。

后期维特根斯在《哲学研究》中的工作正是从对意义的指谓观的批评开始的。一般认为后期维特根斯坦关于指称的论题包括如下几个方面：(1) 从实指的不确定性引入语言游戏的观念；(2) 批评"名称命名简单物"，攻击意义的指谓观；(3) 对指示词的直接指称理论的批评；(4) 名称意义的簇描述理论。根据这种看法，后期维特根斯坦对于指称理论的看法置身于描述理论的传统之中，与斯特劳森和塞尔的观点近似。克里普克在《命名与必然性》中攻击的正是以《哲学研究》79 节为样板的簇描述理论，这一理论后来被塞尔在《论专名》中进一步发展。

一 《逻辑哲学论》中的指称观

指称关系是指称表达式和对象之间的关系。在通常的指称理论中，指称表达式是日常语言中的单称词项如专名、指示词和索引词、限定摹状词，或非单称词项如通名或理论词项等，对象则包括日常物理对象，以及自然类或理论实体。新指称理论要解释的指称关系无疑属于这种语义关系。但《逻辑哲学论》（*TLP*）中所涉及的指称关系是否要刻画这种语义关系呢？我们来考察 *TLP* 中的相关段落①。

先考虑《逻辑哲学论》中关于对象的论述。*TLP* 的第 2 部分集中给出了图像论的基本结构，主要是事态和对象之间的关系，对象的特征，以及图像的性质。考虑下述论述：

2.01 基本事态是诸对象的结合。
2.02 对象是简单的。
2.13 在一幅图像中与诸对象相对应的是它的诸元素。
2.154 描画关系是由一幅图像的诸元素与诸物件之间的配合构成的。
2.0233 具有相同逻辑形式的两个对象，其彼此间的区别仅仅在于它们是不同的。（其外在性质除外）

---

① Ludwig Wittgenstein, *Tractatus Logico-Philosophicus*, D. F. Pears and B. F. McGuinness (trans.), New York: Humanities Press, 1961. 部分翻译参考了韩林合译本。

维特根斯坦在世界和语言之间进行同构式对应时，简单对象对应着简单名称，对象的简单性一如名称的初始性，两者都是不可分析的，分别是世界和语言的原子单位。对象是简单的，不能看作（外在）性质的集合（2.02），在此意义上甚至对象是没有特定颜色的（2.0232）。另一方面，有色性是对象的形式（2.0251），与时间、空间一道构成了对象的内在性质（或逻辑形式），是稳定的，而对象的配置即对象之间的关联方式，则是变动的（2.0271）。诸对象的配置构成基本事态（2.0272）。

因此，作为简单名称的指称的简单对象，并非现实世界中的具体对象，而是有待通过配置形成基本事态的对象，因而是逻辑空间中的对象，除逻辑形式外不具有别的可被描述的外在性质。所谓外在性质，包括"一物具有而其他物都不具有的性质，这时人们能通过一个描述而将其与其他的物区别开来，并且指向它"（2.03331）。对于简单对象而言，它们之间的唯一差别就在于它们是不同的。这相对于形式语言中用变元所代表的对象，不同变元指称不同对象，但所指称的对象在使用变元指称这个层次上并无任何特定性质上的差异。简单对象的这个特征，使得它具有实体的地位，而实体是独立于实际情况而存在的东西（2.024）。诸对象是构成世界的实体（2.021）。

关于 *TLP* 中对象的范畴地位，欣提卡曾给出大胆解释，认为维特根斯坦在 *TLP* 中所谈论的对象，可以理解成直接经验到的亲知对象。证据之一是前期维特根斯坦的思想深受同期罗素的影响，而且 *TLP* 及其他早期文本中也有若干片段似可解读为 *TLP* 中的世界与感觉材料的世界有着密切的关系。[①] 然而我们也很容易看到，亲知对象的现象学特征与对象的简单性要求构成了明显的冲突。正如欣提卡所承认的，对象的简单性意味着：对象没有结构；对象是原初的；对象之间是彼此逻辑独立的。另一方面，在 *TLP* 文本中维特根斯坦从未承诺或提及亲知对象，即使他考虑的对象能够追溯到现象学的世界，最终得到的对象仍是逻辑重构的结果。维特根斯坦在 *TLP* 接近尾声的地方说道，"物理学的规律，通过其整个的逻辑手段，谈论的仍然是世界中的对象"（6.3431），并且"力学对世界的

[①] M. Hintikka & J. Hintikka, *Investigating Wittgenstein*, New York: Basil Blackwell, 1986, pp. 51–63.

描述总是非常一般性的。比如它从不谈论世界中特定的物质点，而总是只谈论任意的物质点"（6.3432）。因此，正如 TLP 中的世界是生活世界的逻辑还原那样，TLP 中的对象也应当被视为亲知对象的逻辑抽象，二者之间的关系类似于力学中的物体与质点的关系。

下面我们再考察《逻辑哲学论》中对名称的谈论。这集中体现在 TLP 的第三部分。TLP 对名称的看法总体而言可以概括成下面几点：（1）必须通过语境原则来理解名称；（2）名称具有表征性；名称的功能是指谓对象；（3）名称具有简单性或非复合性；（4）名称可以看成变元。下面对照文本展开。

首先，在 TLP 中，名称是作为命题的一部分被谈论的，而且根据维特根斯坦此处所设定的语境原则，离开命题谈论名称的指称是没有意义的（3.3），因此我们对名称的讨论总是要参照对命题的讨论。在讨论命题的结构时，名称在命题的作用被清晰地刻画出来。维特根斯坦首先这样引入名称：在一个命题中被应用的简单符号叫作名称（3.202）。

其次，名称和命题都是用来表征外语言的实体的：名称如点，命题如箭，它们有指向（3.144）。紧接着《逻辑哲学论》对名称的功能给出说明：名称指称对象。对象是其所指（3.203），名称在命题中代表对象（3.22）。

因此，名称与对象的指称关系具有两个基本特征：名称在命题中出现，名称代表对象。"名称在命题中代表对象"，这就是名称的指谓观，名称的意义就是其指谓，即名称对命题的语义贡献就是其所指谓的对象，这的确与直接指称理论的语义学论题非常接近。如果维特根斯坦所谈论的名称就是直接指称理论所讨论的名称，那么维氏的确就表达了某种直接指称论题。

接下来维特根斯坦讨论了名称的特征，特别强调了名称的简单性，名称作为初始符号是不可进一步分析的：一个名称是不能通过任何定义而进一步加以剖析的，它是一种初始符号（3.26）。这种不可进一步分析的简单性也可以通过非复合性来说明。因此，人们可以说，一个真正的名称是表示一个对象的所有记号所共同具有的东西。对于名称而言，所有种类的复合性都将一一证明是非本质性的（3.3411）。

如果名称是不可分析的，那么罗素关于日常专名的描述理论和摹状词理论似乎都不能在此应用。我只能命名对象。符号代表它们。我只能谈论它们，我不能陈说它们。一个命题只能说一个物是如何的，而不能说它是什么（3.221）。欣提卡将这一点称为"对象存在的不可表达性"，由此得出"语义学的不可表达性"。[①] 以及如果一个符号没有被使用，它就没有所指（3.328）。

名称的简单性对应着对象的简单性，正如名称与其他名称的结合（得到基本命题）对应着对象之间的配置（得到基本事态）。在 *TLP* 的第四部分，维特根斯坦解释了基本命题与名称的关系。名称与其所在的语境的关系被更清楚地揭示。这一部分里涉及名称与基本命题的关系的主要论述如下。

4.22 基本命题是由名称构成的。它是诸名称的一种关联、链接。

4.221 显而易见，在对命题进行分析的时候，我们必然要达到由名称的直接结合所构成的基本命题。

4.23 只是在某个基本命题的关联中一个名称才出现在一个命题中。

4.243 在不知道两个名称表示的是相同的物抑或是不同的物的情况下我们能理解它们吗？——如果一个命题包含有两个名称，那么在不知道它们所指称的是同一个东西抑或是不同的东西的情况下我们能理解它吗？

值得注意的是，为了说明名称的简单性，维特根斯坦用了变元的说法来代替名称。名称是简单符号，我通过使用单个的字母（"x"，"y"，"z"）来指示它们（4.24）。这与我们前面分析简单对象是可以用变元指称的对象的分析是一致的。这里最关键的问题是名称之间是如何结合成基本命题的（4.221）（相应地，对象之间如何配置成基本事态的）。维特根斯坦虽然指出了这个问题，但在后文中并没有给予明确的回答。接下来的段落维特根斯坦主要谈论基本事态与基本命题之间的对应关系，以及一般

[①] M. Hintikka & J. Hintikka, *Investigating Wittgenstein*, New York: Basil Blackwell, 1986, p.47.

命题作为基本命题的函项（第五部分），也即一般命题的逻辑结构。在谈论完命题形式后，维特根斯坦又回到基本命题的构成这个问题上，并且指出：基本命题是由诸名称构成的。由于我们不能给出具有不同指称的名称的数目，就不能给出基本命题的构成形式（5.55）。

因此，虽然基本命题是名称的链接，这种链接是如何结合的，我们并不清楚，基本命题的构成形式从而也无法给出。在这里，基本命题的结构能否像弗雷格那样分析成用主目填充不饱和的函项那样的关系？维特根斯坦确实在 4.24 中写道"我将基本命题写作如下形式的诸名称的函项：'fx''（x, y）'"等。也就是说，名称之间被以某种方式结合在一起，但这种结合方式具有不可还原的多样性。总之，名称虽然构成了基本命题，但不能把基本命题进一步还原成名称和名称之间的组合或链接方式。

下面我们尝试对欣迪卡问题进行回复。从前面论及的 TLP 中关于名称和对象的关系可见，就新指称理论所涉及的指称关系的认识论问题而言，维特根斯坦并未讨论日常的名称和对象是如何进行认知关联的。从维特根斯坦的表述的确可以推出名称直接指称对象，但是这里的名称和对象显然都是逻辑空间中的元素，与日常语言中名称的使用大异其趣。逻辑空间中的对象是简单的，其外在性质都是被忽略的，因此并不可能存在任何相关的对象的识别性质能够进入讨论中。就前述欣提卡论及的 TLP 和新指称理论的第一点相似性（每个简单名称必然地指向其命名对象）和第四点相似性（名称并不是通过它们的描述性内容来被运用的）而言，对于维特根斯坦和直接指称论者有着全然不同的意义。维特根斯坦在名称和对象之间建立的"直接"指称关系只是建立同构映射的一种规定，这种"直接性"毋宁说是先天地被确立的，从而可以推出在每种情况下都成立。而克里普克等直接指称论者需要借助模态论证和认知错误论证来反驳描述理论，这样的方法在维特根斯坦这里毫无用武之地，因为逻辑空间里的情况既无须参照反事实世界中的情形来讨论，又与日常生活中的认知情境毫无关联。

类似地，就新指称理论所涉及的指称关系的语义学而言，维特根斯坦自然也不可能讨论日常语言语句所表达的命题中名称对句子的语义贡献如何。如前，逻辑空间中的名称不具有复合性及任何描述性性质。一方面，在 TLP 中尽管名称对应着对象，名称的结合形成命题，命题指称着事态，由此不难推出名称对于命题的语义贡献只能是对象,这相当于得出直接指称理论的结论。但另一方面,在维特根斯坦那里基本命题的构成形式并不清楚,也即名称如何构成于命题之中并未被指明,在基本命题的结构并不清楚的情况下名称对于命题的语义贡献其实无法落实。

欣提卡指出,TLP 和新指称理论的第二点类似之处在于简单对象的等同陈述。但两者的依据并不相同。对于直接指称论者而言,该结论是由等同陈述中等词两边的名称的严格性造成的。名称之所以是严格的,按照克里普克的观点,是对日常语言进行经验测试的结果。相反,对于前期维特根斯坦而言,所考虑的语言是逻辑整编后的无歧义语言,该语言要求不同对象之间应该有不同的名称,且每个对象只能有一个名称,也即"我用符号的同一性而不是同一性的符号来表达对象的同一性。用符号的不同来表达对象的不同(5.53)"。由于名称和对象的严格的一一对应,因此任何对象不可能具有两个不同的名称。维特根斯坦对于等同符号或等词的理解与弗雷格及罗素的传统有着很大的差别,维特根斯坦认为,"罗素关于'='的定义是不适当的"(5.5302),"同一性符号不是《概念文字》中具有本质意义的部分"(5.533)。对维特根斯坦而言,"'a=b'形式的表达式不过是表现的权宜之计,并未就符号'a'和'b'的所指有所断言"(4.242)。

因此,欣提卡问题虽然指出了前期维特根斯坦对指称问题的表述与新指称理论的结论表面上高度类似,但我们不能就此认为半个世纪以后兴起的新指称理论不过是重复了 TLP 中的观点。新指称理论对指称关系的分析,承接的主要是日常语言学派的方法,更多地基于语用维度,着力于分析日常语言在大量生活情境中的使用。作为新指称理论发端的唐纳兰对于摹状词的指称性使用和克里普克对说话者指称的分析可作为典型的例子。也就是说,TLP 与新指称理论对于名称与对象之关系的论述,无论是从理论动机、论证过程还是一般方法论来看,两者实在是貌合神离。

再考虑欣提卡的前述第三点"简单名称都是通过实指方式引入的"。这里的简单名称对应的就是逻辑专名。逻辑专名只有指示词"这"和"那",貌似与实指引入相关,但与新指称理论所讨论的日常专名习得时的实指引入并无类似之处,后者总是伴随着知觉活动,这种知觉活动可以通过因果接触或描述性解释去刻画。这里欣提卡的根据并不是 TLP 中的论述，而是维特根斯坦的《1914—1916 笔记》，"下述概念似乎是先天地被给予我们的：'这个'————与对象的概念同一"。欣提卡曾经批评过新指称理论，认为其谬误的根源在于把实指性等同陈述（所谓"从物陈述"）看作直接指称的（所谓"从物指称"）。① 欣提卡认为，新指称理论正确地注意到在内涵语境中不可分析的同一性标准不可还原为任何描述性条件，但是由此并不能得出存在某类特殊词项具有直接指称的特征。欣提卡赞成达米特对克里普克的批评，"从物"和"从言"陈述之间的差别与直接指称无关，而仅仅是模态词与量词的辖域差别。暂且不论欣提卡对于直接指称理论的批评是否合理，仅就 TLP 来看维特根斯坦没有直接讨论实指定义，而是通过"说明"（Erlauterungen）来解释初始符号的所指（3.263），这里"说明"的要点在于初始名称与对象之间的先行联系。

二　后期维特根斯坦论指示词和名称

后期维特根斯坦以攻击奥古斯丁图景作为整个《哲学研究》（PI）的开端。众所周知，后期维特根斯坦的一个主要批评对象就是《逻辑哲学论》里面的语言—世界图景。前期维特根斯坦的语言—世界图景实际上就是奥古斯丁图景的逻辑重构。

> "当他们（我的长辈）称呼某个对象时，他们同时转向该对象。我注意到这点并且领会到当他们想指那个对象时，他们就用发出的声音来标示那个对象。"……"这样，当我反复听到词在各种不同语句不同位置上的用法后，便逐渐学会懂得它们所指称的是什么；当我的嘴习惯于说出些符号时，我就用它们来表达我自己的意愿。"②

维特根斯坦引用完奥古斯丁的话后，紧接着概括了这段话所反映的语言观，也即，语言中的语词是对象的名称，语句就是这些名称的组合。这

---

① J. Hintikka. & G. Sandu, "The Fallacies of the New Theory of Reference", *Synthese* 104 (2), 1995, pp. 245–283.

② Ludwig Wittgenstein, *Philosophical Investigations* (rev. 4th ed.), G. E. M. Anscombe, P. M. S. Hacker and J. Schulte. (trans.) Wiley-Blackwell, 2009, p. 5e.

种语言观背后的基本设定是：每个词都有一个意义。这一意义与该词相关联。这一意义就是词所代表的对象。

奥古斯丁图景的语言观里，语言一方面用于交流心灵，另一方面用于代表对象，成功使用语言即是用语言表达心灵和谈论对象。一方面，语言是表征外部世界（对象和事实）的符号系统。语言的本质就在于具有表征能力。另一方面，这种表征能力是通过心灵建立起来的，也即语词通过在心灵中引起外部对象的意象来建立语词和对象的关联。

这种经典语言观的基础即在于意义的指称观。根据意义的指称观，指称关系是我们理解语言的出发点。因为，理解一个词就是知道其所指称的东西。命名过程，不但是把语词和其指称的东西联结到一起，同时也赋予了语词以意义。实指定义就是建立指称关系的最基本的活动，按照奥古斯丁的图景，实指教学活动为我们提供了语言习得的基本模型。

实指定义是典型的引入名称和确立指称关系的活动。当说话者指着身旁的一朵花说"这是红色的"。听者要能理解说话者的意图而使得语言交流得以成功，需要理解说话者的"这"到底指什么东西，特别是，需要把"这"所指的对象从背景中分离出来，到底是指的是"花"还是"颜色"。类似地，当说话者指着两个核桃而对听者引入专名"二"，说话者说，"这叫'二'"，听者如何才能知道说话者说的不是"这是核桃"呢？维特根斯坦在 *PI* 第 28 节中简要地说明了实指定义中的不确定性。当实指活动进行的时候，对一个单独的句子，指示词"这"和指示活动，存在着各种不同可能的理解。当说话者用实指的方式来定义人名的时候，如"这是罗伯特"，听者可能会把"罗伯特"当成颜色的名称、种族的名称甚至是方位的名称。因此实指定义的场景具有多种解释。

这一论述很容易让我们想起蒯因后来在《词与对象》中提出的著名的翻译的不确定性论题。在蒯因的思想实验中，所谓彻底的翻译的情境是这样的情况，当土著说话者对外族听者指着一只奔跑的兔子说，"gavagai"时，听者无法知道说话者用"gavagai"这个词指的是"兔子"，还是"兔子的一部分"还是"兔子的某个时间片段"。蒯因把这种情况称为"指称的不可测知性"。由于各种翻译手册都与已有的观察经验数据兼容，因此，无法判断那种翻译是正确的翻译。

孤立的命名活动存在着解释的不确定性，任何定义都可能被误解。为了理解实指定义先必须对实指活动的场景加以说明。要用实指定义"这是'红色的'"来定义"红色的",需要用更清晰地表达"这种颜色是'红色的'";要用实指定义"这叫'二'"来定义"二",需要用避免误解的方式"这个数字叫'二'"。也即,通过预先说明相关的范畴,才能使用专名进行命名活动。对范畴的进一步解释将构成解释的链条。因此,理解实指定义离不开语境和整个说话背景,语言系统和共同体的语言实践先于个体对语词的使用。

奥古斯丁图景把实指定义的语言教学当作儿童学习语言的典范,但能够理解实指的前提条件在于能够从背景中确定实指的对象。这已经预设了对一般语言使用方法的掌握,也即,这仿佛是说,在已经学会了某种抽象意义上的语言的基础上,才能进一步学会具体的语词的指称。对名称的把握需要知道名称在语句中的作用。游戏的概念能够更好地说明这一点。仅仅指着棋盘上的某个棋子说"这是王",并不能让听者理解"王"的实指含义。"王"的指称不单单是某个棋子。"王"的实指解释要有意义,需要先行理解象棋的游戏规则,以及理解什么是象棋游戏。因此,要有意义地询问一个名称的指称要先知道名称是用来做什么的。

也许有人会反驳"必须先掌握一种语言才能理解实指定义"这一说法,正如在实指定义中,也许存在着一些独特的识别性动作伴随着实指,通过这些更为精细的特征性的伴随动作,就能够把听者的注意力引向所要识别出来的对象。这样,需要的只是更精致的实指和相应的意图领会,而不需要预设语境和整个语言。维特根斯坦预料到这种解释的诱惑,指出要通过所谓特征性的经验,例如指向形状、颜色等来确定实指的对象,仍需要借助实指动作之前和之后的语境而不是仅仅依靠实指动作本身。因此,实指活动的不确定性意味着,不能把意义生成的活动还原成以指称的发生作为出发点,指称关系不是建构意义的原子性因素。实指关系因而不能引入不可分解的简单名称,因为名称并不能作为语言和世界关系的起点。

罗素曾经认为"这""那"等指示词是真正的专名或逻辑专名,也就是真正的指称关系的支点,普通专名是缩写的摹状词,最终要还原到真正的专名上。真正的专名的一个特点就是,它只能通过实指定义来给出指称。维特根斯坦已经指出实指定义本身的不确定性。维特根斯坦说,为避免混乱,最好不要称它们为名称。把指称看作名称和对象之间的关系,命名是这种关系的确立活动,一旦这样去考虑,而不是在日常语言的具体使用中去理解语言活动的多样性,就会人为地制造哲学问题。"语言休假时,哲学问题就产生了。"维特根斯坦在《哲学研究》第37节和第38节中否认了在语词和对象之间存在着我们传统上称为指称关系的东西。在第37节中,维特根斯坦问"名称与被命名的事物之间的关系是什么?"维特根斯坦对这个问题的回答是提醒我们去考察各种语言游戏,因为这种关系就发生在语言游戏中。一旦我们去考察不同的语言游戏,就会发现名称和事物之间的联系不存在唯一的刻画,正如语言游戏本身背后没有本质性的定义。认为命名或指称关系内有某种深刻的本质有待揭示,这是维特根斯坦不能接受的。指称和其他语言哲学的概念一样,虽然有待澄清,但并不能作为理解意义的基础。从这个角度而言,维特根斯坦可以看作指称关系的收缩论者。

在第38节,维特根斯坦进一步批评了逻辑专名是真正的名称的观点。但是,比如说,在语言游戏(8)中,词"这"是什么东西的名称呢?在"那就叫作……"的实指定义中词"那"又是什么东西的名称呢?如果你不想制造混乱,那么你最好还是根本不要把这两个词叫作名称。——可是,说来也怪,语词"这个"曾被叫作唯一的真正名称;而其他所有被我们称为名称的东西只是在一种不确切的、近似的意义上才是名称。

把指示词"这个"当成逻辑专名或真正的名称,把日常语言中的专名看成逻辑专名的近似,是哲学家把语言脱离其自然历史而逻辑化造成的理论后果:命名成了一种神秘的活动,一种命名仪式,用以把名称和对象建立一种独一无二的联系。维特根斯坦的这种说法,与克里普克后来的命名理论表面上确实是背道而驰。克里普克把日常语言的指称关系,刻画成命名仪式加上社会历史因果链条的传播。但这里仍要注意到,维特根斯坦批评的是把指示词"这个"和对象之间的关系(通过实指活动建立)抽象成指称关系的本质。而克里普克刻画的则是一般日常名称的指称的社会学图景。

维特根斯坦在 *TLP* 时期所持有的指称观,也即罗素的意义的指称观,认为通常的专名不是真正的名称,真正的名称或逻辑专名指称简单的事物,其意义就是其指称。通常的专名则可以有意义而无指称。为了批评早期的自己,维特根斯坦在 *PI* 第39节重复了罗素的论证(名称意谓着简单物),这个论证可以整理如下:

1. 尽管某个句子所谈论的对象不存在，但这个句子还是有明确的意义。
2. 仅当一个句子被分析后，这个句子所意谓的事情才变得清楚起来。
3. 在分析过程中，通常的名称被简单物的名称所替代。
4. 所有有意义的句子都必须被分析成包含"真正名称"的句子。
5. 如果名称的意义仅在于它们命名的对象，包含名称的句子要有意义，就必须真正地谈论简单对象。

分析这个论证，在上述步骤 1 里，如果名称 N 无意义，那么包含名称 N 的句子也没有意义。假定名称 N 的意义就是其承担者。步骤 2 里，N 不是真正的名称，否则会使句子无意义。步骤 3 里，注意到简单物是不可能不存在的对象。因为不是简单物的对象可以被粉碎或不再存在，这时它们的名称就失去了承担者。真正的名称从而对应的必须是不可能被粉碎或毁灭的简单物。正如 Lugg 所分析的："整个论证的要点是，有意义的句子总是能够被转换成包含'真正名称'的句子，这种名称命名那些不能被'粉碎'的东西。"[①] 这种不能被粉碎的东西就是前期维特根斯坦提出的必然存在于逻辑空间中的简单对象。

为使得句子"N 是 P"有意义，可以有两条路线。一种思路是：由于 N 不是真正名称（因为真正的名称总是有承担者）且承担者不会毁灭。办法是消去 N，替换成真正的名称。维特根斯坦没有遵循这条路线，而是采取了另一种迥然不同的思路：名称的意义不是来自它所指称的对象，而是来自名称的使用和它在语言游戏中的位置，N 本身（而不是通过承担者）就具有意义。

在 PI 第 40 节维特根斯坦反驳了这个论证，区分了名称的"意义"和"承担者"，当后者粉碎时前者仍可以存在，名称可以有意义而不必有承担者。罗素和前期维特根斯坦都认为，真正的专名所指称的东西都必须存在，不论这种东西是罗素式的亲知对象，还是维特根斯坦式的不可毁灭的简单物。在接下来的讨论中维特根斯坦给出了众所周知的那些著名论断，表明他抛弃了他的前期形而上学立场。在 41 节中维氏提出，如果名称的意义不是其承担者，那么只能是其"在语言游戏中的位置"。名称凭

---

① Andrew Lugg, *Wittgenstein's Investigations 1 – 133: A Guide and Interpretation*, Routledge, 2004, p. 81.

借在语言中的这个位置或者功能,而不是语言外部的相联系的承担者,而具有意义。将意义理解为功能,名称就成了工具。在42节里维氏进一步说明作为工具的名称,即使对应的现实中的工具(承担者)破碎,其功能(在语言游戏中的位置)也不会随之消失。这样43节里维氏顺理成章地给出了著名的"意义在于其用法"的表述。名称的涵义是被名称的使用者解释出来的,这就相当于对工具给出功能说明书。但是维特根斯坦也强调,"不是在所有情况下",意义是用法,因此,这句口号式的哲学观点不应被当作一种具有普遍性的专名的意义理论,而毋宁说是对名称涵义的一种典型刻画。作为工具的名称可以通过解释其用法而得到阐明,在某些情况下也可以通过实指而被解释。在前一种情况下,即使承担者不在场,名称也可以被使用,这就是第44节中要说明的,维特根斯坦继续以"诺统"为例子。

在第45节中维特根斯坦再次比较了指示词和名称的差别(在第38节中已经指出这种差别)。名称可以没有承担者而被使用,但指示词"这个"则永远不能没有承担者。维特根斯坦对罗素的背离之处在于,维氏并不认为指示词"这个"是真正的专名。固然根据罗素,真正的专名或逻辑专名就是直接指向对象的名称,也即,真正的名称的想法来自实指定义,在这种情况下,名称和对象的联系完全是无中介的直接联系。但实指定义的不确定性使得名称和对象之间的联系无法脱离语境,因而抽象的指称关系亦无法建立起来。按照维特根斯坦,指示词"这个"是跟随指示的手势来使用的,而名称是通过手势来解释的,这正是指示词和名称的区别。解释意味着可以通过其他语词来说明。这就与罗素的观点划清了界限。根据罗素,逻辑(真正)专名"这个"是通过实指定义来直接和对象发生联系,普通专名是通过描述语为中介来和对象建立联系。如果把"解释"理解成"簇描述语"或簇摹状词,就会把后期维特根斯坦当作名称的描述理论者,这曾经是对维特根斯坦的一种主流解读,我们在下面将讨论这个问题。

在第46节里维特根斯坦分析了第39节中的"名称命名简单物"的论题,根据这一论题,真正的名称指称着简单对象。这里的简单对象,就是不可进一步分解或还原成其他东西的对象。"名称本来标示简单对象"这种思想可以追溯至柏拉图在《泰阿泰德篇》中的论述,世界最终由不可还原的基本元素或简单对象构成，这也是作为逻辑原子主义的罗素和前期维特根斯坦的主要论题。维特根斯坦在第47节里批评了简单性的概念，关键之处在于指出在特定的语言游戏之外来问某个对象是否是复合的是没有意义的，对象的简单性和复合性不是抽离于语言游戏之外并奠定在世界的基本构成中的事情。诚然对某个复合物（如棋盘），可以有多种方式去理解它是如何通过简单成分构成的（比如可以通过不同颜色和单位长度为基准去分析棋盘的构成），但绝对的脱离特定视角或场合的简单性却是不存在的。正如名称的意义依赖于它在语言游戏中的位置，用绝对的方式去谈论对象的简单性也是空洞的。

　　不但世界中的对象不应脱离特定视角去分解成简单与否，把语言理解成名称的复合根本上也是不合适的。在 TLP 中维特根斯坦建立了世界—语言、对象—名称的图像对应关系，在 PI 中维特根斯坦瓦解了这种静止的对应关系。对象和名称的对应总是在各种语言游戏中才得以实现，无论对应（如果将之叫作指称关系的话）的直接性还是间接性都不是关键所在。当我们用符号"R"来对应或指称红色方格，用符号"B"来对应黑色方格，这种对应是如何确立的？通常可以有两种回答，其一是当我们见到和描述红色方格时就使用"R"，或者是当我们使用"R"时就会有红色方格在心里浮现。这两种回答都试图把符号—对象之间的对应关系奠定在某种外语言的事实上，即世界中的某种客观关系，似乎如此这般就确立了对应之所以是正确的标准。维特根斯坦让我们去设想犯错的可能性。而一旦我们去考虑犯错的各种可能性，就会发现可以用图表来说明名称和对象的对应，而这无非给出了对应关系的游戏规则说明书。因此，名称和对象的对应关系或指称关系就成了一种如何有效使用语言的规范性关系，换言之，原先那种被理解成超越特定语言游戏的静止的对应关系应当让位于在语言游戏中被构造出来的游戏规则。而游戏规则的基本特征在于它的开放性，只能用家族类似的特征去刻画。

　　三　维特根斯坦是否支持簇摹状词理论

　　维特根斯坦在《哲学研究》中论名称指称的最有名的段落是第79节以"摩西"为例的一段话。这段话被普遍当作维特根斯坦在名称的指称方面持有一种改进的描述主义理论，并且因为克里普克在《命名与必然性》里将其当作描述主义的典范进行攻击而显得更加著名。

79. 请你考虑下面这个例子。如果有人说:"摩西并不存在",那么这可能意指各种不同的事。它可能意味着:以色列人在迁出埃及时并不是有一个领袖;——或者:他们的领袖不叫摩西;——或者:不可能有过一个完成了圣经归于摩西的一切业绩的人——或者:如此等等。——我们可能会追随罗素说:"摩西"这个名称可以通过各种各样的摹状词来定义。例如,"那个带领以色列人穿越旷野的人","那个生活在该时该地并在那时被叫作'摩西'的人","那个在孩提时由法老的女儿从尼罗河中抱起的人",等等。按照我们采用这个或那个定义,"摩西不存在"这个命题就获得不同的意思;有关摩西的其他每个命题也是如此。——如果有人告诉我们"N不存在",我们便要问:"你的意思是什么?你是不是想要说……或者……等等"。①

解释者通常认为维特根斯坦用簇摹状词理论代替了单一描述理论,以避免单一描述理论所受到的模态论证的攻击。根据簇描述主义,专名"摩西"的指称由与"摩西"相联系的一簇摹状词确定,那个满足这簇摹状词的唯一的对象,就是"摩西"的指称。②

克里普克并且认为塞尔在1958年《论专名》的文章里表达的是同样的观点,即用一种精致的簇描述理论去克服罗素式的单一描述理论所面临的批评。克里普克在《命名与必然性》中对描述主义的批评,被索莫斯概括为模态论证、认知论证和语义论证。我们在前文中已经论及。这里的问题是,维特根斯坦在第79节中的表述是否就是塞尔式的簇描述理论。克里普克的批评是否对两者都适用?

在此比较塞尔(1958)对簇描述理论的表述:"名称的功能不是用作摹状词,而是钩住一族摹状词的那个钩子。……我认为下述情况

---

① Ludwig Wittgenstein, *Philosophical Investigations* (rev. 4th ed.), G. E. M. Anscombe, P. M. S. Hacker and J. Schulte. (trans.) Wiley-Blackwell, 2009, Sec. 79. 中译参见陈嘉映译本。

② P. M. S. Hacker, *Insight and Illusion: Themes in the Philosophy of Wittgenstein*, Oxford University Press, 1986, p. 162.

是必然的,即亚里士多德是所有通常归之于他的那些性质的相容性析取,或逻辑和。"① 塞尔的表述是"逻辑和","挂钩","名称和其指称的对象的特性具有逻辑上的联系",强调把指称功能和描述功能分开。

对于第 79 节这段话,索莫斯认为根据维特根斯坦在其他文本段落体现出来的思路,可以有三种拓展。② 其一即做塞尔式的处理,把名称看作一族不确定摹状词的逻辑和或是摹状词的挂钩。这组摹状词的不确定性可以是来自说话者,或社会语言共同体。这种处理的困难在于,由于名称对应的摹状词是可变的或不确定的,如果把名称的涵义视为对应的摹状词,从而带来名称涵义的不确定性或主体间的变动,这就使得无论是通过涵义来确定指称还是通过涵义交换来实现成功交流,都会面临困境。为摆脱上述困境,第二种解读方式是区分表达式的涵义和说话者的涵义。其中说话者的涵义是特定说话者联系在指称表达式上的关于对象的描述性信息或识别性信息,而表达式的涵义被理解为表达式在使用过程中被任何合格说话者都能把握的公共信息,也即不同说话者涵义的公共部分。第三种解读方式,属于索莫斯用自己的立场为维特根斯坦引申,把名称在公共语言中的意义当作其指称。考虑句子"n is F"被不同说话者使用时,在不同语境下断言和传达的信息中的公共部分,只能是某个单称命题,即 n 所指称的对象具有性质 F,这就是该句子在语言中的意义。

因此按照索莫斯的看法,这段话尽管可以看作描述主义的专名理论,也可以理解成名称在公共语言中的涵义与不同说话者之间的涵义具有差异,后者具有某种不确定性和解释的开放性。这种不确定性似乎在第 79 节接下来的文本中得到了加强。

> 但是,当我作出一个关于摩西的陈述时,——我是否总是用这些摹状词中的某一个来代替"摩西"?我也许会说:我所理解的摩西就是那个做了圣经中归于摩西的那些事的人,或至少是做了其中很大一部分事的人。但是,到底做了多少?我是否已经确定,必须证明有多

---

① John Searle, "Proper Names", *Mind*, Vol. 67, 1958, p. 171.
② Scott Soames, *Philosophical Analysis in the Twentieth Century*, Vol. 2, Princeton:Princeton University Press, 2003, pp. 20 – 22.

少为假，我才能把我的命题当作假命题而放弃？"摩西"这个名称对我来说是否在一切可能的场合都有一种确定的单义的用法？难道事情不是这样吗：我随时都准备着（姑且说）整整一系列的支柱，一旦这根被抽掉就必须依赖另外一根（反之亦然）？——试考虑另一种情况。当我说"N死了"，这个名称的意义可能有这样几种：我相信曾经活着这样一个人，（1）我曾经在这样一些地方看见过他，（2）他看上去就像这个样子（一些照片），（3）他曾做过这样一些事情，（4）他在社会生活中用"N"这个名字。——如果要问我把"N"理解作什么，我就得把所有这几点或其中的一些开列出来，不同的场合列出不同的说法。所以，我对"N"的定义也许就是"所有这些说法对之均为真的那个人"。——但是，如果现在证明其中某个例证是假的？——是不是我就得准备宣称"N死了"这一命题为假？——甚至那被发现为假的在我看来只是无关紧要的东西？但是，紧要与否的边界在哪里呢？如果在这种情况下我已经解释对这个名称，那么，现在我就应该随时准备对这个解释进行修正。

对这一点可以这样表达：我使用"N"这个名称并没有"固定的"意义。（但这不会损害对它的使用，正如一张桌子站在四条腿上而不是站在三条腿上并因此而有时要摇摇晃晃一点也不会损害桌子的用途一样。）[1]

结合上面这段话来看，维特根斯坦强调的重点似乎不在于克里普克所批评的描述理论的核心论题："如果 x 存在，则 x 具有 φ 的大多数特性"表达了必然真理[2]，即作为整体的簇描述中的大多数描述（名称的内容）决定了所指称的对象。这段文本强调的重心应该在前引最后一段，"使用'N'这个名称并没有'固定的'意义"，以及倒数第二段的最后一句"应该随时准备对这个解释进行修正"。Boersema（2000）亦持有这样的

---

[1] Ludwig Wittgenstein, Philosophical Investigations (rev. 4th ed.), G. E. M. Anscombe, P. M. S. Hacker and J. Schulte. (trans.) Wiley-Blackwell, 2009, Sec. 79. 中译参见陈嘉映译本。

[2] Saul Kripke, *Naming and Necessity*, Cambridge, MA: Harvard University Press, 1980, p. 71.

观点,即维特根斯坦这段话强调的是名称使用的"没有固定意义",处于"可修正"的状态中,这正是"家族类似"观念的体现。① 无独有偶,在 *PI* 的第 87 节,维特根斯坦继续表达了这种对名称涵义的开放性理解:假定我给出这样的解释:"我用'摩西'意指这样一个人:如果确有此人的话,他带领过以色列人离开埃及。我不管他那时叫什么名字,也不论他可不可能做过其他事情。"——但是,对于这一解释中的那些词也可能产生同对于"摩西"这一名称相类似的怀疑(你把什么叫作"埃及"?把谁叫作"以色列人"?等)

这种开放性是否就是名称的根本特点?回到 *PI* 第 38 节,我们可以发现维特根斯坦已经在对名称和指示词的区分中阐明了这一点:"对于它的真正回答是:我们称非常不同的东西为'名称';'名称'这个词刻画了一个词的众多不同的、彼此以许多不同的方式具有亲缘关系的用法种类……"无疑,家族类似观念才是维特根斯坦谈论指称关系的真正着眼点,虽然这对于后期维特根斯坦的哲学观而言已近乎老生常谈。

因此这里的问题就变成,维特根斯坦在第 79 节对名称"摩西"的讨论应当作为簇描述理论的标准表达,还是主要为了作为家族类似观念的表述?一种妥协的理解是两者都适用。两者的共同之处在于,与名称相联系的描述语或摹状词是可错的,没有核心的必不可少的单个摹状词能决定指称。但塞尔式的簇描述理论是从正面强调簇摹状词整体构成了名称的涵义;维特根斯坦则是从反面强调涵义是不确定的,这好比"游戏"这个名称不可用某族摹状词来下定义。但是 Cappio 试图表明,"即使为论证起见,我们可以假设维特根斯坦的家族类似的概念可以与一般词项的意义的簇理论相兼容,但对于单称词项的意义而言,这两种观念也还是无法结合起来"②。这是因为,"我们可以假定发现维特根斯坦从未写过 *TLP*,但是否可以类似地发现篮球活动不是游戏"?也就是说,对于专名而言,簇描述理论不得不接受克里普克式模态论证的考验,但是家族类似的观念却不

---

① David Boersema, "Wittgenstein on Names", *Essays in Philosophy*, Vol. 1, No. 2, 2000, sec. 1.

② James Cappio, "Wittgenstein on Proper Names or: Under the Circumstances", *Philosophical Studies*, Vol. 39 (1), 1981, p. 91.

必对此有所顾忌。就此而言，克里普克把维特根斯坦关于"摩西"的谈论当作攻击专名的簇描述理论的典型似乎是脱离靶心了。

维特根斯坦并不否认可以通过因果或描述性的内容来解释名称，但这些解释对于名称使用的作用类似于路标，目的只是在于消除误解和澄清怀疑。在 *PI* 第 49 节维特根斯坦写道：命名和描述肯定并非处于一个层次上；命名是描述的准备。命名还根本不是语言游戏中的任何步骤，正如一个棋子的摆放不是象棋中的一个步骤一样。人们可以说，经由对一个事物的命名人们还没有做出任何事情。它也没有名称，——除非在一个游戏之中。这也是弗雷格如下断言的意义：只有在一个命题的关联中一个词才有意义。语境原则是维特根斯坦在 *TLP* 和 *PI* 中都坚持的思路。克里普克在 *N&N* 中批评的描述主义的根本问题在于把指称关系看成笛卡儿式的个体知识。这也正是维特根斯坦要批评的。根据维氏，意义是在语言的社会使用中建构出来的。

这里可以对维特根斯坦在 *TLP* 和 *PI* 中对于指称的谈论做个简要的小结。维特根斯坦在 *TLP* 时期把意义的指谓观应用于逻辑空间中的指称关系，与直接指称理论具有表面的相似性却是完全不同的意义上的表述。后期维特根斯坦从实指活动的不确定性出发，通过对名称和指示词的对比分析，否认基于名称意义来谈论的指称关系具有基本的重要性，可以说是指称关系的消去论者，而不是像克里普克所批评的那样是指称的簇描述理论的支持者。指称在名称与对象的认知关联上，维特根斯坦并不否认名称可以通过因果链条或描述与对象发生关联，但是维特根斯坦认为命名没有本质。但维特根斯坦仍旧大致认为指示词"这"具有直接指称的用法，但因此"这"不是名称。维特根斯坦对指示词的讨论遵循了罗素的直接指称理论传统，这一传统后来由新指称理论者做出了推进。

因此，后期维特根斯坦对于指称关系的谈论，要点显然不在于构建一种更好的描述理论，而是要通过专名涵义的开放性，来说明名称的意义在于使用中体现的家族类似。正如普特南（1992）曾指出的："维特根斯坦想要告诉我们的是，指称性的用法没有'本质'。不存在可被称为指称的某个东西。在一种指称和相近的指称之间存在重叠的相似性，这就是问题的全部。"① 维特根斯坦在 PI 的靠前部分花费大量篇幅谈论实指关系的不确定性和名称的意义,因为命名活动和指称关系正是语言游戏中的典型场景。普特南从维特根斯坦对指称的谈论过渡到一种对相对主义观念的探询。普特南注意到在维特根斯坦的晚期著作《论确实性》第 559 节中,维特根斯坦这样谈论语言游戏:"你必须记住,语言游戏可以说是某种不可预测的东西。我的意思是,它不是建基在理由之上的。它不是合乎理性的(或者是不合乎理性的)。它存在于那里——像我们的生活那样。"普特南对此评论道:"我倾向于把 559 节解读为,维特根斯坦断言,语言游戏就像我们的生活,无论语言游戏还是我们的生活,都不是建基在理性之上的,这是对康德哲学之核心的否定。"我想要提出的问题是:我们能够接受维特根斯坦在我引证的那些段落中告诉我们的东西而自始至终不走向相对主义吗?② 我们可以从这个角度理解维特根斯坦对指称关系谈论的变化。相对主义也是本书后面的一个重要主题。此外,维特根斯坦当然也没有主张指称关系的收缩论,毕竟收缩论的指称论仍然是一种关于指称关系的非还原式理论。后期维特根斯坦主张的是在语言游戏中不必以指称关系作为在先的基础,词语和事物之间的对应关系可以是多样而不确定性的。

从 TLP 到 PI 的论述中贯穿着语境原则。仅就对指称的谈论而言,在 TLP 中维特根斯坦强调需要在命题的语境中才能理解名称,离开命题谈论名称的指称是没有意义的;在 PI 中则必须在语言游戏中才能理解名称的使用,使用决定意义,名称涵义的不确定性正是源于语言游戏的开放性。从 TLP 到 PI,语境由语句的逻辑形式变成了语言游戏,但对名称的谈论始终不能离开语境。基于这种对语境的重视,我们可以把后期维特根斯坦视为是意义的语境主义者吗?这部分取决于我们如何刻画语境主义的观念。根据意义的语境主义的一种通常表述,语境构成性地嵌入在语句所表达的命题之中,也即不存在独立于语境的、单纯由语词的语言学意义产生的最小命题(本书第 11 章讨论这个问题)。由于维特根斯坦主张名称的

---

① Hilary Putnam, *Renewing Philosophy*, Cambridge, MA: Harvard University Press, 1992, p. 167. 译文参见杨玉成中译本。

② Hilary Putnam, *Renewing Philosophy*, Cambridge, MA: Harvard University Press, 1992, p. 176.

涵义随着语境变化而变化，这似乎立即可以推出包含名称的语句的内容也具有语境依赖性。激进语境主义者特维斯（C. Travis）因此认为后期维特根斯坦是个不折不扣的语境主义者。但近年来一些研究者如布里奇斯（J. Bridges）（2010）等都认为从 PI 文本里非但不能得出维特根斯坦是语境主义者，还可以发现他对相反论题的辩护。语境主义是晚近语言哲学中受到高度关注的立场，后期维特根斯坦与语境主义的复杂关系因此值得更深入的讨论，理解维特根斯坦与新指称理论的关系无疑也属于这项工作中的重要部分。

第四节　新指称理论的兴起

如前，尽管弗雷格和罗素之间存在着明显的分歧，但在对指称关系的处理中，都引入了对象的识别性质或呈现模式作为名称和对象的联结机制，在传统的对于呈现模式的理解中，呈现模式总是以描述的方式表现出来，因此巴赫（K. Bach）称弗雷格式的描述主义为"涵义描述主义"而罗素的描述主义为"缩写描述主义"[①]。由弗雷格—罗素开启的所谓"描述主义的指称理论"作为 20 世纪分析哲学的出发点，在相当大的程度上塑造了分析哲学的风格和气质。这一理论的背后的主张是，要求通过研究语言来研究思想，将传统的主客二元关系化归为语言—世界之关系。这样，认识论问题被要求转化成语义学问题（所谓"语言学转向"）。对理想语义学及意义理论的追求在表面上成为第一哲学要义，但内在于语义学和意义理论的核心却仍是近代传统以来的认识论诉求，这种认识论的基本着眼点就在于笛卡儿式的个体主义的立场。

在 20 世纪中期，维特根斯坦（1953）、塞尔（1958）和斯特劳森（1959）先后对传统的描述理论做出了批评和改进，也即，提出了所谓的"簇摹状词理论"。他们的批评的要点在于，减弱了名称和对象之间的描述性中介的作用，在弗雷格那里，这种描述性中介是所谓的"涵义"，在罗素那里，这种描述性中介是相关的具有唯一决定作用的摹状词。维特根

[①] Kent Bach, "Descriptivism Distilled", available at http://online.sfsu.edu/~kbach2001, 2001, pp. 1–2.

斯坦（1953）在他的著名的"摩西"的例子中已经暗示了后来被克里普克所反复使用的模态论证和可能世界方法。塞尔（1958）提议，名称从语义上不具有描述对象之特性的涵义，但是从指称上与所指对象具有某种逻辑上的联系，这种联系可称为涵义。"专名的功能不同于摹状词，而类似于在上面挂住一簇摹状词的钩子。专名标准的松散性是使语言的指称功能与描述功能相脱离的必要条件。"① 斯特劳森（1959）则指出，在使用摹状词来替换名称以获得名称所指涉的对象的时候，仅有摹状词还是不够的。"为了将某个殊相识别为指称，必须事先知道某个真的经验命题，以使得只有唯一的殊相满足摹状词。"② 这一经验命题事实上是给出了语境的信息。因此，在描述主义传统的后期发展者那里，指称关系和描述性识别的关系已经有了分离的趋势：指称关系已经不完全奠基于认知主体的个体性的识别，而是部分地依赖于说话者与语言共同体的关系；指称关系不仅是一种以内在的认知作为其基础的关系，也在某种程度上是属于外在于个体的社会中的约定的关系。"涵义决定指称"的教条至此已有瓦解之态，但是，弗雷格式的语义学方案仍未被触动。

　　唐纳兰（Donnellan，1966）为一种新的指称理论打开了突破口。限定摹状词的指称性使用从两个方面改变了"对象的识别性质"在指称关系中的地位：从决定指称的角度而言，说话者的意图代替了识别能力；从句子的真值条件而言，决定句子真值的不是摹状词而是意图中的指称对象。并且，后者引起的反思更为根本，这意味着句子的真值条件有可能以某个对象而不是对象的呈现模式作为成分。后来的工作表明，虽然限定摹状词本身绝不可能从类型上成为直接指称表达式，但是限定摹状词的指称性使用却正是殊型意义上的直接指称。唐纳兰的工作得到了高度重视。两年后卡普兰（Kaplan，1968）受其影响就已经设计出 Dthat 算子来将表达式的呈现模式和指称对象分开，前者不进入所在句子的真值条件。这一工作为卡普兰后来在指示词方面的工作打下了重要的基础。

　　新指称理论的标志性开端的工作是由唐纳兰（1972）和克里普克（1972/1980）于20世纪70年代初期分别独立地给出的。两人工作的核心

---

① John Searle, "Proper Names", *Mind*, Vol. 67, 1958, p. 172.

② Peter Strawson, *Individuals*, London：Routledge, 1959, p. 183。

都是反驳了描述主义的认识论论题：存在着某个描述性的对象之识别条件是指称表达式指涉对象的充要条件。从后来的发展来看，克里普克工作的影响要深远得多，因为克里普克的工作不仅限于对名称的讨论，还包括对自然类词项的讨论；不仅限于对单称词项的意义与指称论题的讨论，还发展出对形上学之必然性与认识论之先验性概念的区分；不仅限于语言哲学中的核心概念，还延拓出对传统形上学中的本质主义论题和认识论/心灵哲学中的心身关系论题的重新审视。更重要的是，克里普克的令人耳目一新的结论基本是通过其思想实验/可能世界的方法得到的，其结果是表明传统分析哲学将逻辑分析和语言/意义分析当作哲学工作的主要手段事实上限制了哲学活动的空间。

尽管克里普克成为新指称理论的主要旗手，关于指称理论的更深刻的某些结论却是由稍后发展出来的直接指称理论得出的。直接指称的概念，最初由卡普兰（1977）给出，新指称理论的提法，最初由 Schwarz（1977）给出。需要指出，尽管常常被混为一谈，但新指称理论和直接指称理论的概念并不完全重合，后者实际上是前者的一部分。直接指称理论的核心思想是表明描述性内容与包含直接指称表达式的句子的真值条件之无关性，以及句子的真值条件的语境依赖性，在此基础上提出了单称命题的概念：一方面将单称命题作为包含直接指称表达式的句子的真值条件，另一方面将单称命题作为命题态度的对象。正如 Devitt（1989）所指出的，直接指称理论名下事实上包含着不同的理论，包括被赖尔称之为 Fi-do-Fido 理论的名称的意义指谓论、名称的非描述理论以及严格指示词理论。直接指称理论的主要工作应当是语义学和心理语义学论题（虽然是否涉及认识论论题存在着争议），新指称理论的主要工作则除了直接指称理论，还包括指称的历史因果理论和语义/内容外部论，其中后两者主要涉及的是指称的认识论论题。新指称理论在方法上，最重要的是引入基于反事实条件的思想实验，尤其是克里普克的可能世界的真值条件方法和普特南的孪生地球方法。

史密斯曾给出了下述对"新指称理论"的解释[①]：一个哲学家被称为

[①] 参见 Paul Humphreys and James Fetzer, eds., *The New Theory of Reference: Kripke, Marcus, and Its Origins*, Kluwer Acdemic Publisher, 1998, pp. 235–283。

参与了狭义的新指称理论，当且仅当他提出了反对 Frege-Russell 的摹状词主义的论证（50 年代和 60 年代早期的正统理论），而代之以一种历史链或直接指称理论。一个哲学家被称为参与了广义的指称理论，当且仅当持有下述论点：（1）拒绝 50—60 年代早期的正统的弗雷格—罗素传统。此外，还至少持有下列命题中的两个或多个：（2）名称不是伪装的、偶然的限定摹状词，而是直接指称或借助历史链来指称；（3）名称是严格指示词，偶然的限定摹状词是非严格指示词；（4）逻辑必然和形而上学必然的区分；（5）必然/偶然对比和先验/后验对比的区分。

新指称理论的在 70 年代的代表性早期工作主要包括：

唐纳兰（1966，1972）对描述主义认识论论题的批评，摹状词之指称归属区分的提出；

克里普克（1972/1980，1979）对描述主义认识论论题的批评，严格指示词概念的提出、认识论之先验性概念与形上学之必然性概念的区分；

普特南（1972，1975）语义外部论论证、自然类名的直接指称理论；

卡普兰（1968，1977）关于指示词和索引词的直接指称理论，单称命题概念的提出，特征/内容的区分；

佩里（1977，1979）对弗雷格语义学框架的批评，本质索引词的概念。

20 世纪 80 年代以后新指称理论逐渐在分析哲学领域占据了正统地位，指称的历史因果论和语义/内容外部论得到广泛认可。另外，直接指称理论的有关论题则引起了较大争议，赞成的一方，如萨尔蒙（N. Salmon）、索莫斯（S. Soames）、怀斯坦（H. Wettstein）、阿莫格（J. Almog）等人，全面捍卫和发展了有关论述，并在 90 年代中后期由卡普兰的弟子 Braun、Thau 等人继续丰富有关文献和论证。另外，以牛津哲学圈为代表的埃文斯（G. Evans）、麦道卫（J. McDowell）、达米特及其弟子皮考克（C. Peacocke）等人，以及北美的福布斯（G. Forbes）、戴维特（M. Devitt）和海克（R. Heck）等人，则坚持某种重新解释的弗雷格式涵义概念在语义学中的地位。这就形成了直接指称理论与新弗雷格主义的不同阵营的对立，在过去 30 年间引发着持久而深入的争论。

新指称理论的兴起对于推动分析哲学之主流从语言哲学转向心灵哲

学产生了关键的影响。首先，通过对指称问题的研究，语言哲学的经典方法论教条即哲学解释上的"语言先于思想"的顺序受到质疑，正如达米特所说，"近来一些分析传统下的著作，从解释的顺序看来，已经颠覆了这种语言凌驾于思想之上的优先性，认为语言只能通过不同类型的思想事先给定的概念来被解释，而无须考虑这些思想的语言表达式。这种新倾向中的一个好的例子是 G. 埃文斯的遗著，这本著作试图给出如下问题的一个独立于语言的说明，即以不同的方式思考一个对象会是怎样的情形，和以这些不同方式思考对象时如何解释不同的文字手段对其指称的影响"[1]。1982 年出版的埃文斯的《指称的多样性》是新弗雷格主义批评和回应新指称理论的最重要著作，其中的主要思想对于当前心灵哲学许多基本问题的争论仍有深切的影响。其次，从主题而言，新指称理论的研究导致了将语言哲学希望通过"语义上行"方法解决的某些认识论问题交还给心灵哲学领域。对于指示词和指示性指称的分析，使得指称问题与知觉问题紧密联系在一起；对于本质索引词和第一人称思想的分析，使得指称问题与自我意识问题发生了关系；有关语义外部论的争论，导致了对自我知识问题的热烈探讨。[2] 指称问题的研究从语言哲学出发，结果是以新的方式开启了对传统认识论问题的理解。伯奇（T. Burge）在一篇有名的回顾文章中指出："（导致向心灵哲学转向的）另一个内在原因是，语言哲学中一些最困难而持久的特定问题，例如：用新指称理论来解释弗雷格的晨星暮星困惑；解释指示词的认知价值问题；解释有关命题态度语句的真值条件和逻辑形式问题；解释从物信念的问题，这些都把问题指向了心灵哲学。"[3] 而这些问题都与新指称理论有着密切的联系。在同一篇文章中 Burge 感叹，"回顾过去 30 年，我发现关于指称的研究结果和关于逻辑形式的研究结果比意义理论的成果更加坚实和更加持久"[4]。

---

[1] Michael Dummett, *The Sea of Language*, Oxford: Clarendon Press, 1993, pp. 4 – 5.
[2] Stalnaker 在 2004 年度的哈佛大学 Whitehead 哲学讲座上以"我们对于内部世界的知识"为题做了报告。这个题目明显地暗示罗素的那本《我们对于外间世界的知识》，试图显示分析哲学在过去一个世纪中主流兴趣的变迁。
[3] Tyler Burge, "Philosophy of Language and Mind: 1950 – 1990", *Philosophical Review*, Vol. 100, 1992, p. 28.
[4] Tyler Burge, "Philosophy of Language and Mind: 1950 – 1990", *Philosophical Review*, Vol. 100, 1992, p. 26。

史密斯在试图书写新指称理论的历史时,认为"新指称理论已经成为分析哲学史上的主要运动之一,可与逻辑实证主义和日常语言学派并称"①。

---

① Paul Humphreys and James Fetzer, eds., *The New Theory of Reference: Kripke, Marcus, and Its Origins*, Kluwer Acdemic Publisher, 1998, p. 278.

第 三 章

摹状词的指称性使用与指称的因果理论

第一节 限定摹状词的指称性使用

当唐纳兰1966年发表《指称与限定摹状词》时,许多论者最初不过把该文看作罗素与斯特劳森之间著名论战的一个延伸,或至多看作对指称理论的语用学转向的一次修正。不少著名哲学家尽管明确承认唐纳兰的这一区分给他们带来的重要启示,同时亦指出这一区分并不像表面看上去的那样清晰,特别是在它与内涵语义学的联系上。卡普兰曾经转引欣迪卡的评论说,"在唐纳兰的出色的文章中,我唯一能找到的东西是清楚地意识到下述事实:他谈论的区分仅仅在受命题态度词或其他的模态词项的约束的语境下才起作用"。卡普兰本人也同样抱怨"在初读和再读唐纳兰的文章时,我总发现它引人入胜又令人烦恼。它之所以引人入胜是因为这个基本的区分非常清楚地反映出对语言用法的一个准确的见识;之所以令人烦恼是因为……它对与正在发展的内涵逻辑的知识系统没有给出清楚的说明,因而我们不能立即看出唐纳兰和内涵逻辑能彼此提供给对方一些什么东西"[1]。

直到新指称理论的影响日益深入并最终成为晚期分析哲学运动的最重要思潮,唐纳兰这一工作的经典性才能得到完整的评价。《指称与限定摹状词》可以算作整个新指称理论运动的第一篇文献。限定摹状词的指称性使用和归属性使用的区分(以下简称"指称/归属区分")的意义在于

---

[1] David Kaplan, "Dthat.", In Peter Cole, ed., *Syntax and Semantics*. Vol. 9, New York, NY: Academic, 1978, p. 233.

首先将摹状词通过描述性识别用以确定指称的功能和摹状词对于句子语义值的贡献区分开来。以后，克里普克在《命名与必然性》（1972）中的对于名称的分析、卡普兰在《论指示词》（1977）中对指示词和索引词的分析，几乎是分别在不同种类的指称表达式上重复了这一发现。

多年来英美哲学界对摹状词的指称/归属区分的究竟是语义区分还是语用区分的争论持续进行着。限定摹状词的指称/归属区分之所以在后期分析哲学文献中引人注目，一方面是由于这一区分讨论的是含有描述性内容的短语能在多大程度上像真正的单称词项那样贡献于句子的语义内容，因而在主题上成为指称理论的两个主要阵营，即描述理论和直接指称理论论战的中间地带；另一方面，它又与另一组争议更大的区分，即语义语用区分的划界问题密切相关，后者的厘定对于澄清意义理论的限度至关重要。我们这里从比较摹状词的指称性使用与说话者指称入手，通过考察回指现象以及分析萨尔蒙（N. Salmon）和怀斯坦（H. Wettstein）对于区分性质的争论，尝试消除对摹状词的不同使用下的语义行为分析中的困难。

一 摹状词的指称性使用与说话者指称

限定摹状词的指称/归属区分是通过对某些语言现象的观察提出的，典型的例子如在法庭上某旁观者感叹"杀害史密斯的凶手是疯狂的"，或在酒会上聊天者对同伴说出"那个喝马爹利酒的人看上去很高兴"。一般认为这类句子在特定语境下的陈说有两种不同的读法，即如唐纳兰所言："在某断言中归属性地使用限定摹状词的说话者，陈述具有如此这般特征的人或物的某些事情；另一方面，在某断言中指称性地使用限定摹状词的说话者，使用摹状词以使得听者能够挑选出他正在谈论的人或物，并且陈述有关该人或物的某些事情。"[①]

直觉上，这一区分似乎是明显的。进一步，我们可以据此初步将摹状词的归属性使用的特点表述为：说话者心目中没有特定的独一无二的对象，而只有描述条件，句子中所讨论的对象就是满足摹状词的描述条件的

---

① Keith. Donnellan, "Reference and Definite Descriptions", *Philosophical Review*, Vol. 75, 1966, p. 285.

对象，由此意味着，可以为包含摹状词的句子添加表达式"无论作为'the F'的 x 是什么"而不改变句子意义①。另一方面，摹状词的指称性使用的特点似乎则是：说话者事先已有打算被指称的对象，而摹状词只是去完成这一指称对象功能的一件顺手的工具，这也意味着，摹状词含有的描述条件不一定需要适合被用来指称的对象。

但是，正如我们将要看到的，这样的概括虽然粗略刻画了这一区分的特征，但是并没有给我们提供一个有关指称/归属区分的明确标准。如果缺乏这一标准，我们就不能对下述关键问题作出回答，也即，在何种条件下，说话者即使没有正确将摹状词应用于他说谈论的对象上，但他仍然就其所谈论的对象说出了某些真实的情况。对这一问题的回答不但关乎唐纳兰对罗素和斯特劳森提出批评的初衷，更是随后 30 余年围绕这一区分的性质的论争的肯綮所在。

摹状词的指称性使用和归属性使用之区分的提出，首先是由于某些语义或语用的现象分别出现在摹状词的不同场合的使用中，粗看上去，这些现象似乎可以成为指称/归属区分的标志，但对这些现象的进一步分析又往往模糊了指称/归属区分的界限。我们有必要先考察这些与区分有关的典型特征。

特征 1：是否存在满足摹状词的对象，以及所谈论的对象是否要满足摹状词。

特征 2：限定摹状词的使用与说话者关于摹状词的信念的关系。

特征 3：包含限定摹状词的句子的成真条件是独立于还是依赖于摹状词中所包含的描述性内容。

事实上，特征 1 和特征 2 虽然常常伴随着摹状词的指称/归属区分的现象，却并不能构成检验摹状词处于哪种用法之中的判定条件。唐纳兰在最初的论文中对这两个特征反复进行了考察。特征 3 似乎构成了指称/归属区分的本质刻画。因为按照唐纳兰的说法，在归属性用法中，摹状词是"必不可少的"，而在指称性用法中，摹状词只是"工具"或"标签"。这意味着，在归属性用法中，摹状词的描述性内容构成了所在句子的真值

---

① 对于句子"the F is G"，其归属性使用的读法是 whoever (whatever) is F is G；其指称性使用的读法是 a, which is F, is G。

条件的一部分；而在指称性用法中，摹状词的描述性内容对于所在句子的真值条件是无关的。我们在后面将看到，正是这一观察，成为对指称/归属区分的性质的争论的焦点。

另一方面，上述特征亦为我们细致分析限定摹状词的指称/归属区分提供了参考。对摹状词的不同使用情况稍作整理，便可发现这一区分涉及的相关因素包括：

1. 限定摹状词作为语言表达式的描述性内容；
2. 限定摹状词的指谓或语义指称；
3. 说话者头脑中所意图谈论的对象；
4. 说话者意图使听者识别的对象；
5. 说话者关于意图谈论的对象的知识和信念；
6. 说话者和听者的公共知识，包括语言学知识（如语义和句法知识）和背景知识；
7. 说话者说出的句子的命题内容和真值条件。

指称/归属区分首先明确地将上述因素 2 和因素 3 或因素 2 和因素 4 区分开。但是因素 3 和因素 4 之间的区别在唐纳兰最初的表述那里却似乎是模糊的。另一方面，即使因素 2 和因素 4 一致，只要因素 3 存在，直觉上就认为摹状词处于指称性使用之中。无论如何，是否指称/归属区分就可以归结为因素 2 和因素 3 或因素 2 和因素 4 的区分呢？对此问题的一个肯定回答正是克里普克的观点，克里普克将因素 3 等同于说话者指称，从而把指称/归属区分归结为说话者指称和语义指称的区分。

唐纳兰的概括虽然粗略刻画了指称/归属区分的特征，但并未提供一个判定该区分的明确标准。因此，指称归属区分的提出尽管引起了广泛的重视，同时也有不少评论对该区分的实质提出质疑。在这种情况下，克里普克于 1977 年提出语义指称和说话者指称的区分，试图代替指称/归属区分并突出该区分中的语用学意味。说话者指称和语义指称的区分是根据格莱斯的说话者意义和句子意义的区分进行推广而得到的。克里普克把语义指称定义为是由说话者在某个场合指称某个对象的一般意向所给出的、由言语里的某些约定或习规就可以确定的对象。而一个指示性词组的说话者指称，克里普克则定义为"说话者想要谈论，并且自以为它满足成为该指示词的语义指称而应具备的条件的那个对象"①,即说话者指称是说话者的特殊意向给出的。如果说话者相信他在某一场合下想谈论的对象满足成为语义指称的条件,就是相信其特殊意向和一般语义学意向之间没有矛盾。克里普克认为,说话者对于其特殊意向和一般语义学意向相一致的信念有两种产生方式。在简单情形下,说话者的特殊意向就是其一般语义学意向,因此说话者指称和语义指称是一致的;在复杂情形下,说话者的特殊意向可能不同于其一般语义学意向,即说话者指称和语义指称可能不一致,但是说话者自认为两者是一致的。克里普克于是断言,唐纳兰所说的归属性用法就是上述简单情形,而指称性用法就是上述复杂情形。克里普克进一步认为,这种区分不但适合摹状词也适合专名,因此唐纳兰是错误的,因为唐纳兰把指称性使用仅仅当作摹状词的使用,认为在指称性使用下摹状词看上去就像逻辑专名。

说话者指称这一概念似乎比指称性使用有着更强的直观含义,但唐纳兰并不认可克里普克的批评。尽管唐纳兰肯定说话者指称的现象总是存在的,但他质疑指称/归属区分能否通过说话者指称和语义指称的区分来解释。唐纳兰认为,不能通过说话者在使用摹状词时是否伴随着关于满足摹状词的对象的信念来判断摹状词处于哪种使用之中,因为如果是这样的话,"这种区分就没有语义方面的意义,以及极少言语行为理论方面的意义。因为特定言语行为总是伴随大量因素,包括信念、欲求和各种环境因素等。这样这一区分在语言哲学中就没有任何位置"②。进一步,说话者指称也不能等同于说话者头脑中的对象,这样的话就忽略了说话者唤起听者识别对象的意图,其后果就会导致麦凯(J. Makay)在1968年对唐纳兰的批评,即在指称表达式的使用中抬高说话者自己的意图而贬低所使用的实指表达式的重要性。说话者指称应当被理解成说话者意图使听者识别出的那个对象,即使说话者头脑中已经有了某个对象,但是如果他没有打算使听者识别出该对象,就不能认为说话者在指涉该对象。

---

① Saul Kripke, "Speaker's Reference and Semantic Reference", *Midwest Studies in Philosophy*, 1977, Vol. 2, p. 18.

② Donnellan, Keith, "Speaker Reference, Descriptions and Anaphora." In Peter Cole ed., *Syntax and Semantics*. Vol. 9, New York, NY: Academic, 1978, p. 48.

克里普克的这一区分是否比唐纳兰的区分更为基本和有效？不少论者同意说话者指称是一个非常基本的概念，但是就限定摹状词而言，讨论其语义指称并不总是可行的。例如，对于像"当今法国国王"这样的空摹状词，正如罗素的分析，它实质上是被用作量化短语，因而并不存在着对包含该摹状词的句子所表达的命题做出语义贡献的语义指称。另一方面，正如雷卡纳提（F. Recanati）所指出的，唐纳兰的指称/归属区分中实际包含了两对相互独立之区分[①]：

（1）摹状词使用的识别性和非识别性区分，这一区分在于摹状词的使用在于提供信息还是确定指称；

（2）说话者指称和语义指称的区分，这一区分的关键在于摹状词的指谓和说话者的使用之间是否存在分歧。

如此看来，说话者指称和语义指称的区分事实上只是指称归属区分的一部分，而且唐纳兰使用指称/归属区分主要刻画的是识别/非识别的区分而不是说话者指称/语义指称的区分。

事实上，唐纳兰提出的摹状词的指称性用法的确不能还原成克里普克的说话者指称。即使我们暂不区分说话者头脑中所意图谈论的对象和说话者意图使听者识别的对象，而笼统地按照克里普克的说法，认为说话者指称就是为"说话者想要谈论，并且自以为它满足成为该指示词的语义指称而应具备的条件的那个对象"，我们也不能说摹状词的归属性使用就是语义指称和说话者指称总是一致的情形，而指称性使用就是语义指称和说话者指称有可能不一致的情形。这是由于，固然当（1）语义指称不存在（从而说话者指称肯定不同于语义指称）以及（2）说话者指称与语义指称都存在而不相同的情形，都可以典型地算作指称性使用。但是在某些情形下有可能说话者指称也不存在，例如在"杀害史密斯的凶手是疯狂的"这个例子中，假定说话者并不知道具体是谁杀害的史密斯，这时语义指称也不同于说话者指称，但此处明显是归属性使用。按照唐纳兰的理解，当有说话者指称在场时，限定摹状词出现的语境可称为"指称性语境"；否则，当说话者指称不在场时，称此时的语境为"归属性语境"。这样，唐

[①] François Recanati, *Direct Reference: From Language to Thought*, Oxford: Blackwell, 1993, pp. 281–283.

纳兰的区分而不是克里普克的区分才是更基本的。还要注意此时唐纳兰所使用的说话者指称是指说话者意图使听者识别的对象，而克里普克的说话者指称则是指说话者头脑中所意图谈论的对象。

二 回指现象与语义/语用之争

指称/归属区分与说话者指称/语义指称区分除了上述差别，两者还有可能是不同性质的区分。克里普克提出的区分无疑是语用性的，而唐纳兰提出的区分的性质则始终处于争议之中。唐纳兰本人对指称/归属区分之性质的态度也并非前后一贯的。在1966年的文章中唐纳兰曾明确指出这一区分"不是句法或语义区分，而是语用区分"，因为"两者语法结构是相同的，……从而不是句法模糊性"，也不是"语词意义的模糊性"，这种模糊"可能是语用上的模糊性，……是说话者意图的功能"。① 需要注意的是，唐纳兰此处把语义模糊性看成"语词意义的模糊性"，这与通常文献中的用法（真值条件的模糊性）不同。然而在1978年的文章中，唐纳兰更为明确地意识到他与克里普克之间的分歧。他在文章开头即提出下述问题："限定摹状词的两种使用是否为两种语义功能，其中一种摹状词传达了说话者指称另一种则没有；还是限定摹状词被用于两种不同的环境，其中一种伴随着说话者指称的现象，虽然并未对语义指称产生影响？"②

所谓表达式的语义指称的含义是指表达式的指称可以通过表达式的语言学构成与语义规则（包括句法规则及语义指派的组合性原则）相结合来得到。例如，通常限定摹状词的语义指称就是满足摹状词的描述性条件而得到的指称。回指现象被唐纳兰认为是支持"语义说"的典型语言现象，因为它是可以根据语义规则系统解释的语言现象。我们对比考虑下述句子：

（a）一个人不慌不忙地走上发言台。他的脸上带着微笑。

---

① Keith Donnellan, "Reference and Definite Descriptions", Philosophical Review, Vol. 75, 1966, p. 297.

② Donnellan, Keith, "Speaker Reference, Descriptions and Anaphora", In Peter Cole ed., Syntax and Semantics. Vol. 9, New York, NY: Academic, 1978, p. 48.

（b）一个人不慌不忙地走上发言台。这个人的脸上带着微笑。

（c）一个人不慌不忙地走上发言台。不慌不忙地走上发言台的这个人脸上带着微笑。

这组句子中，后一句的主词是前一句的主词（先行词）的回指。前一个子句的作用在于引入某个个体，而不仅仅是存在概括。第三句后一子句句首的摹状词的语义指称就是前面子句中引入的个体。在该例子中，即使走上发言台的那个人并非真的不慌不忙，后一句断定此人面带微笑仍然可以是真的。因此回指摹状词所指涉的个体并不必须满足摹状词中包含的描述性信息。即使前面的子句是错误的，说话者也能够成功通过它来引入一个后面所要谈论的个体，并且后一子句关于该个体的断言仍然可以是真的。可以看出，唐纳兰试图据此说明两点：首先，回指现象类似于摹状词的指称性使用；其次，后一子句中的回指摹状词的指称是由前一个句子中说话者所谈论的个体语义性地决定的。这样，某个个体可以成为回指摹状词的语义指称，即使该个体并不满足摹状词的描述性条件。因此，说话者指称不能从语义指称中分离出来。

我们甚至可以把回指现象看作摹状词指称性使用的推广情形，也即摹状词的指称性使用是回指先行词缺省的回指现象。这样说的时候意味着在摹状词的指称性使用中一定有某个说话者意图使听者识别的对象在场（或潜在地在场）。回指先行词的作用就在于肯定这一点。对于其所包含的摹状词处于指称性使用情况中的句子"the F is G"而言，它实际上等价于说下述回指句"有个F在那里。这个F是G"。其中前一个句子作用在于引入个体或确定指称，后一个句子在于对前面所引入的个体加以述谓或进行断定。直接引入的限定摹状词和通过回指引入的摹状词的差别在于：说话者是否期待和意欲听者识别出说话者头脑中的对象。如果说话者带有这样的意图，他就会使用直接引入的摹状词；如果说话者没有这样的意图，他就会选择通过非限定摹状词引入和回指连接引入的摹状词。但是，尽管有这种说话者意图上的差异，唐纳兰认为，直接引入和回指引入这"两种结构的限定摹状词在成真条件和语义指称方面没有实质差异"[①]。

[①] Donnellan, Keith, "Speaker Reference, Descriptions and Anaphora", In Peter Cole ed., *Syntax and Semantics*. Vol. 9, New York, NY: Academic, 1978, p. 40.

第三章 摹状词的指称性使用与指称的因果理论

根据将直接引入的摹状词改写成回指引入，限定摹状词的两种功能，通过描述性识别以确定指称的功能和对所在句子贡献语义值的功能，就被分开了。如果这一改写是合理的，那么唐纳兰也就不但成功地将指称/归属区分的划界问题和性质问题区别开来，而且分别给予了回答。所谓指称/归属区分的划界问题，是明确给出判定限定摹状词处于何种使用之中的充要条件，或者给出类似于充要条件的描述，此处的关键是需要指出两种不同的使用之中涉及不同的交流机制。所谓指称/归属区分的性质问题，是说明这一区分具有语义意义还是只是在语用层面上才有意义。也即如果这一区分是语义上的，则包含摹状词的句子在处于两种不同的用法时语义上表达了具有不同真值条件的两个不同命题；如果这一区分是语用层面上的，则包含摹状词的句子在两种不同用法时语义上仍然只表达了同一个命题，但在指称性使用时语用上蕴涵了另一个具有不同真值条件的命题。

一方面，唐纳兰显然注意到摹状词指称/归属区分的要害是由说话者意图造成的，并且认为说话者意图的差异被带入了句子的真值条件中（所谓"主观指称"的观点）；另一方面，唐纳兰又要表明的是，包含回指成分的句子语义表达了单称命题（所谓"语义区分"的观点）。正如有些论者所认为的，这给唐纳兰的理论带来了紧张因素：包含主观指称的命题是如何被语义表达的？我们将在后面回答这一问题，在此之前先考察指称/归属区分的性质问题的一场争论。

20世纪70年代末期到20世纪90年代初期，由于卡普兰和佩里等人的工作，语言哲学界对于指示词和索引词的理论重要性有了更多认识。不完全限定摹状词（如"这张桌子"）和指示词（如第一人称词项"我"）之间的对应关系也被发掘出来。正如泰勒（K. Taylor）后来的总结，两者至少在三个方面有明显的平行[1]：

（1）独立于语境、单凭语法指派的语义内容不足以决定表达式的唯一指称；

（2）只有补充说话者的意图才能使得它们成功实现指称；

（3）在指涉由语境确定的对象上，"这张桌子"具有与"我"类似的基于语法的可预期性。

---

[1] Kenneth Taylor, *Reference and Rational Mind*, Stanford, CA: CSLI., 2003, p. 86.

由于指示词的语义行为是可以系统解释的，而限定摹状词的指称性使用与指示词的情况类似，这就为指称/归属区分的"语义说"提供了支持。语言哲学家怀斯坦正是用这样的思路来为唐纳兰的观点做辩护的。他提出的核心论证我们在此可归纳为①：

（1）不完全限定摹状词的语义行为上类似于指示词的语义行为。

（2）不完全限定摹状词是唐纳兰的限定摹状词的指称性使用的典型情形。并且，在日常使用中，不完全限定摹状词的情形比严格限定摹状词的情形要更为普遍。

（3）限定摹状词的归属性使用可以通过罗素式摹状词理论来分析其语义行为。

基于上述三点，于是得出：

（4）限定摹状词有双重语义功能：描述（或性质归属）功能和指称功能；分别对应两种语义行为，即罗素式的（对应归属性使用）和指示词式的（对应指称性使用）。

（5）限定摹状词的指称/归属用法的区分正是两种语义功能的区分。

其中对上述（1）的论证又可以展开为下述三步：

（1a）存在着不完全限定摹状词的语言现象需要进行语义解释；

（1b）弗雷格和罗素式的对摹状词的归属性解释不能解释这一现象。特别地，罗素的摹状词理论不能解释不完全限定摹状词：如果把不完全限定摹状词解释成省略语境的限定摹状词，就会导致解释的不确定性，因为省略语境的方式可以是无穷的，但带有不定摹状词的句子在相关语境下表达的命题却是确定的。

（1c）假定这类摹状词的语义行为具有指示性指称的功能就能解释这个现象。

怀斯坦的这一论证，特别是第一点，看上去没有什么问题。我们不妨用它来分析包含不完全限定摹状词的句子所表达的命题。假定布朗怀疑琼斯是凶手，并在语境 C 中说出了如下句子 S：这个凶手是疯狂的。那么布朗在语境 C 中表达的是某个单称命题"他（琼斯）是疯狂的"，还是一组具有意义"如此这般的凶手是疯狂的"的一般命题呢？按照怀斯坦的观

---

① Howard Wettstein, *Has Semantics Rested on a Mistake?* Stanford University Press, 1991, pp. 50–58.

点，限定摹状词在语义上类似于指示词，指示词是典型的直接指称词项，因此上述句子S表达的当然是前者。然而萨尔蒙却认为，布朗使用句子S在语境C中实际上是断言（assert）了一组松散的命题，既有上述单称命题，也有上述一般命题，但是并没有明确地因为断言了其中一个而排除其他；另一方面，句子S在语境C中并没有语义上表达（express）一个关于琼斯的单称命题"他是疯狂的"。在萨尔蒙看来，怀斯坦的错误就在于从在语境C中布朗断言一个单称命题，推出在语境C中布朗表达了该单称命题。这即是说，怀斯坦把说话者断言的内容（言语行为的内容）和语义内容混为一谈。说话者断言的内容和语义内容的真实关系应该是：某人在一个适当的语境下说出某个句子，从这个句子的语义内容为p可以典型地衍推出说话者断言了p，但反之不然。

在重构怀斯坦的论证后，萨尔蒙一般性地总结了怀斯坦在使用下述语义内容推理模式时所面临的方法论问题：说话者A在语境C中使用表达式E表达了概念K，因此，E将K作为其语义内容在语境C中表达出来。这种推理模式正是萨尔蒙所批评的"语用谬误"："语用谬误体现了下述观念，如果特定表达式的使用实现了某种说话者以言行事的目的，那么这一目的必定刻画了相对于说话者语境的表达式的语义功能。"[①] 所谓表达式的语义功能，包括语句的语义内容，语句的真假、指称表达式的语义指谓等。例如，如果我们根据某说话者A在语境C中使用句子S正确说出了某事，就断定S在语境C中是语义真的，在萨尔蒙看来，那就是犯了"语用谬误"。

萨尔蒙对怀斯坦的批评再一次把问题凸显出来，限定摹状词的指称性使用到底是摹状词的语义功能还是一种言语行为？相应地，摹状词使用的指称/归属区分到底是语义区分还是语用区分？对这些问题的回答必定要求我们进一步回答：包含有限定摹状词的句子在不同语境中究竟表达了何种命题？

[①] Nathan Salmon, "The Pragmatic Fallacy", *Philosophical Studies*, Vol. 63, No. 1, 1991, p. 91.

三 不同使用下的限定摹状词的语义行为

我们可以采用尼尔（S. Neale）的表述，把那些认为指称/归属区分看作语用区分的论者（如罗素和格莱斯理论的支持者）称为描述论者，而把这一区分看作语义区分的论者（如唐纳兰及其支持者）称为指称论者①。无论是描述论者还是指称论者，都认同下述论题：说话者 A 在某个"the F is G"的陈说 u 中指称性地使用限定摹状词"the F"当且仅当存在某个对象 a，使得说话者 A 通过陈说 u 意指 a 是 F 且 a 是 G；也即双方都承认如下两点：（1）存在着对象 a 是说话者用摹状词所意图指称的对象；（2）说话者认为该对象 a 满足摹状词 F。

但是描述论者除此之外，还认为罗素的摹状词理论适合分析任何含有限定摹状词"the F"的句子的语义结构，"the F"仍然（和在归属性使用中一样）用作量词，句子"the F is G"的语义结构可由 [μx：Fx]（Gx）给出。也即描述论者会认为，在限定摹状词的指称性使用中，下述概括是成立的：

（D1）限定摹状词在句子中用作量化短语。

（D2）包含限定摹状词的句子表达的是一般性命题（或不依赖于对象的命题）。

事实上，尼尔本人就是描述论者，他认为不仅对于限定摹状词"F"，短语"some F"和"every F"也都可以有指称性使用。②尼尔认为，包含限定摹状词的句子可以用于交流依赖于对象的命题不应导致我们对限定摹状词的语义分析的复杂化（始终应遵守奥卡姆剃刀原则），因此罗素的分析已经够了。

反之，根据指称论者的观点，如果说话者 S 在某个"the F is G"的陈说 u 中指称性地使用限定摹状词"the F"，那么"the F"并非用作量词，并且 u 所表达的命题不是描述性的。也即指称论者会认为，在限定摹状词的指称性使用中，下述概括是成立的：

（R1）限定摹状词在句子中用作真正的指称表达式。

---

① Stephen Neale, *Description*, Cambridge MA：MIT Press, 1990, p. 85.
② Stephen Neale, *Description*, Cambridge MA：MIT Press, 1990, p. 88.

(R2）包含限定摹状词的句子表达的是单称命题（或依赖于对象的命题）。

此外，描述论者和指称论者对于限定摹状词的归属性使用的看法当然也是一致的，即罗素的摹状词理论是适当的，摹状词此时被用作量化短语。由于描述论者并不在语义层面区分摹状词的两种使用，也即，描述论者认为无论哪种情况下摹状词的语义行为都是一致的，即使有不同情况也无须通过语义来解释。于是对限定摹状词的指称/归属区分之性质的断定的关键就在于，在限定摹状词的指称性使用中：（1）摹状词在句子中用作量化短语还是真正的指称表达式；（2）含有摹状词的句子语义表达的是独立于对象的命题还是依赖于对象的命题。并且，按照通常的看法，这两点实际上是一回事，肯定其中一个也就相应可推出另一个。

前已论及，按照唐纳兰后期坚持指称/归属区分是语义区分的观点，就必须回答下述问题：包含主观指称的命题是如何被语义表达的？而克里普克也曾指出，说话者的意图可能偏离我们的语言习规，从而使得句子的语言学意义不同于说话者意图传达的命题。唐纳兰提出区分的其中一个动机就在于认为，在说话者说出句子"the F is G"时，即使说话者意图所指的对象不满足 F 而唯一满足 F 的对象亦不是 G 时，说话者也说出了某种为真的东西，根据唐纳兰，这恰恰就是句子所语义表达的单称命题。因此指称论者这里实际要说明的是，限定摹状词的语言学意义并没有进入其所在句子所语义表达的命题。

就这一点而言，索引词的语义行为与之类似。根据卡普兰式的二维语义学，含有索引词和指示词这类语境敏感的直接指称表达式的句子，其语言学意义和其所语义表达的命题是不同的。语言学意义必须结合语境才得到句子所表达的命题，而包含索引词的句子语义表达的命题也是单称命题。按照指称论者的理解，在限定摹状词的指称性使用中，摹状词所指涉的对象也是通过语境确定的。但是，这种情况下，摹状词和索引词确定指称对象的方式仍然是迥然有异的：前者主要是借助说话者的主观意图，后者主要是通过语言学习规。只有当说话者的主观指称恰好满足所使用的摹状词时，才能说通过摹状词的指称是通过语言学意义确定的。

因此关键就在于，如果按照对摹状词在指称性使用中的索引词解释，此时对于句子"the F is G"所语义表达的单称命题，进入命题成分的对象是主观指称还是由摹状词的语言学意义确定的对象，当两者一致时，这是容易处理的。例如雷默（M. Reimer）在 20 世纪 90 年代末期的一篇论文中就提出，如果说话者所意图的指称对象满足所使用的限定摹状词时，那么形如 the F is G 的句子的陈说就表达了一个单称命题。但是雷默认为，当这个条件不满足时，尽管对话双方也可能交流了一个单称命题，但该句子并没有表达任何（单称的或一般的）命题。① 我们认为，这种看法将破坏我们对索引词解释的一致性，因为按照这种观点，存在着一些语法正确和用法清晰但没有明确语义的指称性语句。同样以索引词对比举出例子，假使某人在说"我在喝酒"时发生口误，说话者的意图本来是要指你在喝酒，此时我们认为这个句子仍然有意义地表达了某个单称命题，尽管它实际交流的可能是另一个命题。

因此，只要我们坚持摹状词在指称性使用时具有类似于索引词的语义行为，就必须承认即使在说话者误用摹状词的情况下，即主观指称并不满足摹状词的语言学意义时，相关句子也仍然语义表达了某个单称命题。当主观指称说话者或所意图的指称对象不满足所使用的限定摹状词时，显然不能认为句子语义表达的命题包含主观指称作为其成分，因为这就要求将语义学与说话者在具体语境下的意图联系在一起，后者典型地属于语用学的范围。既然主观指称不能成为候选者，进入命题成分的只能是满足摹状词语言学意义的那个对象。

于是我们的解决方案可以小结如下，我们提出对指称性使用下的限定摹状词的语义行为做彻底的索引词解释，根据这种解释，在限定和非限定摹状词的指称性使用中，摹状词先是被说话者用于确定指称对象，但说话者使用的包含该摹状词的句子的真值条件却并不包含该摹状词的描述性内容，而是直接包含着满足摹状词的对象。一方面，不同于描述论者，我们认为包含摹状词的句子此时语义表达的是单称命题而不是可以分析成量化句的一般命题。另一方面，不同于传统的指称论者及温和的索引论者，我们认为进入该单称命题成分的对象不是主观指称而是满足摹状词的对象（因此这时摹状词的语义行为和索引词完全相同），而包含主观指称的命

---

① Marga Reimer, "Donnellan's Distinction/Kripke's Test", *Analysis*, Vol. 58, No. 2, 1998, p. 98.

题此时是被语用交流而不是语义表达的命题（这一点上我们和描述论者的观点一致）。

这里可能存在的一个困难是，当情境中事实上没有对象满足摹状词时，相应的句子的成真条件似乎既不是一般命题（如描述论者的观点那样），也不是包含着主观指称的单称命题（如指称论者的观点那样）。这里面临的困难和直接指称论者在讨论空名时的困难是类似的。直接指称论者通常认为，包含空名的句子在语义上或者没有表达任何命题，或者表达的是间隙命题（gappy propositions）。我们在这里也可以采取类似的策略：当语境中没有满足摹状词的对象，从而使摹状词缺乏语义指称时，相关的句子语义上没有表达任何命题（或表达了一个间隙命题），但是在语用上蕴涵了一个单称命题。这里和雷默的立场是非常接近的，但雷默是用主观指称是否满足摹状词来作为相关的句子是否语义上表达了一个命题的衡量标准，而我们认为主观指称与一个句子语义表达的命题没有任何关系。

因此我们的方案既保留了唐纳兰提出指称/归属区分时的直觉，即在指称性使用时，摹状词的描述内容是与所在句子的成真条件无关的；又对指称论者面临的难题给予了否定的回答，即包含主观指称的命题并不能够被语义表达。同时我们还希望维护关于语义/语用区分的一种直觉，即无论在摹状词的哪种使用中，一个句子所语义表达的命题总是由相对稳定的语言学习规决定的，而与说话者的意图无关。因此，根据彻底的索引词解释，限定摹状词的指称/归属的区分仍然是一种语义区分，限定摹状词在指称性使用和归属性使用时分别具有两种不同的语义行为，这可以由索引词具有的二维语义特征得到解释。

第二节　指称的因果理论

菲尔德在评价塔斯基的真之理论时指出，塔斯基虽然成功通过将真概念还原成满足、指谓等语义概念来解释真，但他并未真正实现物理主义的还原方案的承诺，因为塔斯基并未告诉我们如何将指谓这一基本语义概念用非语义词项来解释。对于名称的指谓这一概念，塔斯基只是通过枚举外延的方式来进行解释，但枚举方法并没有提供实质性的解释，外延等价也不能保证还原的充分性。菲尔德于是询问，以非语义词项对指谓的真正解释会是什么样子呢?① 时值 1972 年，克里普克的《命名与必然性》初版刚刚发表，菲尔德受其影响，认为罗素式的描述主义指称理论作为对名称之指谓的实质性解释是没有希望的，因为其中包含着循环论证（摹状词本身是名称的组合，因此用摹状词来解释名称势必最终回到名称上），有希望的解释是克里普克的故作含糊的因果理论，因为要同时接受物理主义和"指谓"这一语义概念，这类因果理论就是不可或缺的。菲尔德相信，罗素的理论非常不合理，塔斯基的理论是平凡，而因果理论正是我们需要的。②

但正如不少论者包括克里普克本人所指出的，指称的因果理论事实上并不构成一个严格的哲学理论，它至多是一个图景，这个图景我们可以很容易地用指称的初次确定（"命名仪式"）加上指称的传递（"因果—历史链条"）来概括。为论述方便，我们暂且稍微精确地将这种版本的指称的因果理论表达成下述论题（下称 KCT）：在典型情况下，名称 N 被说话者 S 用于指涉对象 O，如果 S 对于 N 的使用与 O 的初始命名仪式具有因果关联。此处的典型情况，指所讨论的名称不是所谓的"描述性名称"，即完全用摹状词引入的名称。

接下来我们将讨论指称的因果理论面临的两类不同挑战及由此形成的对因果理论的两种修正路线。这两种修正路线的关键差别在于是否需要引入描述性信息来刻画指涉关系。我们对基于混合方案的修正路线做出了有限辩护，并在此基础上提出基于遵守规则的指称确定论题。

一 对克里普克式图景的挑战

克里普克提出因果链图景的主要动机在于对名称如何指称对象提供一个正面的回答，这一回答紧接着他对于指称的描述理论所做的负面反驳之后，即通常所称的语义论证，也可称为错误信息或知识不完全论证，其关键是：说话者 S 或语言共同体 C（社会习规）关联到名称 N 上的某个摹

---

① Hartry Field, "Tarski's Theory of Truth", *Journal of Philosophy*, Vol. 69, No. 13, 1972, p. 370.

② Hartry Field, "Tarski's Theory of Truth", *Journal of Philosophy*, Vol. 69, No. 13, 1972, p. 367.

状词或摹状词簇 D，常常并不能满足名称 N 所实际指称的对象 O。例如，我们完全可以设想这些描述有可能发生错误，克里普克设想了多种情况，包括有名的哥德尔/施密特的例子，表明摹状词簇对于名称 N 指称对象 O 既不充分也不必要。正如普特南所说，克里普克的专名理论的要点在于点明，"一个人可以用专名来指涉某事或某人 X，即使他对于 X 没有任何真信念"，以及"问题的实质之处在于，使用专名进行指涉，就意味着存在某种因果链条，以联结该名称的使用者（及使用该名称的特定事件）与该名称的承担者"①。因此，名称 N 不是依据对象 O 满足具有识别性特征的摹状词簇 D 这一条件来指称该对象的。根据克里普克，上述因果图景才是名称指称对象的实际情形。

如果情况真是如此，固然我们失去了一个貌似优雅的哲学理论，但毕竟还是获得了一个虽然粗糙但似乎更接近真相的关于专名如何进行指称的社会学图景。但不幸的是，克里普克对描述主义进行反驳的主要理由，同样也适用于因果图景自身，也即，单纯的命名仪式加上环环相扣的因果链条对于说话者 S 使用名称 N 来指涉对象 O 而言也不是充要条件。埃文斯为我们提供了两类反例，② 由此我们可以导出对克里普克的因果图景的两种修正路线。

"马达加斯加"反例构成了较弱类型的反例的代表。按照 KCT，我们从当前对名称"马达加斯加"的使用进行因果回溯，应当可以发现该名称和那个岛屿之间存在某个初始命名仪式，但事实上这样的命名仪式并不存在，历史上的初始命名仪式是在名称"马达加斯加"和非洲大陆的一部分之间发生的。这个反例的教训是，命名仪式加上因果链条对于名称 N 指称对象 O 并不是充分条件，因为存在着名称的指称在因果链条中发生变化或转移的现象。

较强类型的反例，不妨称为"拿破仑反例"，是通过如下对比性的思想实验给出的。历史学家告诉我们卓越的军事家拿破仑于 1815 年遭遇滑铁卢败绩。考虑两种反事实情形。情形 A：假定有某个人 1814 年起（此

---

① Hilary Putnam, *Mind, Language, and Reality: Philosophical Papers*, Vol. 2, Cambridge: Cambridge University Press, 1975, p. 203.

② Gareth Evans, *Collected Papers*, Oxford: Clarendon, 1985, pp. 6–17.

时拿破仑已经赫赫有名）假冒其名取而代之。情形 B：假定有某个人 1793 年起（此时拿破仑尚还默默无闻）假冒其名取而代之。那么，当我们考虑历史学家们写下的下述句子：

拿破仑在滑铁卢战役中表现得很善战。

我们该如何评价该语句的真值？这取决于"拿破仑"这个专名对于句子的成真条件的贡献，于是我们需要确定该句子中"拿破仑"的指称对象到底是哪个人。埃文斯正确地揭示了我们的直觉：在情形 A 中我们倾向于认为，上述句子为假，历史学家搞错了谁是滑铁卢的战败者，也即专名"拿破仑"指称的是被冒名者，即 1814 年前众所周知的叫"拿破仑"的那个人，实际上他并未参加滑铁卢战役。在情形 B 中我们倾向于认为，上述句子为真，史学家并没有弄错谁在滑铁卢战败，他们弄错的是拿破仑将军的早年经历，例如拿破仑并非 1771 年出生于科西嘉，也即专名"拿破仑"所指的应当是冒名者，即 1793 年后众人所知的叫"拿破仑"的那个人。显然，克里普克的因果理论不足以解释上述差异，即在不同的反事实情况下，专名"拿破仑"的初始命名仪式如何与当前我们使用该名称来指称的对象之间发生因果联系。但两种情况下的直觉似乎都是，专名"拿破仑"在我们的语言共同体中被用于意指那个战功卓著的军事家。这个反例的初步教训是，与所指对象相关的信息，特别是社会共同体对于该名称的主要的信念，对于名称的确定和使用远非完全无关的。

二　戴维特的指示链理论

克里普克与唐纳兰在 20 世纪 70 年代初期对于描述主义理论的批评获得了多数哲学家的支持，因果理论作为对于描述主义理论的替代也逐渐获得正统地位。尽管许多论者以 KCT 的方式来表述指称的因果理论，但克里普克本人早已预见这种形式的因果理论会招致的批评和修正。克里普克一方面强调："我不打算给出一组适用于指称这个词的充要条件，……这样一组充要条件可能是永远无法得到的"；另一方面，他同时又指出："如果在这种图景中补充更多的细节，那么它就可以变得精致一些，从而能够为确定指称提供更确切的条件"。[1] 与克里普克式的言简意赅的因果

---

[1] Saul Kripke, *Naming and Necessity*, Cambridge, MA: Harvard University Press, 1980, p. 94.

图景不同，戴维特（M. Devitt）积极鼓吹一个较为系统而精致的因果网络理论，其中心观点是：我们对某个名称的当前使用，是通过社会因果机制借用了对该名称的早先使用的指称，这一观点可表达为下述论题（下称DCT）：一个单称词项 N 能指示某个对象，如果存在着连接着词项的使用者和对象之间的因果性的指示链条，这一指示链条包括奠基、指称借用和指示能力三个要素。[①] 首先，所谓"奠基"（grounding）是指存在着某个命名事件，目击该命名事件的说话者 S 通过知觉到某对象 O 而获得了使用某名称 N 指示该对象的能力，这也就初始化了词项的指示链。这一过程得以实现是由于当事人 S 与所命名的对象之间存在着知觉的因果关系，该因果关系的源头就在于对象本身。其次，所谓"指称借用"是指别的说话者从相对于命名事件在场的人那里习得使用该名称 N 的语义能力。这一习得过程主要是通过在会话交流中对名称的交互使用来实现的。通过交流，要么是听者获得了使用词项 N 的能力；要么是，如果他原来已经具备了使用该词项的一定的能力，现在通过确认、补充、校正等手段，就使得听者对于使用该词项 N 指称对象的语义能力得到了增强。显然，"奠基"和"指称借用"细化了克里普克的"指称确定的命名仪式"和"指称传递的交流链条"的直观思想。但是，戴维特的改进之处在于他允许"多重奠基"，也即，命名仪式可以允许不止一次，指示链条因而可以回溯到不止一个源头，这使得指称传递实际上不是以单链而是以网络的方式展开的。考虑下述例子：孪生婴儿 A 和 B 出生的时候分别被命名为"张大双"和"张小双"，由于医护人员的疏忽把两人的名字牌搞反了，以后所有的人都把 A 称作"张小双"而把 B 称作"张大双"。这样 A 实际上有两次奠基，一开始是"张大双"的命名仪式，其后则是"张小双"的命名仪式。"马达加斯加"反例显然可用类似的方式来处理：我们只需把马可波罗对于名称"马达加斯加"的误解设定为另一次命名仪式，指称变化的现象就能在原有框架下得到充分解释。

但是我们发现戴维特的因果网理论至少面临两个困难。首先它并不能有效处理上述"拿破仑"反例。戴维特的理论没有告诉我们，为什么两次冒名事件发生在不同时间会带来名称"拿破仑"指称不同的对象。根

[①] Michael Devitt, *Designation*, New York: Columbia University Press, 1981, pp. 129–137.

据 DCT，只要在因果链条中存在指称转移的现象，就伴随着新的奠基，但 DCT 无法将前述两种不同情况下的指称转移的差别的本质予以区分。其次，指称借用过程实际上是一个指称性交流的过程，在这一过程中需要听者持有说话者关于指称的信念，才能保证指称的正确传递。事实上，关于指称的信念的传达也必定涉及描述性信息，而不仅是单纯的因果过程。我们看到，戴维特对此并非毫无察觉，因为他强调因果链条中传递的不仅是指称对象，而且是使用名称的语义能力，名称的使用者正是通过因果链条来练习指示对象的能力。这样一个指示链条很难说是纯粹因果性的。下述问题仍然有待回答，即与名称相关的描述性信息在确定指称中是如何发挥作用的？

三 埃文斯的混合理论

埃文斯（G. Evans）提出的另一条修正路线，要点在于认为专名的指称所依赖的某个因果联结，不是在命名仪式与名称的当下使用之间的因果联结，而是社会共同体联系在名称之上的信念或信息体与共同体对于对象的指称事件及行为之间的因果联结。埃文斯指出，说话者意图指称的对象不必满足说话者拥有的关于该对象的摹状词簇或信息体，而只需该对象和说话者关联在名称上的信息体具有因果依赖，当与该信息体具有因果关联的对象不止一个时，那么占主导性的那一个来源决定了指称对象。[①] 这样被克里普克式图景所抛弃的联系在名称上的描述性信息再次获得重视：根据埃文斯，"拿破仑"这一专名指涉某个对象这一语义事实仍然在相当程度上与社会共同体对于该名称相联系的描述性信息或信念密切相关，我们可以把这一观点表达为下述论题（下称 ECT）：单称词项 N 被用于指涉对象 O，当且仅当 O 是社会共同体赋予的与 N 相联系的信息体的主导性因果来源。显然，埃文斯的理论是一种混合理论，既通过信息体的概念保留了描述理论对于对象的识别性属性的重视，又保留了因果理论对于名称使用与传递之间的因果联结。

混合理论的关键在于解释什么是"信息体的主导因果来源"。我们可以从两个层面来解释"主导性"（dominant）的含义，其一是与名称相联

[①] Gareth Evans, *Collected Papers*, Oxford: Clarendon, 1985, pp. 6–17.

系的信息中的主要部分，其二是全部信息的主要因果来源。在前述拿破仑的例子中，与名称"拿破仑"所联系的信息体可以划分为三个部分：拿破仑的早年经历、拿破仑的赫赫战功、拿破仑的滑铁卢战败，其中主导性的信息体是历史学家们归之于名称"拿破仑"的人所取得的那些赫赫战功。名称"拿破仑"所指涉的对象，是否就是满足或符合主导信息"取得赫赫战功的那个人"的对象？此处隐藏的一个问题是，如何区分"主导性的因果来源"与"满足主导性（或加权大多数）信息的对象"，因为后者正是描述主义指称理论的标准表述。事实上，在混合理论中，名称所指称的对象不是通过描述性信息来决定的；相反，对象是联系名称的描述性信息的来源，不管这些信息是否被对象所实际满足。而混合理论为我们所揭示的要害就在于，描述理论中的主要问题不在于描述性内容是否与名称所指称的对象相关，而在于该理论把确定对象的方式设定为对象满足或符合描述性内容。也即，描述理论奠基在满足关系上，这种对象和性质（或信息体）之间的满足关系是一种形上学关系。与此相对照，因果理论把确定名称所指称对象的主要力量集中在社会共同体成员之间的因果传递联系上，这种联系是一种名称使用者之间以及与所指对象之间的社会认知联系。

埃文斯要在因果理论中引入信息体的理由在于，因果关系并不是名称的指称能够在传递中得以保持的充分条件。于是必须对因果关系进行限制，以防止因果源头被误认。例如，由于误识别的原因（例如上述孪生婴儿被混淆的例子），会导致某个信息体是主导性或优势性地关于某对象的，但此对象却不是该信息体的主导性的因果源头；也即，此对象是描述理论意义上的"满足主导性信息的对象"，却不是混合理论意义上的"主导性因果来源"。显然，埃文斯的混合理论一方面承认克里普克对强描述主义理论批评的有效性，即满足描述性内容不是确定指称的充分条件，另一方面坚持了弱描述主义理论的基本原则，即描述性内容或与名称相关联的信息体至少是确定指称的必要条件。

与名称相关联的描述性信息是社会共同体形成的有关信念，它不必是关于名称所指称对象的真信念。我们有可能发现哥德尔不是算术不完全定理的发明者，但是社会公认"算术不完全定理的发明者"这一信息的来源的确是哥德尔。假定有一天，逻辑史家纠正了我们的看法，把这一信息转移到施密特那里，后者就成为该信息的来源，哥德尔仍然还是哥德尔，但他不再成为语言共同体认可的该信息的主要来源。在 ECT 中，作为因果源头的不是 KCT 中的初始命名仪式，而是社会共同体所赋予的信息体，这里面包含的重大变化，是把名称与对象之基本关联，从命名仪式中的发生学转向了社会认可的约定论，从而使之与克里普克指称理论的实在论根源分离开来。

四　名称的使用实践：交流和遵守规则

与指称的描述主义理论相比，因果图景的主要特征在于：它将名称指称对象的根本理由从名称本身的语言学性质（与某些摹状词语义等价）转移到名称的社会使用上。无论是克里普克还是戴维特版本的因果理论，名称 N 之所以被用于指称对象 O，实际上是某种社会事件，其关键在于名称在使用者之间的学习和传播。因此，因果图景突出了语言的社会性质，强调存在着一个语言共同体，在其中，名称不是作为私人性的个人习语（idiolect）而起作用。与此对应，一个语言使用者即使对于某个对象充满了错误的信念甚或是对所指对象一无所知，他也能够正确遵循语言共同体的规定来有效地对该对象进行指涉和完成交流活动。

在描述理论中，描述性内容是充分而非必要条件。另一方面，因果理论所假设的命名仪式和传递链条对于确定指称也都不是必要条件。埃文斯则认为他的混合理论给出的是必要而不充分条件。根据混合理论，被指称对象作为通过社会共同体联系在其名称之上的信念或信息体的主导性的因果源头，反映对名称的使用不是某种说话者头脑里的某种内部信息搜集和匹配过程，而是基于对使用者外部的某种公共知识的把握。那么，名称何以被某些共同体成员用于指称某对象 O，而后此用法又被其他共同体成员所遵循？埃文斯后来认为，名称的制造者制定了名称和对象的对应规则，其他使用此规则的社会成员不过是该名称的消费者。[①] 但是，所谓的初始命名仪式对于确定指称却不是必要的，名称和对象的对应规则总是可以修改的，并且随着共同体的变化而变化。

[①] Gareth Evans, *The Varieties of Reference*, Oxford: Oxford University Press, 1982, pp. 376 – 381.

我们认为，对于名称 N 在共同体 C 中何以被用于指涉对象 O，维特根斯坦有关在语言游戏中"遵守规则"的说法为我们提供了恰当的理论资源。后期维氏在谈论意义和理解的时候认为，掌握一个表达式乃是基于对一组社会实践规则的掌握，通过共同遵守规则说话者之间才能相互协调他们的活动。[1] 遵守规则的主要特征之一在于规则的非私人性，这意味着语言使用者不能随意用名称指称任何意图中的对象。这种非随意性体现在规则的制定和遵守中吸纳了与名称相关的描述性信息体，这些信息体常常被社会成员所共享；另外则被"语言学分工"中的"专家"所优先持有。在制定对象的指称规则时，社会共同体亦不断把关于对象的信念赋予到对象的名称所标记的信息体上，这些信念不一定是关于对象的真信念，却是社会普遍接受的关于所命名对象的基本叙事。我们可以把与名称 N 所标记的信息体看作名称所指涉对象的"档案夹"，档案夹中的信息对于所命名的对象有真有假，并且处于不断累积或变化之中，但只要社会共同体坚持这些档案夹中的信息是关于对象 O 的，那么名称 N 就指涉对象 O。由于没有什么信息是名称所标示的档案夹中的典范信息，因此单凭信息本身不足以确定对象，也不至于因为信息的错误而导致对象的误识别。另一方面，当语言共同体中普遍认为档案夹中的信息不再适用于名称所指涉的对象名称时，名称 N 标记对象 O 的语义规则也有可能产生变化。

因此，我们关于指称的"基础语义学"论题是：名称 N 被用于指涉对象 O，如果名称 N 被共同体 C 中某些成员规定用于谈论对象 O，并且共同体中其他成员普遍遵守这一谈论对象的规则。所谓遵守关于指称的规则，是指有能力并且有意图用名称 N 来思考和谈论对象 O。这一能力的获得，既可以是与对象进行知觉接触，也可以是通过交流描述性信息来拥有关于该对象的信念。

我们用这一论题来处理前面的思想实验。名称"拿破仑"起初在较小范围的语言共同体 C_1 中被规定指涉某对象 O，后来这一语义规则被较大范围的语言共同体 C_2 所认可并跟从。在 C_2 中的成员对该名称的使用中，常常伴随着某个信息体或档案夹，其中的主要内容包括"拿破仑就是那

---

[1] Ludwig Wittgenstein, *Philosophical Investigations* (rev. 4th ed.), G. E. M. Anscombe, P. M. S. Hacker and J. Schulte. (trans.), Wiley-Blackwell, 2009, pp. 198–208.

个建立了赫赫战功的人"诸如此类的信念。在情形 A 中，尽管对象 O 被冒名成 O_1，这并不能改变先前的语义规则，名称"拿破仑"仍然指涉 O 而不是 O_1，句子（1）为假。在情形 B 中，对象 O 被冒名成 O_2，这时名称"拿破仑"实际上对应于两个对象，在语言共同体 C_1 中，名称"拿破仑"仍被用于指涉 O，但在语言共同体 C_2 中，名称"拿破仑"的语义规则却发生了修改，被用于指称 O_2。之所以情形 B 中语义规则被修改而情形 A 中未被修改，原因在于在不同情况下名称"拿破仑"对应的档案夹中信息的主要内容不同，修改语义规则（相当于改变档案夹的标签）通常遵循保守原则，以使得社会共同体对语词的使用保持相对稳定。

　　注意到确定名称的指称不同于利用名称去思考对象，前者关乎指称的认识论条件，后者关乎指称的心理学。此外，我们还需要区分名称的语义指称和说话者指称，前者刻画的是语言共同体对于名称的使用，后者刻画的是单个认知主体对于名称的使用。在日常对名称的使用中，指称对象的目的在于交流。也即说话者通过使用名称使得听者能够确定说话者所谈论的对象。在这一过程中，对规则的共识，而不是识别对象本身，才是使用名称进行指称的必要条件。因此，在语言共同体中使用名称 N 指称对象 O，意味着共同体中的说话者和听者进行从物信念（de re belief）的交流。说话者关于对象的从物信念构成说话者用名称指称对象的基础。而交流成功的条件在于说话者和听者的从物信念是关于同一对象的。[1]

　　这里我们小结如下。指称的描述主义理论与 KCT 式因果理论的基本分歧可以刻画为：与名称相关联的描述性信息对于说话者使用名称进行指称是否相关。其关键在于与名称关联的描述性内容在确定名称指涉对象时所起的作用。作为两种竞争性的解释，尽管反驳和捍卫描述理论的先验论证不断被提出，但我们仍然好奇在实际的日常生活中人们究竟更倾向于以哪种理论作为进行指称的经验机制。近年的一项认知心理学实验试图表明，西方人的指称实践更倾向于支持因果理论，而东亚人的指称实践更倾向于支持描述理论：在克里普克的哥德尔/施密特思想实验中，西方人更多倾向于用"哥德尔"来指涉那个偷走哥德尔不完全定理而窃取声名的

---

[1]　Yuan Ren, "Belief Ascription and de re Communication", in *Studies in Computational Intelligence* 64, Berlin: Springer, 2007, pp. 172–175.

人，而东亚人则更多倾向于用这个名称来指涉实际那个证明哥德尔不完全定理的人。① 对于刻画名称指称的理论机制，如果囿于对描述性内容的取舍来作为判决理论的测试，那么我们就会迷惑于上述经验数据所显示的文化差异。本书试图说明，描述理论和因果理论得以被构建成混合理论的根本原因在于它们都是语言共同体在确立语义规则的过程中不可或缺的因素，因此只有在基于遵守规则的谈论中，我们才能给出关于指称确定的恰当的基础语义学论题。

---

① Marchery et al., "Semantics, Cross-Cultural Style", *Cognition*, Vol. 92, No. 3, 2004, pp. B1 – B12. 详细讨论见本书第 7 章。

第 四 章

直接指称理论

第一节 唐纳兰—克里普克对描述主义的批评

一 经典描述主义的基本主张

名称的描述主义主张始于所谓弗雷格—罗素传统，作为分析哲学早期的标志性贡献，后来又得到维特根斯坦（1953）、斯特劳森（1959）、塞尔（1958，1969）等人的拥护和发展。70年代由于唐纳兰、克里普克和卡普兰等人的批评，描述主义理论面临严重危机，作为其蜕化版本的元语言观的描述主义受到重视，后者实际上是描述主义与直接指称理论的折中的后果，受到巴赫（Bach，1987）、卡茨（Katz，2001）、杰克逊（Jackson，1998）、雷卡纳提（Recanati 1993）等人的支持。如前所述，经典描述主义尽管在弗雷格和罗素那里呈现出不同的形式，但我们还是可以根据不同的指称问题层次，归纳出相关的基本主张。这里主要考察认识论层次和语义学层次。注意到，下述的描述主义论题中讨论的指称表达式主要是专名，某些情况下也包含索引词或指示词。至于作为表达式类型的摹状词而言，描述主义论题显而易见是成立的。

描述主义的认识论论题可概括如下：

（DE1）指称表达式 e 通过 e 的描述性意义指谓某对象 O。

（DE2）e 所具有的描述性意义可以用摹状词（簇）D 来刻画，此摹状词就是 e 所指谓之对象的识别性质的刻画：e 指谓某对象 O 当且仅当摹状词（簇）D 应用于对象 O 而不是别的东西，或对象 O 是唯一满足摹状词 D 的东西。

（DE3）e 的描述性意义或者由历史事实及社会习规决定；或者由说

话者的个人知识构成。

识别性论题的基本后承是：

（DE4）如果没有对象唯一满足摹状词（簇）D，则表达式 e 不指谓任何东西，并且否定存在陈述"e 不存在"为真。

套用塞尔的口号，（DE1）就是著名的"意义决定指称"；它可以近似地认为是弗雷格的"涵义决定指称"的变种（塞尔正是这样解读弗雷格的），虽然在弗雷格那里，涵义未必就是描述性意义。（DE2）表面给出了指称表达式之意义的构成方式，实际上给出的是所谓的识别原则，根据这一原则，表达式之所以能够指称某对象 O，是因为对象 O 具有如此这般的特殊性质，而这样的性质恰好被表达式的意义所表达，从而对象能够被识别出来。识别原则在斯特劳森（1959）和塞尔（1969）那里得到特别强调，实际上是描述主义的核心纲领。斯特劳森（1959）中这样表述："除非人们知道使用某个名称指涉谁或什么东西，否则使用该名称毫无用处。除非对某个名称具有某种据以解释其应用的摹状词作为背景，否则该名称就是无价值的。"[1] 塞尔则干脆将这一原则表述成"识别公理"："如果某说话者指涉某对象，则他为听者从所有别的对象中识别出或者能够识别出该对象。"[2] 罗素（1905）的摹状词理论是识别原则的最强的形式，而塞尔的簇摹状词则是略为弱化的识别原则。（DE3）则给出了其表达式意义的来源是我们关于对象的经验知识，这知识或者是公共的，或者是说话者所具有的。如果某种描述理论断定描述性意义是公共的，也即，这一意义是由社会习规确定的；如果某种描述理论断定描述性意义是私人的，也即，这一意义与单个认知主体的认知状态有关。可见描述主义的认识论论题并未承诺名称和对象的内部论或外部论的联结。（DE4）则断定，真正的指谓关系必定蕴涵了存在性断定，这正是罗素的摹状词理论的核心观点。

相应地，描述主义的语义论题可概括如下：

（DS1）指称表达式 e 与某个（或某簇）限定摹状词 D 是语义等价的；也即，该表达式 e 的意义由此摹状词（簇）D 给出。

（DS2）指称表达式 e 对于所在句子表达的命题贡献的是描述性涵义。

---

[1] Peter Strawson, *Individuals*, London: Routledge, 1959, p. 20.

[2] John Searle, *Speech Acts*, Cambridge: Cambridge University Press, 1969, pp. 79–80.

包含名称的句子表达的是一般性的或概念性的命题。

语义论题的基本后承是：

（DS3）因此，用摹状词（簇）D 来替换句子中的指称表达式 e，不改变句子的意义。

（DS4）句子"如果 e 存在，则 e 是 D"表达的是必然真的命题。

（DS5）说话者能够先验地知道"如果 e 存在，则 e 是 D"。

我们分析上述诸论题之间的关联。由（DS1），e 与 D 是同义的，从而"e 是 D"就是分析的，于是（DS4）成立，同理（DS5）成立。另一方面，论题（DS1）和（DS2）也可以是相互独立的。这就导致所谓内部描述主义（名称对于所在句子表达的命题贡献的是名称的描述性意义）和外部描述主义（名称的意义是描述性的，但名称对于所在论题的贡献仅为其指称）的区分。其次，注意到此处认识论论题和语义论题的明显关联是，（DE2）和（DS1）非常接近：区别在于（DS1）不涉及对象，而（DE2）要求谈及对象。由于在描述主义的语义论题中并不涉及指称对象。这意味着认识论论题和语义论题是可以独立的。

由于描述主义认识论论题强调的是在指称表达式和对象之间存在着描述性中介作为关联，这并不等同于指称表达式和对象之间存在着涵义，因为涵义还可能是非描述性的；描述主义的语义学论题强调的或者是指称表达式具有描述性意义或者是包含指称表达式的命题是一般性命题，这也不等同于包含指称表达式的句子表达的命题包含着对象的呈现模式，同理，后者也可以是非描述性的。

二 唐纳兰—克里普克对经典描述主义的批评

如前第3章所述，唐纳兰（1972）集中批评了描述主义的认识论论题。唐纳兰将"识别原则"分解成两步论题：第一步是，专名的使用者必须能够提供某个识别摹状词的集合来回答下述问题"该名称指涉谁或什么"；第二步是，名称的指称物如果存在，则它就是唯一满足上述识别摹状词集合中的足够数目的摹状词的对象，此处"足够数目"在罗素那里是"所有数目"而在塞尔那里则是"不确定数目"。唐纳兰的批评策略是，先对第一步论题保持中立（尽管它也充满困难），然后提供反例说明，即使名称的使用者能够提供某个识别摹状词的集合，这些摹状词也不能成为确定指称物的充要条件。① 理由是：（1）不同说话者 S_1 和 S_2 基于自己的认知状况对于同一名称会提供不同的甚至是不相交的识别摹状词集合，按上述标准，不同说话者会互相认为对方错误识别了同一个名称的对象，但这是不合理的。（2）进一步，假定 S_1 的识别摹状词集合中存在某个错误的识别性质（例如将某个关于哲学家亚里士多德的识别性摹状词归之于哲学家柏拉图），那么 S_1 和 S_2 在交流的时候，能否认为 S_1 使用名称"亚里士多德"在指涉哲学家柏拉图呢？"识别原则"似乎将导致这种不合理的结论。因此根本问题在于，无法找到塞尔所建议的"公共的"标准用以确定指称的"识别摹状词的集合"。"公共性"是个理想概念，但不同时代、不同语言—生活共同体的"公共性"标准都将不同。后面我们将看到，这也正是弗雷格的"涵义"概念面临的困境之一。

克里普克（1972）提出了两个重要的发现：其一是将确定指称与提供意义区分开，在此基础上使用不同的论证分别打击经典描述主义的认识论论题和语义论题；其二是提出严格指示词的概念，从而从正面确定了专名作为特殊指称表达式的地位。直接指称理论，特别是卡普兰版本的直接指称理论，某种程度上只是深入揭示了克里普克这两个观点的结构。克里普克对经典描述主义的反驳，通常可以归结为三个论证，即模态论证、认识论论证和语义论证。

克里普克对于描述主义的认识论论题的反驳，通常被称为语义论证，也可称为错误信息或知识不完全（ignorance or error）论证，其关键是：说话者（或是社会习规）关联到某个名称 N 上的某个（簇）摹状词 the F（即该名称的描述性呈现模式）常常并不能满足名称所实际指称的对象。例如，我们完全可以设想这些描述有可能发生错误，克里普克提出了费米的例子和哥德尔/施密特的例子。也即，上述认识论论题中的（DE2）和（DE3）可能会发生冲突。这表明，经验上我们关联到某个名称 N 上的摹状词（簇）the F 并不能语义确定 N 的指称对象。由于通过经验给出的名称的描述性模式总是可错的，从而名称的描述性呈现模式不能成为名称指谓对象的语义中介。

---

① Keith Donnellan, "Proper Names and Identifying Descriptions", in D. Davidson and G. Harman, eds., *The Semantics of Natural Language*, Dordrecht: Reidel, 1972, p. 360.

克里普克对于描述主义的语义论题的反驳包括两种结构完全相同的论证，分别可称为模态论证和认识论论证，模态论证的关键是，包含名称 N 的句子和包含对应摹状词 D 的句子的模态状况是不同的：一方面，如果在句子 S 中用摹状词 D 去替换名称 N，得到的句子 S'的模态值会改变；另一方面，如果名称 N 语义等价于某个摹状词 D，那么句子"N 是 D"所表达的命题就会变成分析的，从而是必然的，但事实并非如此。认识论论证的关键是，包含名称 N 的句子和包含对应摹状词 D 的句子的认识论地位是不同的；如果名称 N 语义等价于某个摹状词 D，那么句子"N 是 D"所表达的命题就会变成先验的，但实际情况并非如此。也即，模态论证和认识论论证通过分别反对上述（DS4）和（DS5）来反对描述主义的语义论题。例如，在句子（1）柏拉图是亚里士多德的老师。

中，如果名称"柏拉图"语义等价于"亚里士多德的老师"，那么上述句子就表达了形如"亚里士多德的老师是亚里士多德的老师"这样的分析命题，根据克里普克，这样的命题也就成为必然命题。但句子（1）显然不是必然的，因为可能存在某个可能世界中，柏拉图没有做过亚里士多德的老师。另一方面，句子（1）显然对于说话者也不是先验命题，柏拉图是亚里士多德的老师对于任何说话者总是经验知识。模态论证的另一种表述方法就是，名称是严格指示子而所谓与名称语义等价的摹状词不是严格指示子，因此总是存在某种反事实的情形使得名称所指谓的对象和摹状词所指谓的对象是不同的。

模态论证涉及可能世界的概念，比语义论证和认识论论证具有更深刻的方法论意义。达米特（1973）试图表明严格词项和非严格词项之区分可以借助模态词的辖域来解释，而无须坚持说两者有不同意义，这样通过用模态词的辖域的读法的模糊性来瓦解严格指示子的概念，以达到消去模态论证的解释力。严格指示子能否用模态算子的辖域宽窄来解释，这引起了争议。[①] 另一方面，即使名称是模态严格的词项，典型的摹状词不是模态严格的词项，是否两者之间就不能具有相同的语义内容？也即，是否词

---

① 达米特的评论见 Michael Dummett, *Frege*: *Philosophy of Language*, Cambridge, MA: Harvard University Press, 1973, pp. 416–417。克里普克在《命名与必然性》的序言中表示不接受达米特的主张。

项的语义内容必须用模态严格性来刻画？斯坦利（Stanley）称这一观点为严格性论题，这一论题是克里普克反驳描述理论的关键前提，受到了当前某些描述理论捍卫者的质疑。斯坦利根据达米特对于"断定内容"（assertive content）和"成分涵义"（ingredient sense）的区分①，提出在名称的语义内容和模态语义值之间做出区分，从而主张名称和摹状词的区分是模态语义值的区分而不是语义内容的区分。

此外还有一种元语言观的描述理论，其关于名称的语义论题是：专名 NN 的意义就是"被称为 NN 的那个实体"，或者表述为"名称 NN 的承担者（bearer）"。根据这种观点，说出一个专名，就是表达了该名称所承担的唯名论性质，因此专名"NN"就语义等价于"'NN'的承担者"。元语言观理论很好地传达了下述关于名称的日常直觉，即专名 NN 的唯一的意义就是标明自身是个特定名称，除此之外没有其他的意义。显然，元语言观在下述意义上是描述主义的，即专名 NN 的意义等价者"'NN'的承担者"也是某个摹状词，但是，NN 的这种描述性意义不是实质性的而是自反性的。实际上，元语言学观的描述主义抛弃了识别原则作为专名指称的必要条件，在名称的意义中只保留了名称使用的语言学习规而放弃了有关对象的识别性质，因此元语言观可以看作描述理论和历史因果理论的折中。显然，元语言描述理论能够逃避上述语义论证和认识论论证。对于语义论证而言，"'NN'的承担者"这一描述性呈现模式实质上等价于 NN 所指称的对象，从而不是经验可错的，因此语义论证无效。（但是，对于描述主义者而言，描述性呈现模式所承担的识别指称对象的功能，在元语言描述主义摹状词的识别作用却丧失了。）对于模态论证和认识论论证而言，由于句子"NN 是 D"（其中 D 是摹状词"名称'NN'的承担者"）是必然的和先验的，因为这个句子事实上只是给出了名称的语义学规则，例如："张三是名称'张三'的承担者"。既是语义规则，对于说话者而言自然是先验的，因此认识论论证无效。但是不幸的是，元语言描述理论无法逃避模态论证。因为，句子"NN 是名称'NN'的承担者"不是必

---

① 句子的断定内容是通过说出句子所表达的东西，它是命题态度的对象和真值承担者，句子的成分涵义是这个句子对包含它的更复杂句子的贡献。参见 Jason. Stanley, "Names and Rigid Designation", In Bob Hale and Crispin Wright eds., *A Companion to the Philosophy of Language*, 1997.

然为真的。由名称 NN 在现实世界中所指称的对象在另一可能世界有可能不叫名称 NN。

此外，克里普克对于元语言观的理论并非没有觉察，事实上他在《命名与必然性》中也顺带用不大的篇幅对元语言观的描述主义进行了另外的反驳，反驳的要点在于认为元语言观的描述主义犯了循环性论证的错误。克里普克提出如下需要遵循的非循环条件：即指称理论在说明在什么条件下给定表达式指涉某个给定对象的理论，必须是非循环的，也即，所提供的条件本身不能涉及最终无法消除的指称的概念。在元语言观的指称理论中，假定某人使用"苏格拉底"这个名称，我们如何知道他指称的是谁呢？通过给予该名称涵义的摹状词。根据元语言观，这个摹状词是"称为'苏格拉底'的那个人"。这就什么也没有说。这种方式给出的解释根本不能算作指称理论。我们问的是，"他用'苏格拉底'指涉谁?"，而回答竟是，"他指涉的是他所指涉的那个人"。如果这就是专名的全部意义，那么就根本没有开始指称。①

第二节　卡普兰—佩里的直接指称理论

一　卡普兰论指示词

一般认为，新指称理论中影响最大的作品是克里普克的《命名及必然性》，克里普克对于弗雷格—罗素的描述主义传统的批评具有以下特点：集中于批评名称的描述主义，对于其他指称表达式未有论及；集中于在指称表达式层面上讨论语义问题，对于命题层面的语义描述主义未有论及；未考虑到认知意义问题；未提出完整的语义学框架。与克里普克相比，卡普兰和佩里关于指称的研究成果要更为深刻，他们的策略主要是要建立关于直接指称表达式的一般语义学框架，并且用它来代替弗雷格的语义学方案，尤其是批评弗雷格的涵义概念。卡普兰指出，"对于指示词和索引词这类表达式，弗雷格的涵义指称之关系的图景完全是错误的"，"我的目标是挑战弗雷格语义学的教条。弗雷格的'涵义'实际上混合了意

---

① 元语言观回应的讨论可参见 François Recanati, *Direct Reference*: *From Language to Thought*, Oxford: Blackwell, 1993, pp. 158 – 165.

义概念的两个不同成分。即特征（直观上相当于语言学意义或认知内容）和内容（在特定使用语境下表达式所表达的东西）"。① 佩里独立使用了与卡普兰极为类似的方式批评弗雷格的涵义概念，佩里发现，"弗雷格假定语境提供的不仅是对象，而是完整的涵义。但我们似乎找不到这种涵义。并且，把握这种涵义和把这种涵义与指示词的值联系起来，对于理解这种句子既不充分又不必要"②。

卡普兰分析了索引词和指示词这两种典型的直接指称表达式，并把其结论推广到专名上。对于像"你""我""现在""此地"等的索引词，与专名相比，具有下述特征：（a）一般认为它们具有典型的语言学意义或描述性意义，这种描述性意义也即索引词使用的语义规则；（b）对某个索引词而言，在不同场合下使用时具有不同指称对象，具体指涉哪个对象依赖于语境；（c）最重要的是，索引词的描述性意义只是用于确定具体使用语境中的指称对象，这一描述性意义与包含索引词的句子的成真条件没有关系。

卡普兰对索引词是直接指称表达式的论证的关键是：索引词的描述性意义不进入所在句子被陈说时的成真条件。我们考虑卡普兰给出的下述例子：（1）此刻我在这里（I am here now）。直观上语句（1）表达了一个真命题，而且似乎无论谁、在何时、何地说出它，该命题都为真，我们甚至不用检查可能世界里到底发生了什么事情，我们也知道说出该句子时表达了一个真命题。从这个意义上而言，该句子表达了某种类似于"分析的"命题。但另一方面，当我们考察某说话者 S 在 t 时刻处于空间位置 p 说出句子（1）所表达的命题的真值时，我们发现，它有可能为假，即 S 在 t 时刻有可能并不处于空间位置 p 上，因此该命题并不必然为真。从这个意义上，当句子（1）被某说话者 S 在 t 时刻说出时表达的命题包含的成分不含有"说出当下句子的说话者本人"这一意义，而是说话者 S 这一对象。

---

① David Kaplan, "Afterthoughts", In J. Almog, J. Perry, and H. Wettstein. eds., *Themes from Kaplan*, Oxford：Oxford University Press. 1989, p. 568.

② John Perry, *The Problem of the Essential Indexical and Other Essays*, Stanford, CA：CSLI. 2000, p. 21.

上述发现促使卡普兰做出了一个重要的区分，即对于包含索引词的句子，将决定索引词的指称的使用语境（context of use）与其决定成真条件的赋值环境（circumstance of evaluation）区分开来。在使用语境中，索引词的描述性意义决定索引词的指称；在赋值环境中，则只有指称对象与句子的成真条件有关。在此基础上，卡普兰把弗雷格的单称词项的"涵义"概念分割成两个部分，一部分是索引词的语言学意义或描述性意义，称为"特征"（character），另一部分是索引词对其所在的句子的语义贡献或成真条件的贡献（对句子所表达的命题的语义贡献），称为"内容"（content）。两者的关系是：特征通过使用语境决定内容，即特征是从使用语境到内容的函数；内容通过赋值环境决定句子的真值，即内容是从赋值环境到真值的函数。在卡普兰看来，弗雷格式涵义概念身兼二任，既用于确定指称，又用于提供命题成分（语义值），而如果按照弗雷格的语义学模式，把索引词的描述性意义当作命题成分，就会导致各种反直觉和无意义的情形，上面的例子即是其中之一。卡普兰由此得出结论，"纯粹索引词的描述性意义相对于使用语境来决定指称，但这一描述性意义对应赋值环境决定指称而言，要么是不兼容的要么是无关的"①。

在做出这两对非常重要的区分后，卡普兰关于索引词的直接指称论题就可以表述为：索引词是直接指称表达式，因为

（a）索引词对其所在的句子的语义贡献就是其指称的对象；

（b）从而包含索引词的句子表达的命题是单称命题。

显然，卡普兰关于索引词的直接指称论题完全是语义学论题，而且主要是命题层次的语义学论题。另一方面，卡普兰既坚持索引词有描述性意义（此描述性意义就是索引词的特征或语言学意义），也没有否认这一描述性意义可以决定表达式的指称（特征是从语境到内容的函数）。这表明卡普兰的直接指称理论对于描述主义理论的挑战是温和的。

进一步，卡普兰把其对索引词的分析框架应用到真正的指示词上。这一次，卡普兰区分了与指示词进行指称的三个有关成分，即作为表达式的

---

① David Kaplan, "Demonstratives: An Essay on the Semantics, Logic, Metaphysics, and Epistemology of Demonstratives and Other Indexicals", In J. Almog, J. Perry, and H. Wettstein. eds., *Themes from Kaplan*, Oxford: Oxford University Press, 1989, p. 500.

指示词（demonstrative），与指示词相伴随的指示行为（demonstration），以及指示词通过指示行为所指涉的被指示项（demonstratum）。与索引词的情况类似，结论是，指示词的指称对象是由伴随着指示词的指示行为决定的，但是指示行为对于包含指示词的句子没有任何语义贡献。再一次，卡普兰对直接指称表达式的分析可分为两个部分，弗雷格式的指称决定论题和非弗雷格式的命题语义论题。指示行为是弗雷格式的，因为（1）指示行为为指示词决定了被指示项，因此可以把指示行为当作被指示项的呈现模式，这类似于摹状词的情况；（2）指示行为为指称对象提供了信息，可以提供对认知意义的说明。当然，指示行为和摹状词也有所不同，主要在于：（1）指示行为没有形式的句法结构，因此不能系统地刻画；（2）指示行为中包含着知觉和因果因素，这不是描述性的。另一方面，在命题语义学方面，卡普兰关于指示词的直接指称立场则是明确的：用于确定指称的任何条件和关于指称对象的任何信息并不被带入句子所表达的命题之中，也即，它与句子的成真条件无关，指示词对于所在句子的语义贡献穷尽于指称。卡普兰的直接指称论题的论证主要仍是通过反事实情形来构建的。根据直接指称理论，包含直接指称表达式的句子所表达的命题在某个可能世界中为真，当且仅当该名称的指称对象具有句子中的谓词所表达的属性。在考虑反事实环境中的命题的真值时，起作用的相关个体（对句子所表达的命题有语义贡献的对象）是现实世界的被指示者，因为在反事实环境中的相关个体就是在现实世界中被确定的个体。而按照弗雷格式理论，在考虑反事实环境中的命题的真值时，起作用的相关个体是在那一情境下根据指示行为可能被指示的那个个体，这一个体不必是现实世界中的由指示词指示的那个个体。

我们利用卡普兰的例子来说明这个论证，为叙述方便，我们将这个例子稍作改动。构建语境 C_1，考虑下述句子在不同场合说出时所表达的命题的真假，括号内是相应句子被说出时相伴随的指示行为：

（2）他现在住在广州。（在时刻 t 指着张三说出这个句子）

（3）他现在住在广州。（在时刻 t 指着李四说出这个句子）

假定在这种情况下（2）被说出的时候所表达的命题记作 p，（3）被说出的时候所表达的命题记作 q。那么 p 为真当且仅当说出句子（2）的时候张三住在广州，q 为真当且仅当说出句子（3）的时候李四住在广州。

我们假定现实世界的事实是张三住在广州而李四不住在广州，因此 p 为真而 q 为假。现在我们构建一个新的语境 C_2，假定张三和李四互相伪装成对方的样子，并且交换所处的位置。当（2）在新的情况下再次被说出的时候，表面上说话者的指示行为仍旧指着张三，实际上他指着的是伪装成张三的李四，（3）的情况也类似。那么这时说出（2）表达的命题就应该不再是 p 而是 q。也即，在情况 C_2 中说出（2）时表达了一个假命题，而情况 C_1 中说出（2）的时候表达的是真命题，因为事实仍然是张三住在广州而李四不住在广州。注意到在情况 C_1 和情况 C_2 下，说出句子（2）的指示行为是完全相同的，但在不同的情况中（2）却表达了不同的命题，一个为真一个为假，这表明，指示行为对于包含指示词的句子没有任何语义贡献（成真条件的贡献），对句子的成真条件起作用的是指示行为所确定的对象。另一方面，命题 p 的真值不会改变，只要张三仍住在广州，不管他装扮成什么样子。这个论证与克里普克的"专名是严格指示子"的模态论证有相似之处。指示词是直接指称表达式，指涉的是对象或个体本身，因此在反事实的可能环境中，指涉的并不是描述性质在反事实环境中所确定的别的可能的个体。也即，"为了确定在别的可能环境下包含指示词的句子所表达的命题的真值，相关的个体不是在那些可能环境下的语境中设定的指示行为可能被指示的个体，而是在实际生成被赋值的命题的那个语境中所指示的那个个体"①。指示词的直接指称性就体现在这一点中。卡普兰专门设计了一个 dthat 算子，用于从指示中提取指涉对象而剥离指示行为。

事实上，对于指示行为的分析，卡普兰前后一共提出了三个方案。在论文（Kaplan, 1977/1989a）中，卡普兰主要是提出了上述指示词通过指示行为进行指称的语义方案。这一方案，对于指示行为的分析明显仍带有弗雷格式涵义指称区分的色彩。在同一篇文章中，他也建议了另一种可称为"索引词理论"的方案来分析指示词。在这一方案里，消去了指示行为这一概念，把指示词当作索引词那样通过语境（当事人、时间、地点

---

① David Kaplan, "Demonstratives: An Essay on the Semantics, Logic, Metaphysics, and Epistemology of Demonstratives and Other Indexicals", In J. Almog, J. Perry, and H. Wettstein. eds., *Themes from Kaplan*, Oxford: Oxford University Press, 1989, p.513.

等）等来确定被指示项。在（Kaplan，1989b）中，卡普兰部分改变了以前的某些观点，强调通过语境（而不是被指示项）和指示行为来解释指示词。[①] 无论如何，这些不同方案侧重的是如何确定指称，不影响卡普兰的直接指称的语义论题。基于对索引词和指示词的上述分析，卡普兰于是提出了上述完全不同于弗雷格的语义学框架，这种语义学框架最终发展成卡普兰的内涵逻辑系统，即指示词的逻辑；而在较早的"Dthat"一文中，卡普兰就已经提出了对卡尔纳普式内涵语义学框架的怀疑，后者正是对弗雷格理论的最好的发展。传统的内涵逻辑的构建，都是以弗雷格的语义学框架为基础，无论是蒙塔古（R. Montague）还是路易斯（D. Lewis）都是通过添加语境参数来构建索引语义学。但这种语义学的问题是，没有将陈说的语境与赋值的语境分开，也没有表明不同索引参数之间有何内在关联。卡普兰表明，这两种语境往往会不同，而且，前一语境是以说话者为中心的语境，因而典型地具有认知意义。近年颇有影响的查尔莫斯（D. Chalmers）的二维语义学把这种语境称为"中心化的世界"。

二　佩里论索引词

佩里（1977）独立提出了角色/值（role/value）这一对概念区分，它和卡普兰的特征/内容区分几乎完全等价。卡普兰侧重于从形式语义方面来讨论索引词和指示词的行为，而佩里则强调包含指称表达式的句子的认知意义。佩里指出，在弗雷格的语义学框架中，包含索引词的句子本身并不具有完整的涵义，也没有表达完整的命题，而只是形成了从语境因素到真值的函数。因此，这类句子为了具有完整的涵义和表达命题，必定需要从语境中寻找补充涵义。但弗雷格的任何概念都没有提供寻找这个补充涵义的途径。指示词给弗雷格的语义框架带来了严重的问题，正如埃文斯（G. Evans）对佩里重述所描述的"不管是其不变的语言学意义还是其可变的值，都不能提供补充涵义"[②]。也即，佩里发现，当句子中包含指示词和索引词时，弗雷格的涵义指称框架对于下述两个问题的不兼容性就暴

[①] David Kaplan, "Afterthoughts", In J. Almog, J. Perry, and H. Wettstein. eds., *Themes from Kaplan*, Oxford: Oxford University Press. 1989, pp. 565–614.

[②] Gareth Evans, *Collected Papers*, Oxford: Clarendon, 1985, p. 292.

露出来：(a) 认知意义问题或心理方面；(b) 句子的成真条件方面。于是卡普兰—佩里策略的真正目的就在于把弗雷格合并在一起的这两方面分开。

佩里引入直接指称论题的主要手段是，论证索引词对于句子中的语义贡献（对于句子的成真条件的影响）不能还原成任何一个摹状词。例如，对于索引词"昨天"，不可能用某个摹状词 D 如"当下的前一天"（the day before）来补充其涵义。例如，如果某人在 9 月 1 日问，"张三是否在 8 月 30 日逛了王府井商场"？对此问题可以有下述两个回答：

(4) 张三在昨天去逛了王府井商场。
(5) 张三在当下的前一天去逛了王府井商场。

回答（4）则意味着张三在 8 月 31 日去逛了王府井商场（9 月 1 日的昨天）；回答（5）意味着张三在 8 月 29 日去逛了王府井商场（在 8 月 30 日的前一天）。另一方面，如果说出（5）的时候没有某个日子被先行提到，就不会表达任何完整的意思，而只是会产生问题"在哪一天的前一天"，但说出（4）则仍然是完全适当的。这个例子同时也表明了我们需要考虑直接引语语境和间接引语语境对于确定表达式指称和确定句子的成真条件的不同影响。确定指称表达式之指称的语境（从而是确定句子的成真条件的语境）不同于确定句子真值的语境，这从另一个角度说明了，对于索引词，是确定指称表达式的指称的结果而不是过程，作为对句子的语义贡献，进入句子的成真条件。

特别地，佩里指出"我""现在"等索引词的索引性是"基本的"（essential），也即，它们不能被与之共指称的任何一个摹状词 D 或表达式 φ 代替后仍然保持对主体行为的解释力。这就是佩里的基本索引词论题：基本索引词不能认知意义等价地语义还原为别的语义单元（特别地，摹状词或摹状词集合）。佩里在 1979 年的著名论文中提出了三个典型的例子分别说明"我""现在"和"此地"这三种基本索引词的不可语义还原性。索引词的基本性在于下述简单事实，即当说话者使用"我"这个索引词时，说话者（出于各种原因）可能并不知道"我"本人就是"具有性质 D 的那个人"或"我"就是"满足条件 φ 的那个人"。换言之，自我意识和归属不是描述性的识别性质。因此，用"具有性质 D 的那个人"或"满足条件 φ 的那个人"去替换句子中"我"时，无法解释主体的行为。也即，当某个人决定做某件事情的时候，促使他决定采取行动的信念是"我要做某事"，不能把"我"替换成某个摹状词，因为诸如"斯坦福的长胡子的哲学教授要做某事"和"我要做某事"在认知意义上（行为解释上）不等价的，说话者也许并未意识到他自己就是斯坦福的长胡子的哲学教授。同理，对于说话者而言，索引词"现在"的认知意义不等价于"正午十二点"，即使在说话者正在说出或思考的时刻就是正午十二点，因为说话者还必须反思性地知道这一点。这表明，认知意义总是与说话者的认知角度相关联，后者又依赖于与说话者相关的经验事实。而语义学或意义理论试图刻画的是作为整体的共时性语言与世界的关联，它要求超越具体说话者的个别经验。这就是涵义概念不能同时作为认知意义与语义概念的直观根据。

佩里的信念状态和信念内容的区分可以用以克服弗雷格的主体间交流难题。弗雷格的涵义概念在解释交流的时候有一个明显的困难，即当不同的说话者用不同的方式来呈现同一对象时，这时同一指称表达式在说话者和听者之间可能呈现为不同涵义，如果对话双方交流的是弗雷格式思想（句子的涵义），那么如何保证不同涵义交流的成功进行呢？特别是当说话者表达第一人称思想的时候，根据弗雷格，第一人称思想就成为不可交流的、完全私人性的东西，因为这样的思想中包含自我归属的呈现模式。如果成功交流就是将说话者想到的东西传达给听者，弗雷格的解释至少部分违反了我们的直觉，也即，即使说话者是以第一人称方式来表达思想，我们也能部分地领会其中的内容。佩里认为，克服弗雷格困境的方法是区分弗雷格式的思想和句子所表达的命题，这要求区分信念状态和信念内容，其中直观而言，信念状态是信念内容的相信方式，或相信者持有信念内容的方式。这个区分就意味着，弗雷格式思想是包含信念状态的思想，而信念内容则是句子所表达的命题，不包含信念状态作为其成分。有关信念状态的信息被句子的语言学意义编码但这一信息并不进入信念内容之中。这样，说话者第一人称思想的信念状态虽然不能被听者所持有，但其信念内容则能够被完整地被听者所接收，从而完成了成功交流。

第三节　直接指称理论与直接指称词项

一　激进和温和的直接指称理论

卡普兰和佩里反对弗雷格式语义框架的主要理由在于弗雷格式涵义概念的不融贯性，他们主张把弗雷格式涵义概念分解成认识论和语义学这两个不同的维度。直接指称理论主要是语义学层面的主张而不是认识论层面的主张。在语义学层面，直接指称理论要把弗雷格式涵义作为命题成分排除出去。直接指称理论认为，归根结底，语义学考察的是语言与世界的关联，这一关联以符合论的真理观为基础，认为语言中的语句（或陈说）表达了一个事态，从而产生了一个成真条件，这个成真条件是否能实现，与形上学可能之世界的存在方式有关。这一点独立于我们的认识。当然，一个自然语言的语句在特定语境中被说出时，除了表达一个事态，呈现一个成真条件，还传达了其他的东西。语句呈现成真条件的方式、陈说除了表达事态以外传达的其他东西，有助于我们考察具有相同成真条件的句子如何对人们的认知态度和行为倾向产生不同影响，但它们本身不是句子所表达的命题的一部分。也即，直接指称理论要求阻止认识论的成分进入语义学，语言—世界之关联不同于心灵—世界之关联，从指称理论的角度看，后者关心的是人们如何将指称表达式与外部世界上的对象联系起来的。

另一方面，直接指称理论的主要鼓吹者之间的语义学与认识论立场则并非全然一致，其表述也常有较大分歧。激进的直接指称理论（如怀斯坦）认为直接指称词项与所指称的对象之间仅仅只是"贴标签"的关系，否认二者之间存在任何中介物，无论是这一中介是描述性的还是非描述性的。按照激进理论的立场，直接指称表达式"不过是习规上用于指示（designate）某物的声音或形象，它不给予我们任何关于该物的信息，也没有给予我们任何与表达式的指谓相对的意义"[1]。保守的直接指称理论（如卡普兰）则认为所谓"直接的"意思不过是"不以命题内容为中介，但并非绝对地无中介"，"不管直接指称表达式受到什么规则、过程或机

---

[1] Howard Wettstein, *Has Semantics Rested on a Mistake*? Stanford University Press, 1991, p. 201.

制的支配来寻找指称,这些机制与命题成分或内容无关"。① 而激进论者萨尔蒙的说法则正好将顺序反过来,萨尔蒙认为,"直接指称理论者和正统理论者的分歧不在于概念性或描述性内容的存在,而在于在确定指称和成真条件时描述性内容的语义功能。直接指称理论强调的是确定指称时的非概念因素和语境因素",在此基础之上,萨尔蒙再进一步论证,即使不把描述理论用于指称理论,把描述理论用于刻画名称的信息值也是不可行的。也即,萨尔蒙那里,直接指称理论的首要工作是确定指称,其次才是讨论语义值。

又如,克里普克将决定专名指称的条件与提供专名意义的条件区分开,前者由因果图景获得常识性的解答,后者由密尔式的回答提供解释,两者分属认识论和语义学的领域。唐纳兰在讨论摹状词的指称性使用中,决定摹状词的指称的条件不是摹状词的意义而是说话者的意图,影响句子的成真条件也不是摹状词的描述性意义而是指称对象。卡普兰则默认决定表达式指称的就是表达式的描述性意义,但指出这一描述性意义与表达式对所在句子的语义贡献无关。

但是无论是何种版本的直接指称理论,在命题语义学层次上的观点是一致的,包含直接表达式的句子表达的是单称命题,在这样的命题中,表达式对句子的语义贡献就是其指涉对象。但是在指称表达式本身的意义这个层次和指称的认识论机制方面,直接指称理论中的保守理论做出了弗雷格式的妥协:保守理论既承认直接指称表达式可能有描述性意义(如认为索引词就有明显的描述性意义),也承认直接指称表达式可能通过描述性识别来获得指称。另一方面,激进理论则支持密尔式的断言,认为直接指称表达式本身没有任何意义,直接指称表达式和指称对象的对应关系只是简单的语言学约定。

因此,直接指称理论这一称呼的核心就历史看来主要是新罗素主义,即确定直接指称表达式的命题值是其指称,包含直接指称表达式的句子表达的是单称命题。但是,文献中常常把直接指称理论混同于其激进表述,

---

① David Kaplan, "Demonstratives: An Essay on the Semantics, Logic, Metaphysics, and Epistemology of Demonstratives and Other Indexicals", In J. Almog, J. Perry, and H. Wettstein. eds., Themes from Kaplan, Oxford: Oxford University Press, 1989, p. 569.

即密尔主义加上新罗素主义。密尔式语义学尽管蕴涵了对描述主义的认识论论题的反驳，但是仅仅接受激进直接指称理论的命题语义学并不会导致对描述主义认识论论题的反驳。对于温和的直接指称理论的语义论题，其表达式的语义内容与命题值是相互独立的。有论者将温和的直接指称理论称作是外部描述主义，即名称的涵义是外在于包含名称的句子所表达的命题的；但同时名称的涵义是描述性的。

总之，直接指称理论拒斥弗雷格式的涵义，温和的直接指称理论主张把涵义分解成不同层次的两种意义，同时主张在认知层面保留某种意义的涵义概念，而激进的直接指称理论则完全抛弃了涵义在任何一个层次存在的必要。直接指称理论，无论温和或激进，都可称为新罗素主义，承诺单称命题的存在性，认为呈现模式（不管是描述性还是非描述性的）对于句子的成真条件是不相关的。

二 单称命题与新罗素主义

单称命题的概念是直接指称理论的核心概念，卡普兰和佩里基于不同的理由引入了单称命题。卡普兰侧重指出他对这种语义理论的替代："在某个言说中使用的指谓短语不应当作所说的东西的内容的一部分，而应当是被视为某种语境因素，这种因素有助于我们解释实际的物理性言说何以具有某种内容。"[1] 这正是卡普兰要引入单称命题的理由。在弗雷格语义学那里，作为表达句子之思想的命题，总是包含着指称表达式的涵义，因而总是一般命题。卡普兰把弗雷格式涵义从命题中剔除出去并把它置入使用语境而不是赋值环境之中，这正是直接指称理论最主要的策略。佩里认为引入单称命题的重要理由在于解释交流和信念，我们之所以需要单称命题的两个原因是，（1）"当我们与那些在不同语境下的人进行交流时，去获得某些我们要保持下来的东西。弗雷格式的思想做不到这一点，仅有句子的真值也不能做到这一点。"（2）单称命题能够让我们正确"理解信念的结构"。[2]

---

[1] Kaplan, 1970, p. 676.

[2] John Perry, *The Problem of the Essential Indexical and Other Essays*, Stanford, CA: CSLI, 2000, pp. 192–193.

直接指称理论的基本纲领常常被称为新罗素主义，因为其核心在于复活了罗素的单称命题的概念。罗素认为真正的指称表达式，即逻辑专名，对于所在句子的贡献就是亲知的对象，它对于所在句子的贡献就是该对象，从而包含逻辑专名的句子表达的就是单称命题。根据直接指称理论，直接指称表达式对其所在句子的语义贡献穷尽于指称，也即，包含直接指称表达式的句子表达的命题包含表达式的指称对象为其成分，因此这样的命题是一个单称命题，一般而言，单称命题 p 的结构可看作由对象 O 和性质 P 构成的二元组，或 n 个对象 $O_1, \cdots, O_n$ 和一个 n 元关系 R 构成的 $n+1$ 元有序组，其中对象和性质/关系都是外部世界中的实体。命题 p 为真，当且仅当对象 O 具有性质 P，或对象 $O_1, \cdots, O_n$ 之间具有关系 R。换言之，单称命题类似于维特根斯坦在《逻辑哲学论》中考虑的基本事态。我们比较单称命题和弗雷格式的思想的关系，后者可以看成由对象 O 的呈现模式和决定性质 P 的某种东西构成的二元组，而单称命题仅包含那个对象 O，因此在某种意义上单称命题可以看作根据对象划分的弗雷格式思想的等价类，也即，以不同方式呈现同一对象的不同思想构成的集合。

有两种形上学的根据反对单称命题：（1）从模态角度反对单称命题（如 Plantinga），认为对象不能构成单称命题的成分，因为即使对象不存在的时候命题也可以存在。考虑句子"苏格拉底不存在"，这个句子有可能为真或为假，如果这个句子表达的命题为真，则该命题已经存在，而命题中谈及的苏格拉底就不存在。因此，如果苏格拉底这个个体是该命题的一个成分，那么苏格拉底不存在时该命题就不能存在。（2）从对象的持存性反对单称命题。单称命题要求以对象作为命题的成分，这同时对对象的形上学提出了要求。因为对象是随着时间可变的，某个时刻后所讨论对象可能不存在，这样我们又回到了以时态形式呈现的模态问题上。对模态反驳的答复明显依赖于形上学立场。可能论者将区分实际存在的对象和可能存在的对象；现实论者则直接反驳句子"苏格拉底不存在"可能真蕴涵着苏格拉底就不存在时该句子为真。

即使单称命题本身能被接受，也有不同的理由反对单称命题能够作为思考、相信等命题态度的对象，也即，认为单称命题不能解决认知意义问题，这正是直接指称理论的反对者的一个主要论据。这些理由包括：

(1) 用识别原则反对：识别某对象是谈论或思考该对象的前提；(2) 思考对象总是以特定的方式思考，因而单称命题缺乏实际的根据；(3) 信念是解释行为和理性的原因，但单称命题缺乏该功能。对单称问题的辩护我们后面还要讨论，这里只简单指出，这些反对的理由都过高期待了单称命题的理论负担。单称命题是理论实体，主要功能在于解释包含指称表达式的句子所表达的语义内容；关于对象的识别和特点思考方式则属于认识论的方面。另一方面，虽然单称命题与解释行为和理性无关，但单称命题仍然可以期待作为信念之对象，因为信念的性质不完全由解释行为和理性来给出。信念的特征还包括：具有真值及表征外部世界，信念的这两方面特征可以独立于其解释行为和理性的要求，而单称命题在于具有真值和表征世界方面符合信念对象的要求。

三 直接指称词项与严格指示子

激进和保守的直接指称理论都承认直接指称表达式同时也是严格指示子，但是反之不成立。严格性和直接指称性具有很密切的关系，尽管它们是用不同的方式来解释的。按照克里普克，专名是严格指示子（或译为固定指示子），此处"严格"意为"模态严格性"，即在所有可能世界中，专名 N 指涉同一对象 O，自然，这个对象也就是专名在现实世界中指称的那个对象。按照卡普兰，专名是直接指称表达式，即专名 N 对于所在句子的语义内容的贡献是其指称对象 O。根据可能世界的成真条件语义学，N 对于所在句子的成真条件的贡献就是其现实世界的指称对象 O，那么在另一可能世界中，N 对于所在句子的成真条件的贡献如何确定？由于名称是直接指称表达式，它仍然指向它在现实世界中的那个对象，这是由于名称和对象的关联是直接的，因此是固定的，这种固定性是不是用经验事实而是用语义规则来确定的：一旦语义规则给出了名称和对象的关联，以后名称对于所在句子的语义贡献就只能是该对象。因此，对于直接指称表达式的语义特征，重要的不是其在每个赋值环境中指示同一个对象这个事实（模态严格性），而是其在任一个环境中指示对象的方式，因此我们可以把直接指称关系称为"语义严格性"。正如卡普兰所说，"对我而言，'直接指称'表达式的直观思想不是某个表达式被证明为在所有可能环境中指示相同对象，而是其语义规则直接表明在所有可能环境中的指称是由现实指称来固定的"①。

模态严格性与直接指称性（或语义严格性）的这种差别，可以表述成"根据事实的"（de facto）严格性与"根据规则的"（de jure）严格性之间的差别。最能说明这种差别的例子是严格的限定摹状词，例如表达式"9 的平方根"，虽然它在所有可能世界中都指称数 3，从而是严格指示子，但它对于所在句子的成真条件的贡献并不是数 3 而是其描述性意义"9 的平方根"。换言之，具有模态严格性的限定摹状词并非直接指称词项。由此可得到直接指称性和严格性的另一个区分，根据雷卡纳提，这可以用包含直接指称表达式所表达的命题和其成真条件之间的区分来刻画。考虑下述两个句子：

(6) 9 的平方根大于 2。

(7) 3 大于 2。

两个句子的成真条件是相同的，但所表达的命题则不同，前者表达的是包含存在概括的一般命题，后者表达的是包含对象为成分的单称命题。当表达式 a 是直接指称词项，则包含该表达式的句子的陈说呈现其成真条件为单称的，而当表达式 a 是严格摹状词时，虽然包含该表达式的句子的陈说的成真条件也是单称的，但并不呈现为单称的，也即它所表达的命题不是单称的。另一方面，当指称的对象不存在时，严格指示子与直接指称词项的差别变得更为明显。根据克里普克，当专名 N 的指称在某个可能世界 w 中不存在时，N 在可能世界 w 中就什么也不指称。但是对卡普兰而言，直接指称表达式在所有赋值环境里都指称同一对象，即使在相关对象不存在的环境里也是如此。卡普兰明确指出，"对于直接指称形式的严格指示，个体是否存在于世界上与被赋值的命题无关"。②

模态严格性概念涉及的是形上学论题，而语义严格性概念涉及的是语义学论题。直接指称词项的语义严格性表明，语义规则使得这类词项在所有可能环境中的指称是由现实指称来固定的，这一点上是先验确定

---

① J. Almog, J. Perry and H. Wettstein, eds, *Themes from Kaplan*, Oxford University Press, 1989, p. 495.

② J. Almog, J. Perry and H. Wettstein, eds, *Themes from Kaplan*, Oxford University Press, 1989, p. 571.

的；当这一点确定后，这类词项在所有可能环境中的指称事实上是相同的，也即直接指称词项是模态严格指示子。这就是说，语义严格性蕴涵着模态严格性。因此卡普兰关于"名称是直接指称词项"的论证一旦成立，就得到了比克里普克的"名称是（模态）严格指示子"更强的论证。

克里普克的模态论证可简要概括成：（1）名称是模态严格指示子，（2）摹状词（通常）不是严格指示子；因此（3）名称与摹状词具有不同的模态地位，（4）又模态是语言学意义的函数；因此（5）名称与摹状词不可能是语义等价的。反对模态论证的人要么否认第（1）条，认为说名称是严格指示子需要诉诸某些缺乏辩护的直觉测试；要么否认第（4）条，认为必然性这类模态概念并不完全取决于表达式的意义（也即，两个表达式的意义相同但模态地位可能不同）。我们看到，基于卡普兰—佩里的直接指称理论策略，能够很方便地回应这两类反驳。对于前一类反驳，关键是指出专名是直接指称词项，卡普兰指出，在专名那里，"指称、特征、内容的区分消失了"，"专名是具有索引特征的直接指称，却不具有语境敏感性"①。前已指出，这种直接指称性比克里普克的模态严格性更强，因此名称、摹状词和索引词的差别能够得到更精细地刻画。对于后一类反驳，关键是指出卡普兰—佩里的直接指称理论背后的二维语义学策略，根据这种策略，基于赋值环境的模态和基于陈说语境的特征的确得到了区分。我们看到，卡普兰—佩里的直接指称理论事实上是改进了克里普克模态论证的策略用以反驳指称的描述理论，同时，通过拆分弗雷格式的涵义，将之限制在解释认知意义上而不是语句的语义内容上。

运用卡普兰提出的陈说语境和赋值环境、特征和内容这两对区分，我们可以用下表来说明指示词（索引词）、摹状词和专名这三类不同的指称表达式的差别，从而更清楚地指出主要指称表达式在各种语境下的语义行为的关键差异所在。

---

① J. Almog, J. Perry and H. Wettstein, eds, *Themes from Kaplan*, Oxford University Press, 1989, p. 562.

	陈说语境	赋值环境	特征	内容	语义值
摹状词	不敏感	敏感	常函数	函数	个体
指示词/索引词	敏感	不敏感	函数	常函数	个体
专名	不敏感	不敏感	常函数	常函数	个体

四 其他直接指称表达式

直接指称表达式的主要特征是，在对包含这样的表达式的句子进行赋值时，没有任何表达式的呈现模式参与进来影响赋值。在自然语言中，无论是指示词或索引词，本身还有特征，呈现出某种描述性的意义，因此它们作为直接指称表达式的地位还需要论证。直接指称表达式的存在性，以及单称命题的存在性，似乎需要更明显的证据来支持。直接指称论者通常将个体变元、专名和自然类名也看作直接指称表达式。

个体变元就是几乎无须论证的直接指称表达式的典型，其非描述性是显而易见的。正如卡普兰所指出的，在世界 w 中对 "Fx" 赋值的时候，我们并不问其值是否在 w 中存在，我们只问什么值指派给变元。只有当变元的值被指派后，"Fx" 才可被赋值。并且，"x" 怎样被指派的，"x" 指派是怎样做出的，以及 "x" 的值是怎样被描述的，都与赋值无关。所有与赋值有关的只是 "x" 具有特定值。当然，个体常元也具有类似的特征，我们甚至可以把常元看作论域中仅有一个对象的变元，或者如萨尔蒙称呼的，"不变的变元"。基于此，我们有理由希望专名也能够作类似的处理。

卡普兰把其对指示词之分析得到的直接指称理论应用到专名上。专名作为指称表达式，实际上比索引词更为 "直接"，因为（1）专名不具有索引词所通常包含的描述性的习规意义。专名的习规意义至多是 "某对象的承担者"。（2）专名是典型的严格指示词，这是克里普克所提出的而被普遍接受的结论。卡普兰因此认为，"在专名的情况下，指称、特征和内容这三种意义的区分崩溃了。就此意义而言，专名是独一无二的。它们具有索引词的直接指称性，但是没有索引词的语境敏感性。专名与索引词的类似之处在于，将它们从原来的语境里移开而不至于影响其内容。由于指称、特征和内容的区分的崩溃，因此说专名除了指称之外别无意义并不会显得不自然"①。

直接指称论者通常也承认并非所有专名都是直接指称表达式。例如埃文斯所讨论过的例子，把"发明拉链的那个人"称为"Julius"，不管是谁发明的拉链。这种名称被称为描述性名称。在日常语言中，更多的情况是所谓"部分描述名称"，即是指某些专名从名称的句法构成上就明显携带了描述性信息，例如"中山大学""麻省剑桥镇"等。这类名称虽然在某种程度上被理解成复合名称，但的确仍是具有严格指示意义的专名，不同于摹状词。同时由于这类名称语义上带有描述性信息，也不同于普通的专名。按照索莫斯的说法，对于部分描述名称，合适的刻画理论是部分描述理论。根据这种理论，部分描述名称的特征是：（1）在语义学上，部分描述名称语义内容，除所指称的对象外，也包含关于对象的描述性信息。因此，包含部分描述名称的句子所语义表达的命题就不是单纯的单称命题，而是包含了对象的描述性信息的命题。例如，假设 n 是部分描述名称，句子"n is F"所表达的命题就应该是 [the x: Dx & x = y] Fx，其中 y 所被指派的是名称 n 的指称对象 o。（2）在指称机制上，部分描述名称的指称对象，一部分是由相应的描述性质，另一部分由对应于非描述名称的非描述机制，两者共同作用所决定。这里的非描述机制就是普通名称的指称的历史因果机制。

克里普克（1972/1980）和普特南（1975）将严格指示词的理论推广到自然类词项上。克里普克论证自然类词项（如"老虎""黄金"等）作为严格指示子，关键仍在区分为自然类命名的仪式和对于自然类之物理或其他属性的认识，前者是对语词用法的规定（从而是根据规则地严格的），后者是通过经验研究去揭示对象的本质属性（如果有的话）。因此，自然类的属性与自然类名称的涵义无关，前者要么是与世界的构成有关、要么依赖于我们对世界之构成的认识，后者却是由社会活动和语言实践所赋予的。尽管自然类之所以为自然类是因为具有某种本质属性，但这种属性是我们通过经验发现的。我们对某个自然类可能会有错误的认识，可能会将某些后来证明是不正确的描述归之于该自然类，但这都无法改变我们

---

① J. Almog, J. Perry and H. Wettstein, eds, *Themes from Kaplan*, Oxford University Press, 1989, p. 562.

将某个语言表达式指派给该自然类的历史事实。说话者有效使用某个自然类词项，这与说话者对于该自然类的认识状态无关。因此，一旦做出这样的区分，自然类词项和专名的类似性是明显的。也即，自然类词项是严格指示子，没有描述性涵义，通过命名仪式和历史因果链条得以传递指称，涉及它们的同一性陈述是后天必然命题，即可以通过经验发现自然类的本质属性。

普特南则通过孪生地球的思想实验表明，像"水"这类自然类词项在语义行为上类似于索引词，也即，包含表达式"水"的句子的真值条件依赖于句子被说出时的语境，此处普特南设想的语境分别是现实地球和孪生地球的物理构成。因此普特南的思想实验实际上反驳了描述主义，根据后者，"水"的描述性现象学内容（无色无味、自天而降、充斥于湖泊海洋之中的东西……）进入句子的真值条件。但在孪生地球的思想实验中，"水"的现象学内容是稳定而不随语境改变的东西，因此它并不影响句子的真值条件。因此，进入句子真值条件的只能是词项"水"的指称，即"水"在不同语境中所代表的不同自然类（H_2O 或 XYZ），也即，自然类词项是直接指称的。普特南进一步把自然类词项的意义可以分成四个部分：句法标记（marker），语义标记，典型（stereotype）和外延。普特南指出，依据典型并不能完全确定自然类词项的指称；对于确定某个对象是否属于该类，典型的满足既不充分也不必要。对很多自然类词项，只有专家才能准确断定该词项的指称；其他的语言使用者在运用这个词时需要依靠专家的帮助，这就是所谓"语言学分工"的论题。因此，指称的确定不是由每个说话者的个人语言能力决定的，而是由作为整体的语言共同体的能力决定的。自然类词项反映了语言的社会性要素。

与克里普克把自然类词项看成用作主词的专名不同，索莫斯认为自然类词项和单称词项的特征并不相似。按照索莫斯的分析，自然类词项作为可数名词或物质名词，更类似于谓词的语义行为，可以被量词约束形成量化短语。但是，索莫斯承认，作为谓词的自然类词项 N 也可以具有克里普克所声称的严格性，即在所有可能世界里对应相同的外延，或者具有本质主义的特征（即如果现实世界中某对象 O 是 N，则在该对象存在的所有可能世界中 O 也是 N）。

第四节 直接指称理论与其他新指称理论

一 直接指称理论与指称的因果理论

由于直接指称理论主要是关于指称的语义学论题,并且集中在命题层次的语义学方面。对于指称的认识论层面问题,直接指称理论并未做出回答。尽管克里普克—唐纳兰提供了历史因果理论以取代描述主义对于指称之确定的认识论解释,但这一理论在典型的直接指称理论支持者那里并未获得积极响应和推进:一方面,直接指称理论的创立者卡普兰—佩里采用修正的弗雷格式理论或描述主义的理论来处理索引词和指示词的认识论问题;另一方面,因果链论的主要鼓吹者戴维特抨击直接指称理论,事实上,他攻击的主要是密尔主义。因此这里的问题是,作为新指称理论的两个主要组成部分的直接指称理论与指称的因果理论之间是否有逻辑关联,以及至少两者是否兼容?

克里普克(1979)认为指称的历史因果理论支持了直接指称理论。"在《命名与必然性》中,我提出在日常情况下决定名称之指称的东西是交流链,其中名称的指称被一环环传递下去。这样一个链条的合法性比之于弗雷格观更符合密尔观。因为这个理论假定学习者是通过下述方式来从共同体中习得名称的,即他和共同体用同样的指称来使用该名称。我们认为这样的学习者使用'西塞罗是秃头'表达了和共同体所表达的相同的东西,尽管不同说话者将不同的性质联系在'西塞罗'上,只要学习者决定他用和共同体相同的指称来使用名称就可以了。名称的这种传递方式与密尔图景符合得很好,根据密尔理论,是指称而不是联系在名称上的性质,与包含该名称的句子的语义学有关。诱惑性的建议会将此交流链称为决定指称的'涵义'。也许可以这样,但我们不要忘记交流链的合法性在于,正是指称的保持对于正确的语言学习是必要的。"[1] 也即,历史因果理论认为在共同体对于名称的交流中,语言共同体学习使用的是名称的指称,在不同说话者之间"流通的"东西也是指称而不是作为对象之识别

---

[1] Saul Kripke, "A Puzzle about Belief", In Avishai Margalit ed., *Meaning and Use*, Dordrecht: Reidel, 1979, p. 251.

性质的"涵义",因为事实上正如唐纳兰和克里普克在反驳描述主义的认识论论题时所指出的,找不到这一类的所谓"公共的"或"私人的"涵义。因此,指称的历史因果理论从正面支持了缺乏涵义的名称的语义学,即直接指称理论。

戴维特(Devitt,1989)则主张因果链理论而反对直接指称理论。戴维特完全支持指称的因果图景,并且在其早期专著(1981)中几乎是独一无二地将该图景发展成一个精致的理论。戴维特反对直接指称理论的理由主要是基于众所周知的原因,即弗雷格的同一性困惑和信念语境的替换失效问题;戴维特坚持认为语义学有责任解决认知意义问题,也即,既不能将困难推到认识论而置之不理(如怀斯坦的立场),也不应诉诸语用学策略(如萨尔蒙和索莫斯的方法)。同时戴维特也反对描述主义的认识论论题(支持指称的因果理论)。在指称的语义学问题上,戴维特坚持名称有"涵义"同时拒绝涵义是描述性的。实际上,戴维特所主张的名称的涵义就是前面克里普克所提及的"诱惑性的建议",即将名称交流的因果链作为该名称的涵义,显然此涵义是非描述性的。

因此克里普克和戴维特的主张没有实质性矛盾。由于克里普克认为没有必要将指称的交流链作为涵义,克里普克认为在信念语境中坚持直接指称理论显得毫无希望。而戴维特认为采纳因果链作为涵义,则既可以解决直接指称理论带来的语义学难题,又回避了描述主义的认识论困境。从上面分析可以看出,事实上作为语义学框架的直接指称理论和作为认识论论题的历史因果理论之间的支持是脆弱的,两者基本是相互独立的论题。但是,在反对名称所指称的对象之识别性质作为"涵义"方面,两者具有相同的立场。这也是新指称理论的共同核心。

二 直接指称理论与语义外部论

前已提及语义外部论反驳描述主义。语义外部论和所谓心理内容外部论在论证方式上没有实质区别,前者侧重强调句子意义的真值条件方面依赖于语境,后者强调意向性心理状态的内容依赖于外部环境。本书主要讨论内容外部论的形式,以凸显新指称理论与心灵哲学之关联。根据外部论,我们使用某些词的意义与指称不仅仅被我们对这些词所持有的观念或我们的物理状态所决定,根据普特南的著名口号即"意义不在大脑之中"。普特南(1975)的"孪生地球"实验所表达的物理外部论主张,自然类词项的语义指称部分地依赖于自然环境中物理对象的构成;伯奇(1979)的"关节炎"思想实验所表达的社会外部论主张,用日常语言表达的思想或信念在很大程度上由社会语言共同体的公共语言实践和专家的意见所决定。两种外部论的共同之处是反个体主义立场:至少某些归属于个体的心理状态和事件或个体使用语词的指称不能独立于外部环境。

我们可以把任一意向性心理状态(如信念)划分为两个部分,即心理学模式或意向性态度 M(如相信等)和心理内容 P(体现为命题或思想)。当某认知主体 A 所具有某个心理状态(M,P)仅仅随附于该主体 S 的内在性质,则认为该心理状态的内部论为真,且其内容称为狭内容。否则,认为该心理状态的外部论为真,其内容称为宽内容。[①] 典型的内容外部论之基本论证结构可以刻画如下:设 A 和 A∗ 是两个物理构造等同的孪生认知主体,在所涉及的情境中两者处于同样的物理状态下,C 和 C∗ 分别是各自所在的外部语境(包括物理的及社会历史的诸要素);设 S 是 A 和 A∗ 各自的语言共同体所使用的语言中的某个句子类型,P 是 A 在语境 C 中所相信的关于对象 O 的命题,并且 A 相信他使用 S 表达了 P。

前提1:A 具有一个关于 O 的信念 P。

前提2:A∗ 的对应信念(即 A∗ 相信的他使用 S 所表达的命题)不是关于对象 O 的。

前提3:心理状态的内容决定心理状态所指涉的意向对象。(所以意向对象不同则内容不同。)

小结论:从而,P 不是 A∗ 的对应信念的命题内容。

前提4:相同的意向性心理状态必须具有相同的命题内容。

大结论:处于相同物理状态的认知主体可以具有不同的意向性心理状态。

内容外部论的理论后承是,描述个体认知的内部性质的"狭内容"

[①] 之所以把外部论和内部论说成是相对于某个心理状态的,因为论者对于是否所有心理状态都能用统一的外部论论题来描述具有不同看法。显然,此处的关键之一是如何定义主体的"内在性质",一种流行的说法是,内在就是内在于主体的身体或肉体(或大脑),但对于内在性质的同一性条件(等同个体)如何刻画(例如:物理构成、神经结构、计算、功能等)才是充分和必要的,仍存在着争议。

假设对于个体化信念而言是没有意义的理论实体，因而需要抛弃。存在着不同强度的外部论论题：彻底的外部论认为没有不依赖于外部环境的心理内容，狭内容的概念是没有意义的理论机制；而较温和的外部论则认为狭内容和宽内容是心理内容的两个要素，两者发挥着不同作用。

内容外部论的基本论题不同于直接指称理论，前者主要强调命题内容（以及指称）的语境依赖性，后者强调命题内容以对象而不是描述性涵义作为其构成。但内容外部论的论证明显构成了对直接指称理论的支持。物理外部论对信念内容的环境索引性的论证与直接指称理论关于指示词和索引词的语义行为的论证是平行的；社会外部论对于社会历史因素的诉诸与指称的因果理论的要求是一致的。外部论对所谓心理状态的"狭内容"的反对恰巧对应于直接指称理论对涵义的拒斥，而狭内容正是弗雷格式涵义的心理对应物。彻底外部论要求以宽内容即真值条件内容来个体化信念，对应于直接指称理论要求以罗素式单称命题来个体化陈说的命题内容。温和的外部论要求同时承认狭内容和宽内容，其中狭内容担负着认识论功能，宽内容担负着形上学功能；这对应于温和的直接指称理论，后者并不否认存在着决定指称的描述性意义，只是否认此意义进入陈说的真值条件。

此外，直接指称理论和语义外部论在空名问题上面临着相似的困境。按照直接指称理论，名称对于所在语句的唯一语义贡献就是其指称，因此当名称为空名时，即名称的指称不存在时，那么此时包含该名称的语句表达的是何种命题呢？这个问题对于直接指称理论带来很大的困扰。类似地，根据物理环境的语义外部论，词语的意义部分依赖于外部环境中的对象的物理构成。按照普特南的论证，"Water"在地球上意指H_2O，在孪生地球上意指XYZ。但是，如果仿照普特南的方法就祝融星的例子构造孪生地球实验，就会导致奇特的困难。考虑Phillips（2001）提出的如下思想实验：考虑两个可能世界w和w'，其中w是1850年天文学家Babinet所在的那个世界，w'和w是观察等价的，两个世界的唯一差别是w'的太阳系中在太阳和水星轨道之间的确存在一个特殊的行星。Babinet在w'的复制品Babinet'把这个行星也称为"Vulcan"。现在的问题是，Babinet用名称"Vulcan"指称的虚拟对象在Babinet'那儿的对应物是否不同于

w'中实际存在的太阳和水星轨道之间的那颗行星?① 因为 water/XYZ 的区分对于说话者是给定的，说话者无须为了保证指称而事先构造任何概念表达，而一旦语词的指称对象不存在，所谓指称对象的外部环境的因素也就不复存在，但在日常语言实践中，我们仍使用这些概念来进行实际推理和解释。

在此小结本章内容，这一章在介绍新指称理论的基础上评述了以指示词为中心的卡普兰—佩里策略的直接指称理论的主要论证和结果，在此基础上，分析了直接指称理论与新指称理论的其他理论，包括指称的因果理论和语义外部论之间的关系。根据前面的论述，我们可以把直接指称理论的核心论题归纳为下述三点：(1) 直接指称词项是根据规则的严格指示子（或语义上严格的指示子）；(2) 直接指称词项的内容是相对于赋值环境的常函数；(3) 直接指称词项的描述性意义不进入所在句子表达的命题的语义内容（也即，包含直接指称词项的句子语义上表达的是单称命题）。

卡普兰和佩里令人信服地论证了指示词和索引词是直接指称词项，其他的直接指称词项还包括变元、专名和自然类词项。我们指出这些单称词项具有不同的语境敏感性特征。如果关于专名和自然类词项是直接指称词项的论证是正确的，那么传统的关于名称的描述理论就是错误的，卡普兰—佩里虽然和克里普克的结论是一致的，但前者的论证策略显然更为深刻。我们强调的是，直接指称理论的核心是语义严格性，这并不同于模态严格性；直接指称理论与指称的因果理论两者之间也是独立的。不但如此，卡普兰—佩里为论证直接指称理论所建立起来的二维语义学框架，充分地利用克里普克式直觉重建了弗雷格式的内涵语义学。查尔莫斯继承了这种语义学框架，用于处理多个与语义内容及心理内容相关的语言—心灵哲学难题，显示出这种语义学的强大解释力。我们在第十章讨论查尔莫斯的二维语义学。

---

① Matthew Phillips, "What a Solution to the Problem of Empty Names Cannot Be", http：//www. rci. rutgers. edu/~mphil/empty_names. htm, 2001.

第 五 章

信念归属、交流与语义内容

新指称理论已经成为分析哲学史上的主要运动之一，信念归属问题和空名问题却持续地对作为新指称理论之核心的直接指称理论提出了挑战。弗雷格式涵义概念虽然一度受到直接指称理论的强烈批评，但仍被描述主义者视为克服单称词项在内涵语境中异常语义行为的不可或缺的概念资源。因此，如何在新的框架中重新处理涵义概念，以回避双方的困难，成为指称问题领域讨论的主要焦点。

事实上，不同指称理论的问题域中往往包含着层次各异的主张。我们在导言中建议把指称理论澄清为下述四个层次：1. 认识论层次，该层次主要回答单称词项依据何种机制来确定指称；2. 语义学层次，该层次主要回答指称表达式对所在句子的语义贡献是什么；3. 心理语义学层次，该层次主要讨论与心理表征和命题态度有关的问题，尤其关注如何刻画信念或思想的结构及来源；4. 语用学层次，该层次主要讨论作为言语行为的指称性交流活动，探究成功的指称性交流需要什么条件。以上述层次区分为基本方法框架，本章将运用指称性交流的模型来考察直接指称理论与弗雷格主义的对立进而尝试对命题态度归属难题给予一种新的解决思路。

第一节 直接指称与认知意义

弗雷格为解决同一陈述难题和命题态度语境中的共指称替换问题而引入涵义概念。我们可以把弗雷格式的涵义的主要功能概括为：提供了所指涉对象的识别条件、参与决定了所在语句的成真条件，以及解释了不同认知主体的信念归属。这样的涵义概念实际上包括了前述指称理论的三个层次：认识论、语义学和心理语义学。通过这种方法，弗雷格用合一的方式回答了涉及不同层次的指称问题。然而，弗雷格式涵义因此面临的直接难题是，如何对涵义适当地进行个体化。我们似乎很难找到一个实体来作为涵义的候选者而同时满足上述三个层次的刻画。如果我们把指称表达式的涵义看作限定摹状词簇或指涉对象的识别性质，那么这种看法已经受到唐纳兰和克里普克工作的严重挑战。如果我们把表达式的涵义看作语言学意义或支配表达式使用的语言学习规，同样面临严重问题，即索引表达式的语义值依赖于语境而其语言学意义却独立于语境：卡普兰论证了指示词的语言学意义不能进入所在句子的成真条件，佩里的工作则表明基本索引词不可能语义等价地还原成摹状词。这些工作暗示我们：弗雷格式涵义本身或许是不融贯的概念，因为涵义的认识论层次和语义学层次可能需要不同的标准来刻画。为回应这些挑战，新弗雷格主义者把对涵义的解释重心由语义学层面转移到心理学层次，后面第八章我们会考察，埃文斯用对指称对象的思考方式来取代呈现模式，麦克道威尔用非描述性涵义来取代描述性涵义。但这样也随之削弱了弗雷格式涵义的客观性原则，同时导致下述难题：如果指称表达式的涵义随认知主体而变化，那么成功的指称性交流如何可能；特别是，第一人称思想的交流如何可能？

  直接指称理论在这样的背景下大行其道。各种版本的直接指称理论的共同核心是下述语义学论题：直接指称表达式对于其所在语句的语义贡献仅仅是表达式的指称对象。因此，包含了直接指称表达式的语句的陈说表达了一个单称命题。根据这一核心论题，专名、索引词和指示词都是直接指称表达式。这类表达式是根据规则的严格指示子，而不同于通过可能世界的成真条件来表述的根据事实的严格指示子。然而，这一语义学论题可以与不同的认识论论题相结合。某些温和的直接指称论者如卡普兰和佩里认为索引词和指示词是通过与之相联系的语言学意义即特征确定表达式的指称的。在这类直接指称论者看来，表达式和其指称之间的认识中介是存在的，只不过它们不进入表达式所在语句的成真条件而已。另一方面，激进的直接指称论者，也即像萨尔蒙和怀斯坦这样的密尔主义者坚持专名不过是对象的标签。因此在名称和其指称之间无须任何认识论中介，无论这一中介是描述性的还是非描述性的。

  所有的直接指称论者都坚持上述核心语义学论题，因而必须面对弗雷格企图通过引入涵义概念或呈现模式来解决的问题。对此不少直接指称论者的典型策略是声称两个包含着共指称的不同表达式的语句的陈说所断言的内容或其语义内容是相同的，但是两个陈说通过语用过程所传达的信息则是不同的。然而通常直接指称论者难以对这一语用过程是如何运作的给予完整的解释，因此也就难以解释不同说话者的认知内容是如何进行交流的。为了解释命题态度语境中共指称词项的替换难题，尽管直接指称论者从信念内容中剔除了弗雷格式涵义，但萨尔蒙（Salmon，1986）又不得不把信念解释成相信者、命题和对命题的思考方式这样的三元关系，而且对命题的思考方式这一关键要素难以说清。基于此，埃文斯（Evans，1982）和福布斯把直接指称理论看作弗雷格式理论的概念变异。福布斯（Forbes，1990）还因此断定涵义是不可或缺的，问题只是要说明涵义到底是描述性的还是非描述性的，或者它是内在于还是外在于语句所表达的命题。

直接指称理论的核心部分，即一个陈说的语义内容是罗素式单称命题，合理地回避了弗雷格式涵义，特别是描述主义解释框架下的涵义所带来的模态困难，并且在相当程度上维护了有关专名这类纯指称表达式缺乏语言学意义的直觉。直接指称理论把对象的呈现模式从命题中去掉，问题就出现了，因为涵义或呈现模式之引入的主要目的之一正是要解决认知意义问题，也即，不同主体对同一对象的不同呈现模式正是不同主体对同一对象抱有不同信念的原因。认知意义问题是直接指称理论者要克服的主要理论困难。

我们可以通过如下方式刻画认知意义（cognitive significance）的概念：两个陈说 u 和 u' 具有不同的认知意义，当且仅当存在某个理性认知主体理解了表达这两个陈说的句子（可能是同一个句子），却接受陈说 u 为真而不接受 u' 为真。这表明，认知意义可以用不同陈说给听者带来的信念差异来表明。进一步，不同陈说的不同认知意义会给理性人带来不同的行为反应，因此，如果理性人在听到两个陈说后具有不同的行为反应，同时又没有理由假定该理性人在两种情况下意图和欲望方面有所改变，那么这两个陈说就具有不同的认知意义。也即，认知意义是刻画信念条件和行为解释的途径。在此，问题的关键是，如果不是表达式的涵义或对象的呈现模式，那么什么东西能够作为认知意义的载体，或哪种实体负担解决认知意义的问题？

正如前面的讨论所表明的，直接指称理论者有不同的策略处理认知意义问题。温和的直接理论者，如卡普兰和佩里主张用语言学意义来解决认知意义问题。他们的手段与弗雷格实际上多有相似之处。激进的直接指称理论者，或密尔主义者，则有两种方式回答认知意义问题，怀斯坦认为认知意义与语义学无关，从而不是直接指称理论的负担；索莫斯和萨尔蒙则将认知意义问题归诸语用层面解决。直接指称理论和新弗雷格主义的调和论者雷卡纳提则主张，解决认知意义不属于语言学的问题而属于心理学问题，不应当用指称的语言学呈现模式而应当用心理学呈现模式去处理，我们会在下一节中讨论雷卡纳提的主张。

根据卡普兰—佩里策略，承担认知意义的载体是"特征"（卡普兰的术语）或"角色"（佩里的术语），实际上乃句子的字面语言学意义，即雷卡纳提归纳的所谓"语言学呈现模式"。因此，卡普兰—佩里策略仍是用"呈现模式"来解释认知意义。但卡普兰—佩里策略与弗雷格相比较有两点明显的不同：（1）在弗雷格那里，不同主体对第一人称词"我"采用了不同呈现模式。而在卡普兰—佩里那里，"我"的语言学意义是个常量，因而不同主体对于这个词的呈现模式是相同的。（2）在弗雷格那里，指称表达式的呈现模式进入包含该表达式的句子所表达的命题，而在卡普兰—佩里那里，呈现模式不带入命题。这两点不同都非常关键。首先，作为常量的索引词的语言学意义并不能充分个体化认知意义，因为显然在不同语境中具有相同语言学意义的句子往往能表达不同的命题，从而造成不同的认知意义。因此使用语言学意义来刻画认知意义是不充分的。第四章的分析已经指出，弗雷格的涵义概念具有多个层次的内涵，不可用语言学意义来替代。其次，通常认为专名的语言学意义阙如，那么卡普兰—佩里策略如何解释专名的认知意义？最后，卡普兰—佩里仍坚持呈现模式是描述性的，但是认为这一呈现模式是外在于陈说所表达的命题，这将同时受到激进直接指称论者和新弗雷格主义两方面的压力。

怀斯坦提出的问题是，为什么弗雷格主义者认为语义学应当提供对认知意义的解释？我们不妨考虑达米特屡屡归之于弗雷格及分析哲学之方法论的几个教条："首先，哲学的主要任务是分析思想；其次，对思想的研究不同于对思维的心理过程的研究；最后，分析思想的适当的方法在于分析语言";以及"首先,对思想的哲学阐释可以通过对语言的哲学阐释来获得;其次,一种全面的哲学阐释也只能如此获得"。因此,弗雷格的语义学主要关心的是语言和"第三领域"的思想内容的联系,这种思想具有"恒久的结构";弗雷格相信,思想的结构能够通过理想语言予以充分揭示出来,也即,正如我们在上一章所观察到的,弗雷格要通过语义学来刻画认识论。但是新指称理论则宣称其主要关心的是语言与世界的关系,而且尤其是支配日常语言实践的语义规则,因此新指称理论的趣味在于理解和说明语词指称的机制化的习规,并在此基础上解释自然语言的语言学意义中所体现的人类学机制。从新指称理论的角度来看,尽管弗雷格的涵义指称模型有诸多好处来说明认知意义,却与我们日常实际的语言学实践不兼容。因此怀斯坦认为,认知意义问题并非自然语言语义学所要解决的问题,解决认知意义的问题应当交由心灵哲学或认知科学去处理,弗雷格主义攻击新指称理论不能解决认知意义是不恰当的。

怀斯坦的断言是否合理?现在的问题是:(1)不同陈说的认知意义的差异是否由陈说的语言学意义的某个方面(某种语义内容)所带来,(2)对认知意义的说明是否应当包括在陈说所表达的命题内容之中?无疑,指派陈说的命题内容正是语义学的核心任务。按照佩里后来的解释,所谓"认知意义",可以合理地分解成两个部分,一部分是"意义(significance)",即为某种语义性质,它与诸如意义(meaning)、指称、真理这类问题相关;另一部分是"认知的",即它是能够被理解句子的人所认识到的意义(meaning)的某个侧面。句子所表达的命题,按照新指称理论即作为句子语义内容的单称命题,显然不具有"认知的"特征,因为理解某个句子并不意味着识别出它所表达的单称命题。考虑下述例子,我在时刻 t 无意中听见某个人 S 说:

(1)我肚子饿了。

如果我不知道到底是谁说的这句话,A 就没有识别出该句子所表达的单称命题,即下述命题

(2)<S,在时刻 t 肚子饿了>。

同时即使我作为听者没有听到 S 说出句子(1)或 S 根本没有说出句子(1),命题(2)也是真的,只要在时刻 t,S 确实肚子饿了。因此句子所表达的单称命题(2)的真假是独立于句子是否被说出的。另一方

面，如果我不知道到底是谁说的这句话，但我至少充分理解了句子（1），知道说话者本人，无论此人是谁，在某时刻 t 肚子饿了。如果当时 S 的肚子并不饿，而是另一个人在某时刻 t 肚子饿了，这样，句子（1）的陈说就创造了一个不同于上述单称命题的另一个单称命题，即

(3) <在时刻 t 说出句子（1）的人，肚子饿了>。

即使我不知道到底是谁说的句子（1），我也能识别出命题（3），（3）给出了（1）的真值条件，这个命题明显要依赖于句子（1）的被说出。因此我们可以在句子（1）被说出的时候得到两个不同的单称命题。这两个命题的主要差别在于，命题（2）包含了在现实语境中指称表达式所指涉的对象作为其成分，而命题（3）则包含了句子（1）的陈说作为其成分。佩里把这两个不同的命题分别称为"陈说所表达的命题"和"陈说所创造的命题"。如前，我们有可能掌握后者（即陈说的真值条件）而同时没有掌握前者即陈说所表达的命题。陈说所表达的命题即直接指称理论所鼓吹的句子的命题内容，它不能充当认知意义的载体，因为它不满足我们对认知意义的下述两个要求，即（a）理解句子的陈说 u 的人应当识别出承载陈说之认知意义的命题；（b）理解句子的陈说 u 并且接受 u 为真的人，应当相信承载陈说之认知意义的命题。但是陈说所创造的命题则能够满足上述两个要求。这样，佩里利用含有指称表达式的句子在特定场合下的陈说的自反性特征，即任何一个陈说都能创造一个指涉自身的命题，提出了一种解决认知意义问题的方案。

直接指称理论的支持者解决认知意义问题的另一路数与上述方式接近，即认为认知意义不需要通过句子所语义表达的单称命题承载而是被句子在特定语境中语用传达的。本书第三章已经提到，直接指称论者借助了格莱斯（P. Grice）的著名的交流理论。格莱斯（1975）提出了语言交流活动中被默认遵循的会话合作原则（Cooperative Principle），也即，"当你参与会话时，你要依据所参与会话的交流双方所共同接受的目的和方向，来使得你的会话贡献符合这种需要"。格莱斯模仿康德的质、量、关系和方式四个范畴提出了刻画言语交流活动中的四条合作准则，后来语用学家 Levinson（1983）改进了格莱斯的提法，提出会话含义的三条原则：数量原则、信息原则和方式原则，提出了所谓新格莱斯主义的主张。在格莱斯式的理论框架中，语言交流成功进行的关键是说话者意图的传递和听者对

说话者意图的领会。通过语言交流来传递意图的主要途径是对话双方的公共语言学知识和基于该知识的推理：这些知识包括句法知识、习规意义和默会的合作原则；造成意图传递的主要障碍则主要在于背景知识的差别和语境因素的影响。格莱斯的交流理论的核心，是把某个句子的陈说"所交流的"内容（what is communicated）划分为两个部分，即做出了某个句子的陈说的"所断言的"（what is said，有时也被称作 explicature）和"所蕴涵的"（what is implicated，亦作 explicature）之间的区分，粗略而言，可理解为"言内之意"与"言外之意"。对于"所断言的"之内容，虽然格莱斯从未清楚表明是什么东西，但是通常分析认为它比较接近于某个句子在特定语境下"所表达的命题"。其中的一个主要原因是，"所断言的"主要与真值和语义推理相关，而"所蕴涵的"则与句子的真值无关而与语用推理有关。对于某个陈说之"所蕴涵的"，又可分为习规蕴涵（conventional implicature）和会话蕴涵（conversational implicature），前者主要相关于句子的习规的语言学意义而后者主要相关于语用场景。

格莱斯的交流理论得到了密尔主义者的充分重视，根据密尔主义，包含共指称表达式的句子"a is F"和"b is F"表达了相同的命题，也即它们的"所断言的"部分是相同的，但是共指称的不同的表达式携带了不同的语用信息，即它们的"所蕴涵的"的部分不同。也即，包含共指称表达式的语句带来的信息内容的差异和认知意义的差异不是语义表达的内容，而是语用携带的信息。第3章中我们已经考察了 Salmon 对于信念语境中的指称晦暗问题的解决，Salmon 注意到信念持有者相信某个单称命题总是以某种"包装"（guise）的方式来进行的，也即相信某个命题总是以特定方式来相信的。其特点在于，相信某个命题的方式并不影响信念归属句的句子的真值，也即，如果"启明星是长庚星"，那么"古天文学家相信启明星是启明星"和"古天文学家相信启明星是长庚星"具有相同的真值，尽管它们的真值和"古天文学家相信'启明星是长庚星'是真的"的真值可能会不同。其原因在于，"相信某个单称命题的方式"执行的是语用功能，它传达了信念持有者对于该单称命题的态度，这一态度并不是通过"a is F"和"b is F"的语义差异来给出的。我们将在后文中进一步解释这种观点中体现的直觉。

那么，我们何以直观上会认为"古天文学家相信启明星是启明星"

和"古天文学家相信启明星是长庚星"具有不同的真值呢？这是由于，尽管从理论上我们可以区分句子所表达的命题（what is said）和句子所蕴涵的东西，即句子所非语义传达的东西，但是在语言交流的实践中，一般的说话者并不容易区分出两者，并且往往实际上是将两者混淆在一起。例如，格莱斯（1989）给出的例子是：某医生告诉某个有腿伤的病人，要他尝试（try to）在第二天移动脚趾，但这既未承诺病人未能（fail to）移动脚趾也不表明他这样做会有困难；比较另一个句子，"在病人腿伤后的第三天，他尝试去移动脚趾（当石膏卸掉后），虽然他是否成功了还不知道"。通常句子"A 尝试去做 x"（A tried to do x）意味着含有"A 未能完成 x"（A fail to do x）这一条件，但是格莱斯的例子表明后者并不是前者所表达的命题的一部分，而是其特定场合使用下的蕴涵。那么有什么标准可以将两者的界限明确划开呢？格莱斯提供了后者不同于前者的一些特点，包括蕴涵含义的可撤销性（cancellablity）、可废弃性（defeasibility）和不可分性（non-detachability）等。尽管如此，在实际的语用推理中将特定场合下语句所表达的信息与所蕴涵的信息区分开依旧相当困难。由于蕴涵含义的可撤销性，这种推理在不同情境下具有不同的结果，而不同情境的可能性是无限的，因之这种推理具有不确定性，并且常常是无意识进行的，这也就意味着要将所表达的东西和所蕴涵的东西分开不能仅依赖于直观而必须借助于反思。

但我们仍然需要系统地说明特定场合下的陈说所表达的内容与所交流的内容的关联，尤其要说明的是，它们与句子的真值条件的关系，后者是直接指称理论与弗雷格主义的关键分歧所在。另一方面，直接指称理论为说明认知意义，不得不引入了"把握命题的方式"这样的概念，这与弗雷格的"对象的呈现模式"，即涵义之概念无疑非常相似。我们将在第八章中讨论两者之间的这种相似性。

第二节　指称性交流的结构

一　素朴交流理论

有不同的模型解释语言交流行为。古典的交流模型如仙农等（Shannon & Weaver）于 20 世纪 40 年代末提出了信息论之代码模型。根据这一模型，交流被理解成信息的传递过程：首先有一个信源（说话者）携带原始信息，该原始信息被编码后成为符号化信息进入信道，在信道中该符号化信息被去噪声成为被接收的符号化信息，此被接收的符号化信息再被解码成为被接收信息，这就最终抵达了目标即听者。仙农理论被广泛用于电信和密码技术，其核心思想则体现了对交流的传统理解，即交流的目的在于信息从说话者到听者之间的传递。

但是，到底传递了什么信息才算作成功交流？传递信息的手段不限于语言交流，它可以是任何广义的符号交流。一旦我们将讨论的范围限于语言交流，特别是包含指称表达式的语句在特定场合下的陈说（utterance），我们就需要考察"理解某个陈说"和"成功进行交流"的真正含义。在这类交流行为中，我们暂时假定，说话者具有谈论某个对象的意图并且持有某个关于该对象的信念；通过在特定场合下使用含有指称表达式的句子，说话者表达了某些东西。另一方面，作为一个成功的交流的结果，听者根据说话者的陈说的意义，既获得了该陈说携带的信息，也领会了说话者的意图，分享了说话者的信念，并能够据此进一步对此信念做出为真或为假的评价，或产生某些行为。正如 Heck 指出，"在言语行为中，交流是理性主体之间互相参与的行为。对于交流的进一步讨论不仅要求在说话者之间传递信息，还要求使人们理性地相互参与，要求思考者把他的信念影响别人的认知生活以及允许他们自己的认知生活被别人影响"[①]。

传递信息是理性参与的基础，理性参与意味着听者不仅从说话者那里获得了说话者意图传递的信息，而且要以说话者期待的方式来获得这一信息。如果听者有可能只是"碰巧"而获得了正确的信息，在这种情况下，我们是否能说交流成功实现，或听者理解了说话者的意图？下文中我们将考虑这样的例子。其中的困难在于，如果对于同一个信息说话者和听者具有不同的理解方式，那么如何确定其中的公共部分以作为成功交流的充要条件？

素朴交流理论认为，交流成功进行必须依赖于说话者和听者之间共享相同的思想，也即听者持有意图表达的那一个思想，该思想就是说话者的

[①] Richard Heck, "Do Demonstratives Have Senses?", *Philosophical Print*, Vol. 2, 2002, p. 16.

信念内容。换言之，说话者陈说的意思就恰恰是说话者已经相信的东西和听者将要相信的东西，当听者把握到说话者的陈说的意思，听者也就把握到说话者所相信的并试图和听者交流的那个思想。这可以用下述过程来表示：（1）说话者持有某个思想 T；（2）说话者使用某个语句表达式 S 将此信念进行语义编码；（3）听者听到或读到语句 S；（4）听者利用语义知识将 S 语义解码得到思想 T。素朴交流理论认为，交流成功的充要条件是，说话者对思想的语义编码为语言表达式和听者将语言表达式解码为思想这两个过程的结果是相同的。交流成功的结果是听者持有了说话者意图传递的那个思想。

对于指称性交流，即包含指称表达式的句子的交流，素朴交流理论可以有两种解释：弗雷格式和新罗素式的。根据弗雷格式的解释，思想 T 是作为复合涵义的思想，它包含指称的呈现模式或思考方式；根据新罗素式解释，信念 T 是单称命题，直接包含对象作为其成分。这两种理论本身解释交流都有困难，形象而言，弗雷格式思想给出的东西太多，无法说明说话者和听者是如何达成一致的；而单称命题给出的东西又太少，不但无法解释说话者和听者可能存在的主观差异，而且无法说明这种差异和成功交流的关系。

先考虑弗雷格式交流素朴理论面临的困难是，如果以涵义作为其成分的思想是在主体间变化的，那么交流如何进行？特别地，我们考虑包含本质索引词和指示词的思想：

（a）对于本质索引词的情况，例如包含"我"的第一人称思想，说话者的自我意识的思想只可能被说话者本人持有，听者不可能获得说话者所表达的那个信念，因为听者持有的信念包含着描述性的或指示性的思考说话者的思考方式，而不是自我意识地思考说话者的思考方式。在包含本质索引词的交流中，例如，当说话者 S 说，

（4）我是哲学家。

说话者 S 持有的弗雷格式思想是：

（ST1）＜自我意识地思考 S 的思考方式，是哲学家＞

而听者 A 听到这句话后所持有的弗雷格式思想是：

（AT1）＜说出句子（4）的那个人，是哲学家＞

或者是

（AT1'）＜此刻在我面前的这个人，是哲学家＞。

诸如此类。无论如何，（AT1）或（AT1'）这类听者所持有的弗雷格式思想不可能等同于说话者的思想（ST），因为一方面，索引词"我"是本质的，不能语义还原成任何摹状词；另一方面，按弗雷格的说法，自我意识的思考方式是私人性的和独一无二的，因而是不可交流的。毋宁说，对这类索引词的指称，说话者和听者所采取的不同思考方式恰是交流成功进行的必要条件。

（b）对于伴随知觉行为的指示词，情况也类似。由于说话者和听者处于对所论及对象的不同位置上，对对象就会具有不同的知觉性的把握方式。例如，当说话者在某个场合说出：

（5）这只大象是圆柱形的。

听者和说话者对于该对象的指示性思考方式（如知觉方式）不一定相同（比如两人对于该对象处于不同的空间位置上）。说话者持有的思想可能是

（ST2）＜从这只大象的左腿看这只大象，是圆柱形的＞。

而听者持有的思想则可能是：

（AT2）＜从这只大象的鼻子看这只大象，是圆柱形的＞。

由于听者知觉大象的角度可能不同于说话者的知觉角度，可能从说话者的角度看该大象是圆柱形的，而从另一角度看该大象则不是圆柱形的。只有当在某种情况下，听者知道说话者所指示的那个大象，并且知道说话者的陈说是真的，当且仅当该大象是圆柱形的。在这种情况下，听者知道了该陈说的真值条件，从而理解了说话者的陈说。

新罗素理论明显意识到弗雷格式涵义对于解释交流的困难。由于呈现模式是主体间存在差异的，它必然与特定语境下主体对对象的不同认知视角紧密相连，从而说话者表达的包含呈现模式的思想和听者把握的包含呈现模式的思想往往是不同的。弗雷格式的解释缺乏说明，如果交流是持有相同的弗雷格式思想，那么说话者和听者何以可能同时持有相同的弗雷格式思想。新罗素理论则认为，为使交流成功进行，根据素朴理论，说话者和听者在交流中所交换的语义内容中必定有公共部分或重叠部分，否则交流就是失败的。于是，交流中所交换的语义内容不可能包含某个特定主体对于对象的呈现模式或思考作为其成分，正如佩里所言，单称命题就是此公共内容的合适候选者。但是，单称命题显然也不同于说话者和听者在交

流中各自理解的全部内容，否则交流就不可能有时会失败，从而导致明显违背经验的反直觉情形。因此，首先，新罗素主义需要说明，单称命题是如何成为说话者和听者的思想中的公共部分的？其次，说话者和听者共享相同的单称命题是否就足以保持交流成功？这一点事实上并不显然。

二 新罗素主义与新弗雷格主义的交流理论

因此我们的问题是：指称性交流成功实现的充要条件是什么？在给出具体的交流结构的说明，根据前文的说明，我们可以有一个明确的原则来解释什么是交流成功。直观上，一个指称性交流的言语行为得到成功实现，当且仅当，某说话者 S 在特定场合通过陈说 u 说出某个包含指称表达式 t 的语句 T 时，听者 A 按照 S 的意图理解了陈说 u 所传递的信息。

此处留下两点需要补充的问题：（1）我们还需要进一步给出理解一个包含指称表达式的句子的陈说的条件；（2）这也意味着要说明在指称性交流过程中哪些信息对于理解是必须的。

我们先考察新罗素主义的交流理论，其核心在于指称性交流中存在着公共的单称命题是成功交流的条件。佩里（1988）提出一个基于解释的交流模型，根据这一模型，当说话者说出某个陈说，该陈说就表征了说话者思想中的某个事态，同时在会话交流中听者就需要解释该陈说以理解说话者，听者理解说话者的方法是听者也形成一个表征该事态的思想。说话者和听者的思想不必相同，但是需要有公共部分，即表征了相同的事态或真值条件。根据佩里，"我们把解释听到的或读到的句子看作在某人自身情境中，发现一个具有相同解释的句子（即相同命题内容），并把这个解释当作在原来的陈说情境中的句子的理解"。佩里把解释分为三种类型：向下解释、向上解释和周边解释。① 也即，通过向上解释，从说话者的思

---

① 根据佩里，所谓向上解释是去语境因素的解释：找到一个较少敏感意义的句子去解释当前的句子，或用一个接近常元的句子解释在语境中会变化的句子。例如用"波士顿有条查尔斯河"去解释"这个城市有条查尔斯河"。所谓向下解释是添语境因素的解释：找到一个较多敏感意义的句子去解释当前的句子。例如用"这个城市有条查尔斯河"去解释"波士顿有条查尔斯河"。所谓周边解释是用一个语境敏感的句子去解释另一个语境敏感的句子。例如用"我在唱歌"去解释"你在唱歌"。参见 John Perry, *The Problem of the Essential Indexical and Other Essays*, Stanford, CA: CSLI, 2000, pp. 189–206。

想得到一个以指称物而不是指称的呈现模式作为成分的单称命题，再通过向下解释，听者基于此单称命题形成自己的思想，包含着听者对指称的呈现模式作为成分。因此，说话者和听者虽然有不同思想，但由于这两个思想具有周边解释的关系，就能够分别通过向上和向下解释形成共同的单称命题，这就实现了成功交流。

在佩里的交流模型中，听者正确获得说话者使用某个指称表达式的指称不但是指称性交流成功实现的必要条件也是其充分条件。在这类交流中，听者把说话者当作获得信息的来源，听者从说话者那里获得说话者的信念。如果听者对于指称表达式的指称搞错了，那么听者获得的就是错误的信念。这是显然的。但是，除了获得正确的指称，是否还要求去获得指称以外的东西。例如，如果像弗雷格主义所建议的那样，指称表达式具有涵义，获得有关指称表达式之涵义的信息，对于指称性交流是否必要呢？如果交流的目的仅在于传递句子的真值条件内容而不是句子的思想内容，那么只要指称被正确获得了，听者就不会冒着获得错误信念的危险。也即，如果信念的保真传递是交流的中心目的，在说话者和听者之间保持指称对于成功交流就是充分的。如果是这样的话，就从语用学的角度去说明了，指称表达式无须具有涵义，或涵义对于指称性交流是不必要的。

即使通过解释模型能够说明说话者和听者在交流中的主观差异，但是共享单称命题就能够保证交流成功吗？所谓说话者和听者共享相同的单称命题，核心即在于正确传递了指称，但是，洛尔（Loar，1976）给出的下述著名例子表明，仅仅保持指称不足以达到我们常识中的成功交流。洛尔的例子是，A 和 B 看电视上的一个人 C 在面试，两人都没有意识到 C 就是他们每天在火车上见到和被他们正好在一直谈论的那个人。A 对 B 指着电视上的人说，"他是个股票经纪人"。但是听者 B 以为说话者 A 说的还是他们一直在谈论的那个他们每天在火车上遇到的人。这时听者 B 持有的思想（涉及火车上的人 C）和说话者 A 所表达的思想（涉及电视上的人 C）具有相同的指称，因为电视上的人就是火车上的那个人。但显然说话者和听者是彼此误解的。这个例子表明在成功交流中，某种呈现模式事实上是必不可少的。海克（Heck，1995）给出了另一个类似的例子，说明在成功交流中，仅仅正确传递指称是不够的。这个例子可以表述如下。假定 A 精神失常住进医院。医生 C 决定为这个病人起个名字叫"奥斯丁"。假定 B 说出了这样的句子"奥斯丁是《爱玛》的作者"（B 并没有打算指涉 C 的病人而是打算指涉那个著名作家），于是 C 对 B 的断言作出了反应，而形成了某个信念，这个信念他可以向别人表达为"奥斯丁是《爱玛》的作者"。这一信念是真的：C 的新病人碰巧是 A，也即，另一个"奥斯丁"。但显然这一点不能算作知识，即使 B 知道奥斯丁是《爱玛》的作者：这一点甚至不能算作受到了辩护。因此，保持指称不足以保证成功交流，因为这不足以传递知识。此处海克区分了传递真信念和传递知识之间的区别，知识是"有理由"或获得"证成"（with justification）的真信念，如果听者没有"证成"的过程，而碰巧获得了说话者的真信念，这不能算作理解。

因此我们需要讨论，理解某个包含指称表达式的句子的陈说，这意味着什么。因为无疑，成功交流的必要条件是听者正确"理解"了的说话者的陈说和意图。如果听者只是碰巧得到了说话者使用某个句子表达的信念，就好比在数学练习中某个学生只是碰巧蒙对了答案，或者好比一个猴子无意中在键盘上敲下莎士比亚的一句格言，这些情况皆不能算作成功的理性反应和参与。

如果说话者在特定场合下说出的句子的真值条件对于理解该陈说不是充分的，那么理解该句子的语言学意义是否对于成功交流就是充分的呢？直观上，我们在日常中说"理解"某句话，就是结合语义知识和句子的句法结构而获得了该句子的语言学意义，或弗雷格主义所谓的语言学呈现模式。例如，当某人在某个时刻说出句子：

(6) 我现在肚子饿了。

直观上，当听者听到这句话，如果他是合格的语言使用者，他立刻知道，说话者说出了下述命题：

(7) <正在说出句子 (6) 的这个人，肚子饿了>。

但是，如果听者只是知道了命题 (7)，我们不能认为他能够和说话者进行成功交流，因为他还不知道谁是说出句子 (6) 的人，他也就无法对这句话背后的要求做出反应。因此，对于索引词而言，仅仅理解了该包含它的语言学意义，不能算作理解了情境中的指称性陈说。

弗雷格主义者倾向于将两者结合在一起，即 (1) 既理解了包含指称表达式句子的语言学意义，(2) 又知道该句子在特定场合下被说出时的真值条件，并且（3）正是通过该句子的语言学意义去获得相关的真值条件。注意到（3）是必要的。埃文斯表达了这样的要求，他对于指称性交流成功实现的条件可表述为：听者要能够正确理解说话者对于指称表达式 t 在陈说 u 中的使用，则听者必须通过 t 的指称性特征（referential features）来思考说话者 S 用在那一场合中的 t 来指涉的对象。[①] 其中 t 的"指称性特征"，根据埃文斯，就是不同类型的指称表达式的语言学使用规则：对于索引词和指示词，就是其语言学意义；对于名称，就是其元语言描述性涵义。

但是，注意到这个条件只是必要条件，还不是充分条件，因为它还不能通过前述两个例子，即 Loar（1976）和 Heck（1995）的检验。原因在于即使听者理解了句子的语言学意义并循此途径识别出说话者谈论的对象，还不能保证听者充分理解了说话者的意图。听者仍然有可能只是碰巧识别出相关对象，但听者思考该对象的方式有可能完全不是说话者所意图的方式，此时不可能期待听者能够正确地做出说话者所期望的进一步的反应。因此雷卡纳提修正了埃文斯的条件，加上了听者必须以说话者所意图的方式来把握指称对象。于是我们可以用下述方式来归纳雷卡纳提所认为的指称性交流成功实现的条件：听者要能够正确理解说话者对于指称表达式 t 在陈说 u 中的使用，则听者必须（1）根据 t 的语言学呈现模式来思考说话者 S 用在那一场合中的 t 来指涉的对象；而且（2）根据说话者所意图交流的特定心理学呈现模式来思考说话者 S 用在那一场合中的 t 来指涉的对象。

雷卡纳提的标准看上去合理修正了埃文斯的策略，但是事实上是不可应用的。从一个角度看，这个标准过于模糊，因为如何把握说话者在特定场合中意图交流的心理学模式，并不是件明显的事情；从另一个角度来看，这个标准又过于苛刻，上一节中已经指出，在第一人称思想和涉及知觉的指示性指称的交流行为中，听者不可能和说话者对于所指涉的对象持有相同的心理学模式，在这些情况下，听者如何根据说话者所意图交流的特定心理学呈现模式来思考对象呢？

---

① Gareth Evans, *The Varieties of Reference*, Oxford: Oxford University Press, 1982, pp. 309-319.

在指称性交流活动中，说话者和听者对于同一指称对象的心理学呈现模式显然是不同的。新罗素主义者放弃说明这种差异，新弗雷格主义者则难以刻画两者如何匹配。麦道卫的观点则是："成功交流并不要求共享相同思想，而只需要说话者和听者各自所持的思想具有某种合适的对应关系。"① 但是什么是"合适的对应关系"并不容易表述清楚。Bezeidenhout（1997）试图将这种对应关系解释成相似关系，"成功交流需要的是与说话者相关的内容，与听者相关的内容，以及两个内容间的相似关系。这种相似关系不是基于某种魔法式的东西，成功交流需要展示的是说话者和听者所交流的对象的呈现模式是相似的（以及某种程度的交互知识）"②。Bezeidenhout 构建的交流模型承认有不同的心理学呈现模式参与到指称性交流中，但提出这些呈现模式是以语用学的方式参与到交流中的；并且 Bezeidenhout 的理由也不同于新罗素主义，因为她否认在指称性交流中涉及作为说话者和听者之公共理解部分的单称命题，以及否认这种单称命题构成了说话者所表达的语义内容。Bezeidenhout 事实上持有某种激进的语用学观点③，这种观点认为，甚至句子的真值条件也不完全是句子的语义内容的一部分，而是在相当大的程度上由语用学因素决定的。前文已经指出，直接指称理论和新弗雷格主义对于什么是包含指称表达式的句子在特定场合下的陈说的语义内容具有不同的看法，这导致对立阵营双方形成了不同的交流理论。在我们进一步考察指称性交流的语义结构和语用说明之前，我们先讨论其中涉及的认识论问题与它们的关系。

三　指示性指称与交流

前面侧重讨论的问题是，在指称性交流中，包含指称表达式的陈说到底说出了什么，包括传递了什么信息、真信念是如何传达的，以及成功实

---

① John Mcdowell, "De re senses", *Philosophical Quarterly*, 34 (136), 1984, p. 288.
② Anne Bezuidenhout, "The Communication of de re Thought", *Nous*, Vol. 31, No. 2, 1997, p. 198.
③ Travis 是这种观点的主要支持者之一。激进语用学的观点可以表述为，句子的意义与各种不同的真值条件变化更是兼容的，其原因在于，使得同一句子类型的不同言说的真值为真或假的可能境况是无穷的，并且不存在系统的方法来说明句子真值条件是如何随语境变化的。于是激进语用学的极端立场可以归纳为：根本就不存在真值条件语义学。

现交流意味着什么和需要什么条件。因此,重点在于包含指称表达式的陈说所表达的命题。这典型地是与语义学和语用学有关的问题。另一方面,我们同样关心认识论问题,即指称如何被确定的问题。在指称性交流中,说话者 S 使用某个含有指称表达式的语句,意图谈论某个对象具有某种性质。问题在于,是何种因素使得该指称表达式指涉某个对象,这样的指称表达式可以是专名、摹状词、指示词和索引词等。我们在此的问题首先是,说话者使用指称表达式意图指涉某个对象,与说话者采用某种手段识别该对象的关系如何?

斯特劳森(1959)及塞尔(1969)认为,后者是前者成功实现的必要条件。所谓"识别",即唯一确定某个特定的对象。根据这一进路,说话者用某指称表达式 e 指涉某个对象可以体现为说话者用 e 来谈论该对象或思考该对象;而要谈论或思考某个对象,该对象必须被以某种方式给出,换言之,该对象必须被独一无二地被区分出来,这是此对象被谈论或被思考的前提条件。也即,对象需要呈现给主体,而呈现的方式就是对象被主体所识别的方式。我们在第三章中已经提到,这就是塞尔的识别原则:"说话者使用的表达式要能够应用于某个说话者意图所指的唯一对象,其必要条件就是说话者能够识别出该对象。"[①] 显然,识别原则不过是弗雷格的"表达式的涵义决定其指称"之论题的认识论方面的重新表述。识别手段就是弗雷格之涵义的认识论方面。基本的识别手段,包括描述性识别和指示性识别,以及两者的混合。

但是,进一步的问题在于,主体通过某种方式识别出对象,这与表达式的与真值条件相关的语义性质有何关联?前文已经指出,即使弗雷格式涵义能够作为语义性质,作为语义性质的涵义和认识论途径的涵义也不可能是同一个涵义。塞尔进一步将识别原则推广为可表达性原则:能够被意图的就一定能被说出(whatever can be meant can be said)。[②] 即如果存在某对象是说话者意图所指的对象,则说话者必定能够准确地说出那个对象是他所意图的。塞尔此处的意思是,说话者提供的识别手段,尤其是识别性描述,本身就是对该对象的说出。因此塞尔的困难是,非识别性描述或

[①] John Searle, *Speech Acts*, Cambridge: Cambridge University Press, 1969, p. 87.
[②] John Searle, *Speech Acts*, Cambridge: Cambridge University Press, 1969, p. 88.

指示性描述，如何被说出，也即，如何进入句子所表达的语义内容？

另一个问题在于，把对象之识别作为谈论对象的必要条件这种说法，忽略了下述情况，首先，即相对于说话者而言，某些指称表达式（如名称）和对象的关联已经是语言共同体中的既成事实。① 说话者使用一个名称去指涉对象，与其说是说话者调用与名称相关联的性质去识别出对象，不如说是说话者遵守语言学习规去利用某个关于指涉的事实，这个事实就是：名称"N"指涉N，即收缩论者所鼓吹的指涉关系就是去引号这一事实。这里的教训仍然是，区分说话者使用某指称表达式意图所指的对象和使用指称表达式去指涉习规所指的对象，粗略地说，仍然是说话者指称和语义指称的区分。其次，如果存在"关于该词项所指对象的某种经验内容"（词项本身只有物理特征而没有所谓"经验内容"），作为对象的识别性质，则该词项的所指对象已经确定，然后才是附着于其上的经验内容，因此词项仍不是"通过"经验内容之识别而与对象相联系的，这也即模态反对的关键。

因此再一次，从语义的角度看，说话者使用某指称表达式指涉某对象，与说话者对该对象的识别无关。但此处我们的问题是，说话者使用指称表达式意图指涉某个对象，这是怎么回事？也即，我们需要考虑，除了专名"N"指涉N这一事实，是否还存在某些实质性的性质使得指称表达式具有指称外语言对象的功能？显然，就此问题而言，指示词和索引词比专名和摹状词的情况更为典型。在指示性指称的情况下，说话者必须使用外语言的特征才能使被谈论或思考的对象明确起来。究竟何种外语言的特征是使得简单指示词获得指称的决定因素，存在着争议。这种外语言的特征当然包含语境因素，但语境因素的哪些成分才是与指称相关的部分，需要我们在此探讨。例如，卡普兰在（1977/1989a）中认为是与指示词相伴随的某种指示动作，后来在（1989b）中他又认为决定因素是说话者的"指向意图"。Reimer（1991）则坚持是指示行为确定了指示词的指称，

---

① 考虑下述情况：说话者错误地将某个识别性质 p 与名称 N 相关联（即句子"N has p"所表达的命题在现实世界中是假的），当说话者说出句子"N is F"时，他所表达的命题是否语义等价于句子"the person who has p is F"所表达的命题？不是。他表达的命题就是 < N, being F > 。也即，一个句子所表达的命题不依赖于说话者的内部状态。

Wettstein（1984/1991）也反对说话者意图是决定指称的关键；Bach（1992）则反驳 Reimer 的说法，认为说话者的意图才是关键。Siegel（2002）提出折中的"有限的意图"（limited intention）之主张，认为基于知觉的说话者意图是指示词之指称的决定因素。

反驳意图作为指示词之指称的决定因素的主张建议考虑下述情况：说话者 S 意图指涉某对象 O_1，但在指示现场 S 错把对象 O_2 当作 O_1（例如，由于知觉上的混淆），并且指着 O_2 说，(*) "that is F"。因此在这种情况下（类似于摹状词的指称与归属使用之区分），说话者的意图指涉的对象和说话者实际使用的伴随指示行为的指示词所指涉的对象不同。这时句子(*)所表达的命题应当包含对象 O_2 为其成分，(*) 所表达的命题为真当且仅当对象 O_2（而不是对象 O_1）具有性质 F。因此，说话者指示动作所涉及的对象而不是说话者的意图，才是决定指示词指称的根本因素。进一步，考虑复杂指示词 "that F" 的情况，根据 Reimer，如果在指示现场不伴随指示行为（demonstration），那么指称被确定是由于在场的某个对象唯一满足了 "the F" 而成为 "that F" 的指称物；如果在指示现场伴随着指示行为，那么要么被指涉的对象显著地由指示行为确定，要么被指涉的对象虽然不能仅通过指称行为确定，但结合说话者的注意力（attention，即说话者知觉投射的方向）可以确定被指涉的对象。无论哪种情况，说话者的意图所指涉的对象（即头脑中的对象）都不是决定指称的决定因素。

另一方面，巴赫则强调当说话者使用指示行为以指涉某对象时，说话者实际上包含不止一个意图。在这种情况下说话者既具有下述一般性的意图，即使用某个指示行为 D（如某个指涉的姿势）去指涉其打算指涉的对象；也具有某个特定的意图，即在特定场合下说话者意图指涉的某对象是 O。一般性的意图将在每个指示性指称的场合中出现，而特定意图的内容则随场合而变。因此，在指示性指称的情况下，指示词 "that" 就具有与索引词的习规意义相类似的某个意义，即"说话者当下指向的这个对象"（the one I am now pointing），同时包含某个预设，即"说话者通过此一指向的指示行为来指涉说话者意图所指的对象"，这一预设要求听者去考虑说话者的交流意图。除非当听者按照说话者所期待的方式识别出说话者所意图指涉的对象，说话者的交流意图才能成功实现。由此 Bach 指出，指示行为（如指向的姿势）事实上是将听者的注意导向说话者意图的行为，而不是确定指称表达式的指称的行为。指示行为只是说话者用来突出其意图所指涉的对象的其中一种方式，它对指称之确定的影响在于语用方面而不是语义的方面，也即，说话者所表达的命题中应当包含说话者意图所指的对象作为其成分。

我们考虑简单情形①的指示性指称得以发生的基本条件是：（1）被指涉的对象 O 在场，（2）说话者 S 知觉到该对象 O，（3）说话者 S 使用某指称表达式 e 意图指涉该对象 O，（4）说话者 S 对于某对象的知觉是说话者意图用指涉该对象 O 的根据。此处加入条件（1）是为了便于讨论排除幻觉的情况。说话者在头脑中意图指涉某个对象 O_1，但在指示现场说话者指示行为（指向的动作或姿势）却与另一个对象 O_2 联系在一起，导致这种情况的原因在于说话者出现了某种知觉上的混淆或判断上的错误。我们把这种情况与摹状词的指称性使用的典型情况相比较：说话者在头脑中意图指涉某个对象 O_1，但说话者说出意图使听者识别出对象的摹状词 D 却不符合 O_1。在这两种情况下，说话者对于对象的识别，无论是指示性识别还是描述性识别，都是说话者建立意图指涉的对象的根据，而不是说话者使用指称表达式进行指涉的过程，后者与指称表达式的使用有关，因此不管说话者所意图指涉的对象是否进入句子所表达的命题，句子的语义内容都与对象之识别无关。涵义在这个层次上得不到所需的辩护。

如果说话者不是通过指称表达式的涵义（对象的呈现模式）将所意图谈论的对象的信息传递给听者，从而使得听者识别出该对象而完成指称性交流，那么我们还有什么途径说明成功交流呢？主要的困难似乎在于，指称性的信息传递是如何进行的？只要我们注意到，首先，存在着不同类型的指称性交流方式，它们需要不同的思考和谈论对象的方式；其次，存在着不同类型的指称表达式，它们携带的信息是不同的，这些信息中部分通过语义知识、部分通过语用因素，构成了说话者使用某个包含指称表达式的句子在特定场合下说出时所语义表达的命题和语用交流的内容；这为我们勾勒出指称性交流成功实现的条件提供了视角。

---

① 简单情形是指句子中的指称表达式是简单指示词"this"或"that"，复杂情形是指句子中的指称表达式是复杂指示词，即"that F"。

四　指称性交流的成功实现的条件

如前所述，所谓指称性交流活动是说话者和听者之间发生的一种言语行为活动，其中假定参与双方都是理性认知主体说话者在特定场合说出一个含有指称表达式的语句时，意图引起听者去思考某个对象和产生某种信念，并引起听者某种适当的行为反应。因此只有当听者从说话者那里得到了关于指称对象的知识，领会了说话者意图并产生适当的反应时，一个指称性交流活动才算是成功实现。并通过对指称性交流的结构的刻画来说明语义内容与认知意义的联系。

对于指称性交流的成功实现的条件，弗雷格主义类型的模型会认为，当说话者在特定场合说出一个含有指称表达式的语句时，成功交流的条件在于说话者和听者恰恰持有相同的弗雷格式思想。罗素主义类型的模型则会认为此条件在于说话者和听者持有相同的单称命题。还有一种相关性模型认为此时的条件在于说话者和听者各自持有的思想具有一定的相似性或相关性。

第一类模型的困难在于提出了过强的因而是无法实现的条件：由于说话者和听者关于指称表达式往往持有不同的认知内容，因而双方往往不可能持有相同的弗雷格式思想，例如说话者的第一人称思想。第二类模型看上去较为合理。例如佩里认为当说话者表达某个思想时，听者先有一个向下解释的过程，把说话者的思想缩小为某个单称命题，然后再有一个向上解释的过程，把此单称命题扩充为听者自己的思想。这样，尽管双方持有的思想不同，但只要这两个思想能够通过上述解释而共享相同的单称命题就算实现了成功交流。但是深究下去这种模型要求听者在理解说话者的思想的过程中，在形成自己的思想前，先行识别出说话者意图谈论的对象却是不合适的。因为成功交流的目的就在于完成指称的传递，听者识别出说话者所谈论的对象是交流的结果而不是起点。第三类模型主张成功交流需要的是达成相互理解，它要求不同的思想之间彼此处于某种对应关系并且双方知道这种对应关系，但要具体解释这种对应关系究竟是什么以及该如何达成却颇为不易。

我们认为要实现成功的指称性交流，首先说话者和听者必须保持相同的指称对象，否则说话者关于该对象的信念就不可能得到传递，当然听者也就谈不上领会说话者的意图及做出适当的反应。然而这仅仅是必要条件之一。因为听者从说话者那里继承的指称有可能不是根据说话者的真实意图来达成的，而是基于某种巧合。这意味着仅分享说话者的真信念是不够的，这一获得真信念的过程还必须得到辩护。这类似于说真信念还不是知识。在成功的指称性交流中保持的不仅是指称，还有说话者对于指称的知识。因此，听者只有遵循说话者意图中的途径来获得说话者的指称才算是成功交流和有效理解。但这一限制并非强到要求听者具有和说话者对指称表达式持有相同的认知内容。埃文斯建议如果说话者和听者是利用相同的语言学意义来识别出同一个指称对象就可以认为是实现了成功交流。这种方案的缺陷在于，即使说话者和听者都理解指称表达式的语言学涵义并且听者由此识别出说话者意图指涉的对象，我们还是不能说听者充分理解了说话者意图传递的信息，因为听者可能并未从说话者识别指称的途径来理解。考虑某种指示性指称的情况：说话者和听者碰巧都在谈论同一个对象，由于他们是在从不同的侧显角度，也即以不同的呈现模式来思考这个对象。因此他们可能并不真正知道他们谈论的是同一个对象。我们可以想象晨星和暮星的例子与此类似。可见说话者和听者知道他们在谈论同一个对象也是成功的指称性交流的必要条件。但是，他们知道这一点对于成功交流是否就充分了，是否还要求对他们的呈现模式之间的相关性具有更多的限制？我们认为事实上是不需要的。详细讨论这一点需要建立一套埃文斯所说的认知动力学的刻画机制。但从直观上我们容易理解，当听者知道而不仅仅是相信他已经正确获得说话者的指称时，他就不但理解了说话者所表达的关于对象的信念而且有理由断定他并非只是碰巧获得这一信念。于是他就正确领会了说话者传达指称的意图，从而实现了成功的指称性交流。这样，就可以给出成功的指称性交流的条件：

（S1）听者从说话者那里正确获得指称。

（S2）听者知道说话者所思考的对象和听者所思考的对象是相同的，即使他们以不同的思考模式来思考该对象。

值得注意的是条件（S2）并不蕴涵条件（S1），前者刻画的是事实，后者刻画的是对该事实的认识论辩护。

第三节 信念归属与语义内容

下面讨论信念语境中的共指称替换难题，普遍认为它对直接指称理论构成了严重挑战。这个难题可以作如下表述。考虑语句：

(8) 约翰相信启明星是启明星。

(9) 约翰相信启明星是长庚星。

假定约翰事实上并不知道启明星和长庚星是同一个对象，那么常识通常认为上述两个句子具有不同真值，前者真而后者假。对此现象各理论有不同解释。弗雷格主义者会把它们分别读成：

(8f) 约翰相信在清晨天空看见的那颗星是在清晨天空看见的那颗星。

(9f) 约翰相信在清晨天空看见的那颗星是在黄昏天空看见的那颗星。

也即弗雷格主义者认为它们表达了 F1 和 F2 这样两个不同的命题。而(8) 和 (9) 的真值不同是由于 (8f) 和 (9f) 具有不同真值。

与此对照，罗素主义者或直接指称论者认为它们实际上表达了同一个命题，即：

8r 约翰相信金星是金星。

罗素主义者从而认为 (8) 和 (9) 具有相同的真值。罗素主义者会说，尽管约翰看上去不相信在清晨天空看见的那颗星是在黄昏天空看见的那颗星，但他事实上的确相信金星就是金星。这样罗素主义者就面临着解释 (8) 和 (9) 的表面差异的负担。

一般而言，直接指称论者用不同方法来解释此事。例如萨尔蒙等人的方案是：把命题态度归属关系解释成由相信者、命题和对命题的思考方式构成的三元关系，而不是传统认为的那样把它看作相信者和命题之间的二元关系。[①] 这样 (8) 和 (9) 就可以分别读作：

(8s) 约翰以方式$_1$相信金星是金星。

(9s) 约翰以方式$_2$相信金星是金星。

根据这种解释，存在着不同的把握命题的方式，使得信念归属者可以用不同方式来相信同一单称命题。因此尽管 (8) 和 (9) 表达的是同一

[①] Nathan Salmon, *Frege's Puzzle*, Cambridge MA: MIT Press, 1986, p. 111.

个单称命题 R，但它们的认知意义仍然是不同的。

另一些直接指称论者如索莫斯，其办法是区分所谓语义表达的命题和语用传递的命题。根据索莫斯，当我们在考虑 R 这样的命题时，由于它采取了（8）和（9）这样的不同句子形式，实际上它在理解过程中可能被语用性地扩充成下述命题[1]：

（8p1）约翰相信金星（在清晨天空看见的那颗星）是金星（在清晨天空看见的那颗星）。

（8p2）约翰相信金星（在清晨天空看见的那颗星）是金星（在黄昏天空看见的那颗星）。

当然，也可通过别的方式进行语用扩充。这组命题和前面的于（8f）和（9f）的主要差别在于罗素主义者认为前者是语用传达的命题，而弗雷格主义者认为后者是语义表达的命题。也即，根据直接指称论者，包含专名的语句尽管表达的是单称命题，但交流了描述性命题。而弗雷格主义者则认为，此类语句表达和交流的都是弗雷格式思想，不管这些语句是简单句还是嵌入信念语境中。值得注意的是，无论弗雷格主义者还是前述直接指称论者，大都坚持所谓语义单纯性原则，即嵌入在信念报告语境中的句子所语义表达的命题和它们不嵌入在这类语境中所语义表达的命题是完全相同的，并且这一命题就是信念归属的内容。

还有一种被佩里和克里明斯持有的称为隐藏索引理论的解释，他们并不认为句子（8）和（9）具有相同的成真条件和相同的真值，并且拒绝了语义单纯性原则。[2] 根据隐藏索引理论，语句（8）为真，当且仅当约翰在某种呈现模式下相信"金星是金星"这样一个单称命题，而在哪种呈现模式下相信则取决于语境。由于呈现模式不是显性表达而是被隐含地涉及，因此它是隐藏的；由于呈现模式随着语境变化而变化，因此它是索引性的。因此句子（8）和（9）的差别就在于它们表达了不同命题，其中包含着由不同语境确定的不同呈现模式。

---

[1] Scott Soames, *Beyond Rigidity*, New York, NY: Oxford University Press, 2002. 第3、6章。

[2] John Perry, *The Problem of the Essential Indexical and Other Essays*, Stanford, CA: CSLI, 2000, pp. 207–232.

温和的新弗雷格主义者查尔莫斯提出了一种解决方案①。他的一般策略是把弗雷格式涵义拆分成两个维度,用主要内涵或认知可能性的概念来刻画语句的认知内容,用次要内涵或虚拟可能性的概念来刻画成语句的成真条件内容,后者即为传统的内涵概念。在此区分上查尔莫斯给出了信念归属句的逻辑结构的分析。根据这种分析,(8) 和 (9) 中的描述信念的从句虽然表达了相同的罗素式命题,但两个语句的主要内涵对于归属者约翰是不对等的,因此从 (8) 的真不能推出 (9) 的真。

我们在这里基于前面对指称性交流的结构来提出对信念归属问题的一个解决思路。当说话者和听者能够实现成功交流时交流中所使用的指称表达式指向某个特定对象这一点就成为说话者和听者的公共知识。这一公共知识与该指称表达式所在的语句的陈说所表达的语义内容有何关联?前面已经提到,在成功的指称性交流活动中,虽然语言学意义对于决定句子的语义内容会有贡献,但其本身并非语义内容的一部分。但应该如何刻画一个陈说的意义,这在目前的文献中仍处于晦暗状态。正如海克 (R. Heck) 所评论的,如果真要找到某个东西可以称为一个陈说的意义,可能最好的选择就是不同说话者对于该陈说的认知价值中的公共部分。

先考虑一个简单的事实:在指示性指称情形下,说话者可以告诉听者被指示对象的独一无二的特征以消除指称过程中的不确定性;在专名的情形下,说话者也可以提供更具体的识别性内容以使得听者意识到他们谈论的是同一个对象。这意味着如果说话者和听者之间的公共知识足够充分就不必担心指称性交流的失败。又如,如果说话者和听者都知道西塞罗是男人,那么下述句子"西塞罗是未婚的"和"西塞罗是单身汉"的陈说在通常语境中对于说话者和听者而言就交流了相同的内容。类似地,如果说话者和听者还知道西塞罗就是图利,那么下述句子"图利是单身汉"和上述两个句子在通常语境内对于说话者和听者也意味着相同的东西。斯坦利曾经利用达米特关于成分涵义和断定内容的区分提供了一个关于语义表达和语用交流之关系的原则:两个句子语义上表达了相同命题当且仅当它

---

① David Chalmers, "Propositions and Attitude Reports: A Fregean Account", *Noûs*, Vol. 45, 2011, pp. 595–639.

们在规范语境类中交流了相同的命题。① 此处所谓规范语境，主要指说话者和听者都知道双方是在字面意义上使用语词不包含歧义、隐喻等并且遵守格莱斯的会话原则。

根据前面所建立的交流模型，如果将上述原则中关于公共知识的条件分离出来并且结合斯塔内克的语境预设理论将这种公共知识当作说话者和听者进行交流的预设，可以发现正是基于语境的预设导致了上述两个句子的交流内容可能不同。这样就可以将斯坦利的上述表达交流原则重新刻画为基于预设的表达—交流原则：在通常语境类中，如果说话者和听者对于相关词项具有共同的预设，那么两个语句相对于该语境类中的某个语 c 的陈说表达了相同命题当且仅当它们在预设下总是交流相同的命题。此处是在斯塔内克的意义上使用预设概念，即说话者和听者的相关公共信念或被双方视为当然的命题集合。

由此关于语义内容的观点可以表述为，关于指称表达式所指涉对象的思考模式是否进入了包含该表达式的语句所表达的命题，依赖于说话者和听者的公共知识或语境预设。在成功的指称性交流中，说话者和听者知道他们在谈论同一个对象往往构成了他们的语境预设。保证成功指称性交流的公共知识是听者和说话者知道他们在谈论或思考同一对象。为实现成功交流，直接指称理论仅要求前述（S1），弗雷格主义则要求比（S2）更多的公共知识。而一旦把关于命名和对象的事实理解成说话者和听者之间的公共知识，把指称表达式的涵义理解为说话者和听者的公共知识之预设，直接指称理论和弗雷格主义的交流理论和语义理论就并非不可调和。这样，可以把指称表达式的涵义理解为作为与该表达式相关联的公共知识的语用预设。这一涵义被收缩到极小并且是自反性的，它没有承诺任何诉诸除自身以外的特定的呈现模式。我们在第八章讨论涵义概念时会更详细的表述这一将涵义视为预设的概念。

作为上述交流模型和基于预设的表达—交流原则的推论，本节将尝试对克里普克的信念难题提出一个解释。在克里普克的故事中，彼得某天知道了音乐家帕德热斯基擅长拉小提琴，在另外某场合彼得又听说政治家帕

---

① Jason Stanley, "Modality and What is Said", *Philosophical Perspectives*, Vol. 16, pp. 321 – 344.

德热斯基是个优秀的演说家;但是彼得无从知道音乐家帕德热斯基就是政治家帕德热斯基。他因此不相信后者会拉小提琴。于是下面两个关于彼得的信念报告都是真的:

(10a) 彼得相信帕德热斯基具有音乐才华。

(10b) 彼得相信帕德热斯基不具有音乐才华。

但彼得是理性人他怎么可能相信一对矛盾的命题?

在前面第二节中我们已经看到不同的语义立场会提出不同的解释方案。根据弗雷格主义的解释,彼得实际相信的是两个不同的弗雷格式思想,这两个思想并不构成矛盾。根据罗素主义的解释,要么是彼得以不同的方式相信一对矛盾的命题,要么是彼得相信的事实上是两个语用扩充的命题,它们之间不构成矛盾。这里不再重复对这些解决方案的批评。

假定彼得对自己谈论帕德热斯基,亦即他既是听者又是说话者。为了实现对自己的成功交流,彼得必须不自相冲突。根据前面的分析,不仅指称在说话者和听者之间要被保持,即要被满足 S1 并且关于指称的同一性知识 S2 也是必需的。后者就是成功交流所需的语境预设。由于彼得不知道音乐家帕德热斯基就是政治家帕德热斯基,现在的彼得对自己交流的预设就是音乐家帕德热斯基不是政治家帕德热斯基。于是根据我们的方案,(10a) 和 (10b) 可以读作:

(10c) 彼得相信帕德热斯基具有音乐才华并且音乐家帕德热斯基不是政治家帕德热斯基。

(10d) 彼得相信帕德热斯基不具有音乐才华并且音乐家帕德热斯基不是政治家帕德热斯基。注意此处彼得所相信的内容 (10c) 和 (10d) 并不构成矛盾。

一般地,考虑下述信念归属的形式:

(11) S 相信 x 是 F。

比较前述不同立场对此信念归属句的不同读法:

(11a) S 相信 <x 的涵义是 F>,(弗雷格主义的读法)。

(11b) S 相信 <x 携带语用信息 F>,(索莫斯等的读法)。

(11c) S 以方式 w 相信 <x,F>,(萨尔蒙等的读法)。

(11d) S 相信 <语境 c 中模式 m 下呈现的 x,F>,(隐藏索引理论的读法)。

(11e) S认同一个与"x是F"所表达的命题的首内涵相对等的扩展命题（查尔莫斯的读法）。

而根据我们提出的方案，其读法是：

(11f) S相信x是F和某预设P。

这样就得到一个新的方法来解释信念语境的超内涵性：命题态度的归属者的信念内容"d_1是F"不同于其信念内容"d_2是F"，即使直接指称表达式d_1和d_2所指称的对象是相同的，但归属者不知道这一点也即说话者预设了$d_1 \neq d_2$。考虑：

(11g) S相信d_1是F。

(11h) S不相信d_2是F。

由于在某个语境中如果把预设的内容看作$d_1 \neq d_2$，上述语句应则当分别读作：

(11g1) S相信x是F和预设P。

(11h1) S相信x不是F和预设P。

一方面，如果我们把预设P看作S的信念内容之外的部分，即P本身就是S相信$d_1 \neq d_2$，那么句子（11g1）和（11h1）所表达的命题并不构成一对相互矛盾的命题，从而信念归属上的冲突被化解。另一方面，即使我们把预设P看作S的信念内容的一部分，那么在（11g1）中归属者的信念内容是<x是F和$d_1 \neq d_2$>，在（11h1）归属者的信念内容是<x不是F和$d_1 \neq d_2$>，这两个内容也不构成一对矛盾。这样在克里普克难题中就不会得出彼得是相信矛盾的非理性认知主体。

总之，成功的指称性交流的一个必要条件是说话者和听者双方之间对于所谈论的对象具有某种公共知识。我们可以把这一公共知识看作某种语境预设，它不需要包含对象的呈现模式作为其内容。借助这一交流模型可以对克里普克提出的信念归属难题给出一种解决方案。

第 六 章

实验语义学与指称理论

　　实验哲学是 21 世纪初在分析传统的哲学领域兴起的一个哲学运动。自 2004 年起，由斯蒂奇（S. Stich）和他的学生们发起了一系列哲学实验，试图挑战传统做哲学的先验论证方法。他们通过发放实验问卷来对普通民众进行调查，试图发现日常直觉对哲学理论的验证或反驳。实验语义学是实验哲学运动的最初阶段的重要工作之一，目的是通过测试不同文化群体关于指称的语义直觉，来颠覆著名的克里普克反驳描述主义的指称理论的哲学论证。实验哲学的其他主要领域还包括知识论、心灵哲学、道德心理学、自由意志与道德责任、行动哲学等。实验哲学家认为，哲学家持续关注的语言、知识、道德、理性、行动等都是自然事物，要研究这些自然事物，只需要通过调查人类在这些领域的实际态度和运用状况并加以描述就可以了。也即，这些领域是可以像经验科学那样加以研究的领域。在实验哲学的最早的论文《规范性与认知直觉》中，针对认识论的一些著名思想实验，包括针对知识定义的盖梯尔反例、针对内在主义外在主义之争的真实温度案例，针对决定性理由的动物园斑马案例，实验哲学的研究者对不同文化群体的被试提出了在相关实验情况下当事者到底是"知道"还是"相信"的问题。例如，盖梯尔反例旨在论证得到辩护的真信念还不足以成为知识，因为反例中当事人虽然有理由相信"得到工作的人口袋里有 10 个硬币"或"吉尔开着一辆美国车"，但获得这样的真信念的背后的辩护理由却是成问题的。但在实验哲学的测试中，当受试人阅读了盖梯尔反例后，被问到当事人鲍勃是否真知道还是仅仅是相信"吉尔开着一辆美国车"，大部分西方人（74%）认为鲍勃只是"相信"这一命题，而大部分东亚人（超过 56%）或印度人

(61%）却认为鲍勃真的"知道"这个命题。这组实验试图说明认知性直觉在不同文化之间、在不同经济地位的群体之间、在是否受到相当程度的哲学教育之间和测试案例向被试呈现的先后次序之间，都会造成明显的差异和波动。

实验语义学是实验哲学在语言哲学领域的主要战场。自弗雷格—罗素为开端的分析传统以降，寻找正确的指称理论一直处于语言哲学领域的核心话题之中。无论是早期的罗素—斯特劳森等开启的关于限定摹状词的论战，还是20世纪70年代后从克里普克关于名称和模态之关系的探讨引发的新指称理论的哲学运动，确定名称的指称这样看似简单的问题总能触发深入的哲学分析。一般而言，在语言哲学文献中，关于如何确定名称的指称，有三种主流理论，即描述理论（所谓"弗雷格—罗素传统"）、因果理论（克里普克、普特南及其追随者）和混合理论（以埃文斯和戴维特为代表）。如同我们在前面所讨论的，三种理论的核心论题可概括如下：（1）描述理论：对象O是专名N的指称，当且仅当O是满足说话者关联在N上的描述语的唯一（或最合适）的对象。（2）因果理论：典型情况下，对象O是专名N的指称，如果在说话者对N的使用和O的命名仪式之间存在着历史或因果联系。（3）混合理论：对象O是专名N的指称，如果O是说话者关联在N上的描述语的主要的因果来源。

传统分析哲学提出这三种理论的主要方法是通过对包含专名和摹状词的语句进行逻辑结构分析和意义及概念分析，并通过思想实验来验证相关理论。因此，寻找正确指称理论的一般方法论是先验论证方法（或"扶手椅上的省思"）。由MMNS在2004年发表的论文质疑克里普克式用于支持因果理论而反对描述理论的思想实验（如哥德尔/施密特例子）中所采用的思想直觉不是普遍的而是带有特殊的倾向或偏见[①]。MMNS试图用他们的实验表明，东方人和西方人对于专名指称具有不同的语义直觉，因此，关于指称的因果理论也就难以说得上是具有普遍性的哲学理论。

---

① MMNS是实验语义学的主要四个合作者Edouard Machery, Ron Mallon, Shaun Nichols, Stephen Stich的名字缩写。

第一节　实验语义学的基本主张和论证路线

MMNS 的下面这个实验算得上是实验哲学中的经典案例。MMNS 对 Rutgers University 和香港大学各 40 名学生分别给出了下述调查问卷（原文为英语）。

> 约翰读大学的时候听说过，有个叫哥德尔的人证明了一条极为重要的数学定理，叫作算术不完备性定理。约翰的数学很棒，能够对这条定理给予相当准确的陈述，并将此定理归于哥德尔名下，但他对哥德尔其人的了解仅限于此。现在，让我们设想哥德尔并非这条定理的发现者，而是一个叫施密特的人完成了这条定理的证明，他的遗体多年前在维也纳被神秘地发现。哥德尔是他的朋友，他窃取了施密特的手稿并声称是自己做出了这项证明。从此这条证明被冠以哥德尔的名号，哥德尔也被世人当作证明了算术不完备性定理的那个人。和约翰一样，大多数听过"哥德尔"这个名字的人，他们唯一听说过的有关哥德尔的事情就是哥德尔证明了这条不完备性定理。当约翰使用"哥德尔"这一名称的时候，他是在谈论：
> （A）故事中所说的那个真正发现了算术不完备性定理的人；
> （B）故事中所说的那个窃取了手稿并欺世盗名的人。

回收问卷的结果表明，63% 的西方被试者（Rutgers University 的学生）选择选项 B，而只有 31% 的东方被试者（香港大学学生）选择选项 B。由于选项 A 支持的是关于指称的描述理论而选项 B 支持的是关于指称的因果理论，而克里普克的论证反驳描述主义的论证和支持因果理论的主张包含了对上述例子的运用，MMNS 于是断定克里普克的指称理论并非奠基于普遍认可的直觉基础上，反驳描述主义的论证的有效性是可疑的。

MMNS 的这项工作运用实验方法从经验的角度对当代分析哲学的经典提出批评，思路新颖，方法独特，甫一发表即引发了诸多评论。这些评论大致可分为两类：经验的，即从实验问卷设计本身能否得出相关结论提出质疑；理论的，即应当用怎样的哲学方法寻找正确的指称理论。就前者而言，Lam（2010），Sytsma & Livengood（2011）以及朱菁等（2012）等研究者在不同的条件下重复了上述实验，试图消除实验设计中出现的某些模糊性因素而避免得出过度的结论。就后者而言，戴维特（2011，2012），Deustch（2009，2010），Jackman（2009），Ichikawa（2011），Marti（2009）等学者较多分析了 MMNS 论文中的方法论问题，特别是集中讨论了当我们寻找正确的指称理论时，大众的直觉该在其中起到何种作用。MMNS（2009，2010，2012）回复了其中大部分批评，并试图给他们的经验发现赋予更多的哲学意味，以及试图发展出一种关于有关直觉在哲学研究中之作用的方法论。

我们在下文中首先审查 MMNS（2004）中的论证路线以及实验方法。我们要表明该论证中包含的三个核心论题都是成问题的，因而整个论证并不像 MMNS 所宣称的那样可行。尽管如此，MMNS 和其他研究者的实验中确实揭示了一些与指称和命名相关的差异性现象，因此我们也要说明如何理解这些实验中所体现的文化差异。

我们首先将 MMNS 在其有关实验语义学的系列论文中的论证路线做出整理。根据我们的分析，MMNS 试图表明的是，已有的几种指称理论都不是普遍的，因为这些指称理论的论证依赖于不同的语义直觉，而语义直觉具有文化相对性，因此指称理论应该是多元的。MMNS 的整个论证路线可以表述如下。

1. 关于名称如何在语义上指称对象，存在着两种解释机制，即描述理论和因果理论。

2. 在假设情形（如哥德尔的例子）和实际情形（约翰的例子）中，描述理论和因果理论会给出不同的指称。

3. 差异性猜想[①]：东方文化倾向于根据描述理论来解释名称指称对象的机制；西方文化倾向于根据因果理论来解释名称指称对象的机制。

[①] 这是受到尼斯贝特（R. Nisbett）著作的启发。尼斯贝特在《思维的版图》一书中试图系统概括东西方思维模式之间的差异。关于因果关系归属，尼斯贝特认为，"中国人倾向于把行为归因于背景，而美国人则把同样的行为归因于做事的人"（尼斯贝特：《思维的版图》，李秀霞译，中信出版社 2006 年版，第 71 页）；以及"西方人似乎更多地关注因果归因"（同上，第 79 页）。按照通常理解，"背景"是由一组描述语来刻画的。这似乎为描述理论和因果理论的差异选择方面提供了支持。

4. 因此在不同文化（直觉群体）中同一名称会指称不同对象。

5. 这一点可以通过不同文化中的大众的直觉来验证。因为大众的直觉是名称指称的可靠的向导（或证据）。

6. MMNS 的实验证实了步骤 4 的论题。因此步骤 3 中的猜想是正确的。

7. 描述理论和因果理论都不是普遍有效的，因为各自在不同的文化里有效。

8. 关于指称的哲学理论应当基于案例方法，因为并不存在普遍有效的直觉可以利用。

9. 因此一种指称多元论的立场是可取的，也即，不同的哲学家对于名称的指称会有不同的看法，他们能否取得一致依赖于是否属于相同的直觉群体。

进一步分析可得，上述论证路线包含着三个核心论题，分别表述如下。

论题 1：指称性直觉的文化多样性论题。这个论题主张，关于指称的直觉会随着文化而改变，我们可以通过实验发现这种差异。按照 MMNS 的表述，就是"证据表明关于专名指称的直觉在不同文化间和同一文化内会有不同，例如在哥德尔的例子中'哥德尔'的指称就是如此"[1]。

论题 2：名称的语义指称的文化多样性论题。这个论题主张，同一名称的语义指称在不同文化间会有所不同。按照 MMNS 的表述，就是"直觉是名称的语义性质的可靠的向导，由此可以得出名称在不同文化里指称不同的对象"[2]。

我们可以把论题 2 再分解为下述两个论题：论题 2.1：直觉是名称的语义性质的可靠的向导。论题 2.2：名称在不同文化里指称不同的对象。

论题 3：发现指称的方法论和指称多元论论题。语言哲学家们发现正确指称理论的方法论可以刻画成"案例方法"，而这种方法意味着指称多

---

[1] MMNS, "Against Arguments From Reference", *Philosophy and Phenomenological Research*, Vol. 79, No. 2, 2009, pp. 332-356.

[2] MMNS, "If Folk Intuition Vary, Then What?", *Philosophy and Phenomenological Research*, Vol. 86, No. 3, 2013, p. 621.

元论的立场。

案例方法按照 MMNS 的表述是指："关于词项 T 的正确的指称理论就是受到使用 T 的有能力的说话者关于 T 在现实或假设情形的案例中的指称的直觉所支持的最佳理论。"①

指称多元论的立场可以表述为："解释某个说话者陈说的正确的指称理论是受到该说话者所属直觉群体的直觉所支持的指称理论。"②

如前，实验语义学从方法到成果，从经验根据到理论考量，都引起了较多争议。对上述论证路线，我们至少可以提出下列可能的反驳，需要实验哲学的支持者去回应。下面的分析中，即对应着这三个核心论题，分别考虑对应的可能反驳和回应。

第二节 跨文化直觉差异与实验设计

对 MMNS 实验的一个主要的技术上的批评就是该实验的设计过于简单，因而从实验设计与目标结论之间的关系来看，实验结果可能被各种模糊因素干扰，因而从已有数据不能得出相应的结论。对上述论题 1（指称性直觉的文化多样性论题）的反驳，即要说明差异性数据是否能表明不同文化间关于指称的直觉存在差异。这里可以有三种方式进行反驳。

反驳 1a：实验中存在混淆之处，特别是语义指称和说话者指称之间的含混。

反驳 1b：实验中呈现的对比的差异可能来自不同文化中对问题中文字理解的差异和叙述者视角的差异。

反驳 1c：直觉上的分歧既可能来自跨文化，也会在同一文化内部，甚至是不同性别和年龄间的差异。

考虑反驳 1a。考虑该实验向被试提出的问题是："当约翰使用'哥德尔'这一名称的时候，他是在谈论：（A）故事中所说的那个真正发现了

---

① MMNS, "Against Arguments From Reference", *Philosophy and Phenomenological Research*, Vol. 79, No. 2, 2009, p. 338.

② MMNS, "Against Arguments From Reference", *Philosophy and Phenomenological Research*, Vol. 79, No. 2, 2009, p. 345.

算术不完备性定理的人;(B)故事中所说的那个窃取了手稿并欺世盗名的人"。这一问题本身包含着若干误导被试的模糊之处。

首先是说话者指称和语义指称之间的模糊。单称词项的说话者指称和语义指称的区分是克里普克提出的,前者指的是说话者使用名称来指涉说话者意图所指的对象,后者是名称在语言学习规中被公认的指称对象。无论是描述理论还是因果理论,标准的指称理论所谈论的都是语义指称。而实验的问题则可以被读成要询问被试者去判断在"哥德尔"的例子中约翰的说话意图和说话者指称,这样实验的结果反映的就不是实验参与者的语义直觉。实际上,实验中原来提出的问题"当约翰使用'哥德尔'这一名称的时候,他是在谈论……"可以有两种读法:

Q1:当约翰使用"哥德尔"这一名称的时候,约翰的意图是谈论哪个人?

Q2:当约翰使用"哥德尔"这一名称的时候,该名称语义上指向哪个对象?

Q1询问的是说话者指称,Q2询问的是语义指称。但被试通常并不了解这一区分,很有可能用Q1的方式来理解问卷的问题。

朱菁在中山大学的实验确认了这种担忧[1]。如果在问卷的问题中加入"事实上",变成"他事实上是在谈论……",以及改变"事实上"的位置(放在"谈论"前或"谈论"后,即"他谈论的人事实上是")就会显著改变被试选择B的百分比(在中山大学学生中重复的实验)。这是由于在中文里"事实上"在语句中的不同位置会暗示说话者谈论对象时依据的是说话者意图还是语义习规,但在英语里并没有对应位置上的区分。朱菁等人的实验还显示,受试者回答受到提问方式的严重影响:如果采用限定摹状词的方式来提问,选择描述方式的被试就会居多,如果直接采用名称的方式提问,那么选择因果方式的被试就会居多。

其次考虑反驳1b。批评者认为实验设计中还存在着认知视角模糊性的问题,也即被试阅读问卷时会游移在实验的叙述者的认知视角和实验中的角色的认知视角之间。Sytsma等人进一步做了四个实验来测试这种模糊

---

[1] Jing Zhu, et al., "Report at Workshop on Experimental Semantics", Sun Yat-sen University, 2012, unpublished.

性对被试反应的影响。这些新数据表明 MMNS 的论证不是令人信服的。从叙述者的认知视角看,知道通常关联在名称"哥德尔"上的描述性信息是错误的,而从故事主角的视角(即约翰)看,他虽然使用"哥德尔"这个名称,但并不知道通常关联在该名称上的描述性信息是错误的。Sytsma & Livengood 指出,这种模糊性会对 MMNS 发现的数据差异到底是跨文化差异还是文化内差异造成影响,并且这种模糊性比上述说话者指称和语义指称之间的模糊性差异影响更大,因为上述哥德尔的例子造成了说话者(约翰)和故事的叙述者之间的描述的分歧。①

还有研究者质疑 MMNS 使用的测试阅读材料的语言,无论被试是 Rutgers 大学还是香港大学的学生,使用的问卷都是英语。而香港大学学生英语并非母语,语言能力和语言使用习惯的差异可能影响到对问卷的理解。Lam 仿照 MMNS 的实验重新设计了三份广东话问卷,在南加州 San Gabriel 谷的广东人移民社区中进行测试。调查的结果显示在关于专名指称和包含专名的句子的真值的直觉上,说广州话的东亚移民被试与说英语的西方被试并无明显差异(两个问题的对比分别是 87% 比 65%,以及 87% 比 97%)。② 新的实验结果对 MMNS 的结论提出了质疑,即在答题方面显示的差异到底是关于指称直觉的跨文化差异,还是在语言学能力方面造成的非直觉差异?对此 MMNS 加上 Deutsch 和 Sytsma 重新在香港大学的学生中用中文进行了实验,这次选择结论 B 的人只是轻微上升(到 39%),仍然与西方被试有明显的差异。③

最后考虑反驳 1c。与此相应的问题是,即使这种差异明显存在,如何解释这种差异?正如 Jackman (2009) 和 MMNS (2004) 自己所指出的,实验结果所给出的直觉差异不仅存在于文化之间,也存在于同一文化内部。因为即使在西方文化中,也有约三分之一的被试选择 A,即支持描述理论。这意味着直觉差异不一定仅仅由被试的文化差异带来。事实上,

---

① Justin Sytsma & Jonathan Livengood, "A New Perspective Concerning Experiments on Semantic Intuitions", *Australasian Journal of Philosophy*, Vol. 89, No. 2, 2011, pp. 315-332.

② Barry Lam, "Are Cantonese Speakers Really Descriptivists? Revisiting Cross-Cultural Semantics", *Cognition*, Vol. 115, No. 2, 2010, pp. 320-332.

③ MMNS, "Semantic Intuitions: Reply to Lam", *Cognition*, Vol. 117, No. 3, 2010, pp. 363-366.

我们可以设想，如果继续进行试验，也可以在男性和女性，年轻人与长者，较高教育程度和较低教育程度之间做出直觉差异的区分。因此，如何理解实验结果的差异，还有待近一步的解释。

综上，仅仅从实验设计和测试数据结果能否带来预期结论而言，实验语义学的方法不能说是完善的。要得出有效的观察，建立指称性直觉的文化多样性结论，已有的证据并不充足，还需要进一步设计对比实验消除干扰。

第三节 直觉、语义事实与指称的约定

对论题2（名称的语义指称的文化多样性论题）的反驳，即要说明不同文化间是否同一名称会有不同的语义指称。如前，这个论题可以分解成两个论题2.1（直觉是名称的语义性质的可靠的向导）和2.2（名称在不同文化里指称不同的对象），对应着两条反驳路径：反驳2a：MMNS 未能区分语言学直觉和元语言直觉，名称的使用和名称的知识；以及反驳2b："哥德尔"的语义指称不会因为跨文化而改变，"哥德尔"指称哥德尔这个人是语义事实。

先考虑第二个核心论题中的前一部分，即论题2.1：直觉是名称的语义性质的可靠的向导。这里的问题是要澄清的是何种直觉，名称的哪种语义性质。Marti（2009）指出 MMNS 的实验测试的是元语言直觉，即对于名称的指称的判断的直觉，在这个例子中名称"哥德尔"是指向哥德尔还是施密特。相较而言，语言学直觉所关心的则是如何使用名称交流和做出真和假的断言，例如实验中的被试如何来评价诸如断定"哥德尔才是不完全定理的发明者"的真假。Marti 认为对元语言直觉的测试不如对语言学直觉的测试可靠，因为在前者的情况下，被试的回答"仅仅只告诉我们哪种指称理论可被接受为正确的指称理论"，而不是"他们使用专名来谈论事物的方式"。然而 Machery 等认为在哥德尔的例子中，大众的元语言直觉和语言学直觉是吻合的，因而"没有什么理由去区分 Marti 所说的两种类型的直觉作为证据的价值"。

元语言学直觉和语言学直觉对应着不同层面的语义学，我们来看看哪种语义学理论才是"实验语义学"所要挑战的目标。根据卡普兰的区分，

语义学可以分为基础语义学（元语义学）和一般语义学（语言学上的语义学、描述语义学）。此外，文献中还常常有哲学语义学的说法。根据一般的理解，哲学语义学通常要给出的日常语言的意义理论，主要目标是要说明句子及句子各成分的意义是什么，为了理解某个语言我们需要具备哪些知识。另一方面，一般语义学或描述语言学的理论目标则是要通过句子和逻辑形式和组合性特征来解释句子的意义、其成分的意义以及它们的关系。最后，基础语义学要说明的则是基于什么理由，我们认为句子及其成分具有如此这般的意义。也即，元语义学要对一般语义学提供进一步的哲学辩护。就名称而言，一般语义学要说明的是名称的意义或语义值是什么，通常可以借助名称对其所在句子的成真条件的贡献来说明；而元语义学要解释的则是名称是如何获得其语义值的，名称与其语义值是如何联系在一起的，或名称是如何确定其指称对象的。关于名称指称的描述理论和因果理论就是这种意义上的元语义学理论。这样的理论典型地具有下述形式："名称 N 指涉对象 O 当且仅当 N 和 O 之间具有关系 R。"在分析哲学传统上，要得到这样的理论最通常的办法就是进行哲学分析，而在分析的过程中哲学家有时不免会利用某些直觉。这类直觉，基于哲学家的个人经验和理论素养，总是某种反思性的直觉。

　　相较而言，一般语义学（语言学上的语义学或词项语义学）进行的工作通常是对特定语言中的经验材料进行分类整理，以期发现词项的经验上的意义，如特定名称的指称是什么，或某个名称事实上指称哪个对象。因此一般语义学需要通过经验工作来发现语言学中的事实。

　　基础语义学和一般语义学的关系，类似于真理理论和科学的关系，前者的任务是解释什么是真本身而后者是发现有哪些真实的科学陈述。在讨论指称问题的时候，语言学的语义学告诉我们特定名称和具体对象之间的语言学习惯，元语义学则告诉我们该习规是如何建立起来的。相应地，哲学语义学则告诉我们该习规的本质是什么。

　　再看论题 2.2，名称在不同文化里指称不同的对象。我们认为这个论题是难以辩护的。为论述方便，我们不考虑一词多义或一个名称指向不同对象的情况。（这种含混性可以通常加索引或下标的方式系统地消除掉）。因此在我们所讨论的语言共同体内，每个名称或者恰好指向某个对象，或者不指称任何对象（即空名的情形）。因此，在理想的语言共同体内，一个不是空名的名称仅有一个语义指称,即该共同体中的语言习规指派给该名称以唯一的某个对象。

是否有可能出现下述情形,在某个语言共同体(如美国)中,对某些说话者使用"哥德尔"时该名称的语义指称指向对象 A 而对另一些说话者而言,该名称的语义指称指向 B 呢?这里我们已经假定没有一词多义的含混性或模糊性。如果出现这种情况,我们如何确定在这个共同体中,"哥德尔"一词的语义指称是什么呢?我们曾经在别的地方论证过,要使关于单称词项(包括名称)的成功的指称性交流成为可能,必须满足下述两个条件:(S1) 听者正确地从说话者那里获得名称的指称;(S2) 听者知道说话者所考虑的对象和听者所考虑的对象是同一个对象。如果同一语言共同体中的不同群体使用同一名称(如"哥德尔")语义上分别指向不同对象(如 A 和 B),那么就很难看出该共同体如何实现成功的指称性交流。在对话中听者总是要试图通过名称来识别说话者谈论的那个对象,要使这一点得以实现,正是通过名称所具有确定的语义指称。当说话者和听者分享共同的语言学习规,他们就能够知道他们使用同一个名称来指称相同的对象,这样成功交流得以实现。

因此在语言共同体中,名称与某个特定对象相联系,并将之作为语义指称。这一点作为社会约定,是一个语义事实。通常词典会记录这些约定和事实。如果说话者按照语义事实来使用名称,表明他已经习得和遵循语言学习规,他也就正确地使用了名称。在不同语言和不同文化间如何共享相同的名称?通常是通过翻译或直接借用,例如 Godel 在中文中翻译成"哥德尔",而要使得翻译可靠其首要条件就在于保持指称不变。

考虑论题 2.1 与 2.2 的联系。按照 MMNS 的观点,大众的语义直觉决定了名称的语义性质,因此决定了名称的语义指称。由于不同的文化里大众的语义直觉可能不同,因此不同文化里,同一个名称可能指称不同的对象。但我们认为论题 2.1 并不能蕴涵论题 2.2。

那么,大众关于语义性质的直觉包含哪些内容呢?这些直觉可能是名称是如何使用的,名称的指称是什么,或关于名称的语言学习规是什么,或者,名称在语言中起到怎样的作用。当普通人被问到"谁是奥巴马?"或者,人们在用"奥巴马"这个名称时,他们谈论的是谁?这时怎么从回答中看出回答者的直觉呢?这种大众直觉如何能成为名称的语义性质的向导？能否从回答中揭示出名称使用的习规？我们不妨考虑"马达加斯加"的例子。"马达加斯加"最早被非洲土著用来指称非洲东部大陆的一块领域。后来马可波罗到非洲后，误会了该名称的指称，而用该名称来指涉非洲大陆旁边的一个大岛。经过长期的以讹传讹，现在所有的西方人都用"马达加斯加"来指那个岛屿。我们现在假定如今大部分非洲土著仍然用"马达加斯加"来指涉非洲东部大陆领域。假定实验语义学家为了测试大众关于该名称的用法的直觉而设计了问题："人们用'马达加斯加'这个词指哪个地方？"显然，大部分非洲土著会选择"非洲的东部陆地"，而大部分西方人会选择"非洲大陆附近的大岛屿"。

关于"马达加斯加"在不同人群那里的不同指称，我们从这个实验会得到什么结论呢？我们会承认，关于名称"马达加斯加"存在着两个不同的习规。在时刻 t，在非洲土著的习规里，"马达加斯加"语义上指称对象 A（非洲东部大陆）而在西方国家的习规里，"马达加斯加"语义上指称对象 B（岛屿）。当西方民众使用"马达加斯加"来和非洲土著谈论时，他们可能会遇到指称失败或误解的情形，因为他们关于语言使用有不同的习规。经过澄清，他们发现他们使用的"马达加斯加"实际上是两个不同的名称，因为指称着不同的对象。为了避免混淆持续下去，他们可能同意用"马达加斯加$_1$"来指称对象 A 而用"马达加斯加$_2$"来指称对象 B，这样就可以消去同形名称带来的混淆。

假定名称"哥德尔"被不同的人群或共同体（不管群体的划分是根据文化、语言、性别、年龄还是直觉）指称不同的东西，也即，某个群体的人们用"哥德尔"指称对象 A（例如偷手稿的人）而另一个群体的人用"哥德尔"指称对象 B（如施密特）。这就意味着相对于名称"哥德尔"，存在着两个不同的习规，即使由于某个原因使得两个不同的习规下使用了同样形体—声音的名称。不管两个群体是否使用相同的指称机制和指称理论来确定名称的指称，都应该认为，实际上它们是两个不同的名称，即"哥德尔 1"和"哥德尔 2"。仅当可以清楚地澄清两个习规中同形名称的差异，不同群体的人才可以成功地交流关于对象 A 或对象 B 的信息。

诸如此类的问卷试图调查人们如何理解名称的使用或他们如何进行语言实践。对问卷的回答包含着参与者对于名称的知识论断。前述问题的回答可以被理解成：

（1）我认为名称 N 应该指向对象 O。

（我认为名称 N 的正确用法是指向对象 O 而不是别的对象。）

（2）我认为人们使用 N 来指向对象 O。

（我认为名称 N 的社会习规是 N 指向 O。）

（3）我认为人们根据某种方式 X 来使用名称 N。

（方式 X 可以是描述的或因果的，这是判断指称机制的倾向的元语言直觉。）

（4）我认为我愿意使用名称 N 来指向对象 O。

（我倾向于用名称 N 来指向对象 O。）

上面每一种解读都代表着某种关于 N 的指称性质的直觉。（1）和（2）传达了被试关于名称 N 的语义指称的态度。（3）是关于指称理论的元语言直觉。（4）传达了说话者意图和个人指称。

那么上述哪种直觉能够作为证据来推断出名称的语义指称？也许都不行。因为被试可能会不真正了解习规而犯错误。如果某个群体中的大部分人都认为名称 N 的正确用法是指称对象 O，我们能否得出结论说 N 就是语义地指称 O？这取决于社会是如何使用名称的。例如，大部分人并不能区分出"榆树"和"榉树"的差别，他们并不能确定这两个自然类词项所指谓的对象的概念。要了解这类词的正确的用法要请教专家。这就是普特南所说的语言学分工。

但专名是否也是如此？根据语义观念论或语义消去论的说法，并不存在着关于词的意义或指称的实在论式的语义事实，因为"意义"不过是推理角色或心理状态的内容，因此所谓的语义事实依赖于我们的直觉，这类语义事实是否成立完全由直觉确定。正如 MMNS 所说，在克里普克所描述的反事实情境（或我们的实验情境）中"哥德尔"指称哥德尔而不是施密特的证据，就是直觉（或称为"自发判断"）。

但是这里的问题在于，是否当大众的直觉变化了，就意味着名称的语义指称也随之变化？如果是这样的话，这种个体间直觉变化的边界在哪里？成功的指称性交流因此又如何可能？为论证起见，我们不妨假定关于名称 N 的指称的公共的直觉确立了名称 N 的语义指称或使用习规。如果不同的共同体或人群建立起关于名称 N 的不同的指称习规，那么名称 N

就是一词多义的，正如我们前面所论证的，而这不过意味着存在着具有相同外形和发音的不同名称。因此，"不同文化里名称 N 的指称可能不同"可以修正成"不同的习规下名称 N 具有不同指称"。当然，我们有大量的语言现象表明的确如此，某名称 N 可以在不同习规里指向不同对象，如前面的"马达加斯加"的例子。比如"同志"一词在不同时期地域有不同指称（志同道合者或同性恋者）。当然这类指称变异与哥德尔/施密特的情形略有不同。

第四节　寻找指称理论的方法论与哲学直觉

论题 3（发现指称的方法论和指称多元论论题）试图把实验语义学的方法做进一步推广，使之称为语言哲学乃至一般哲学的方法论，并由此表明传统的哲学方法，如思想实验和先验论证，实际上包含着偏见和困难。不同哲学领域都会从指称理论里寻求支持和推导出进一步的哲学结论。MMNS（2009a）论证哲学家应该放弃这种"从指称出发的论证"（arguments from reference）。理由在于，在建立指称理论的时候，直觉起到了关键的核心作用；既然近来的实验哲学的跨文化工作表明不同文化间、同一文化的不同个体间对于指称有不同的直觉，那么已建立的指称理论就不是普遍有效的，而只能是相对于文化的，在这种情况下，建立在相应指称理论上的哲学理论也必定会相应地受到损害。

对论题 3 的可能的反驳，即发现正确指称理论的方法是否应该是纯经验的（如案例方法），以及是否能由此得出指称多元论的立场，当然也包含着两个方面，如下：

反驳 3a：案例方法不应成为发现正确指称理论的合理方法，因为它高估了直觉在关于指称的哲学理论中的作用。

反驳 3b：如果要使用直觉来为哲学理论提供支持和辩护的话，专家的直觉（反思性直觉）在哲学研究中的作用比大众直觉更重要。

如前我们已经讨论过，"'哥德尔'指称对象 A"是语义直觉（一个意向性关系）还是语义事实（一个实在论的关系），指称理论必须给出一个解释说明何以存在这样的关系。如果某个群体共享相同的直觉，那么在名称、对象和意向性主体之间的这种关系就会成为群体中相对稳定的习规。问题在于，这种习规是如何建立起来的，名称又是如何获得语义指称的。指称理论的任务就是要解释某个名称在语义上为什么指称对象 A 而不是对象 B？

两种典型的指称理论，描述理论和因果理论，以不同的方式解释了指称的机制。在大多数现实情形中，对于同一个名称，描述理论和因果理论给出的语义指称是相同的。例如，不管是描述理论还是因果理论，名称"亚里士多德"都挑出了同一个人，即亚里士多德。两种理论都解释了下述三者的关系，即名称"亚里士多德"、对象亚里士多德和语言共同体中对"亚里士多德"这一名称的使用。

某些现实情形和反事实情形中，在同一个时间，描述理论和因果理论却会对相同的名称挑出不同的对象。在《圣经》"约拿"的例子中，根据描述理论，"约拿"不指称任何对象，而根据因果理论，"约拿"指称某个真实生活的人。在虚构的"哥德尔"的例子中，描述理论最终挑出了施密特作为指称对象而因果理论挑出的是哥德尔。如果"哥德尔"指称哥德尔是语义事实，那么从理论的预言功能的角度而言，因果理论就是比描述理论更好的理论。

反对描述主义的论证采取的正是这样的策略：描述理论无法挑出正确的对象，因为共同体的成员可能搞错指称对象的描述性或者是缺乏关于指称的知识。但 MMNS 拒绝这一结果，他们认为在某些共同体中对于名称"哥德尔"而言描述理论仍然正确找出了指称对象。MMNS 相信，在某些直觉群体中，名称"哥德尔"总是指向"事实上证明了算术不完全定理的那个人"。换言之，在这样的直觉群体中，名称"哥德尔"并非直接跟某个特定对象联系，而只是一个缩写的摹状词。在这种情况下，哥德尔就是我们在前面讨论过的"描述性名称"。与"Julius"类似。正如克里普克所指出的，如果事实是这样的话，在这个群体中有能力使用"哥德尔"这个词的说话者必定知道哥德尔是"事实上证明算术不完全定理的那个人"。但这是不合理的。正如 MMNS（2012）所承认的，实际上有很多会正确使用"西塞罗"这个名称的说话者并不会把任何个体化摹状词联想到这个词上。（这一点并非否认确实有不少说话者能够用某些识别性摹状词与"西塞罗"或"哥德尔"相联系。）因此，当这些合格的说话者使用名称"西塞罗"时他们指称的是谁呢？克里普克及其支持者认为，"西塞罗"指称西塞罗,这是一个实在论式的语义事实。现在,我们按照 MMNS 的假设,"西塞罗"或"哥德尔"在不同群体里指向不同的对象。如前,这不过表明了不同群体有不同的习规,而并非表明描述理论的指称机制是正确的。因为这仍未解释,这些不同的习规是如何建立起来的。

也即,克里普克反驳描述主义的论证(这里讨论的是基于无知和错误信息的论证),不仅依赖于(a)名称"西塞罗"指称西塞罗;也依赖于(b)有些合格的说话者并不把任何个体化摹状词联想到名称"西塞罗"上,以及(c)合格的说话者使用"西塞罗"指向某个人。其中,MMNS 不承认(a),但承认(b)。对于(c),MMNS 认为某个名称指向对象 A 还是 B 依赖于直觉。即使用(c)代替(a),克里普克对描述主义的反驳仍然成立。

在虚构例子"哥德尔"的情形中,"哥德尔"指向哥德尔而不是施密特对于克里普克的论证是必要的。但 MMNS 认为"哥德尔"指向哥德尔不是一个语义事实而是由某些群体的直觉确定的。但在"西塞罗"的例子中,即使"西塞罗"指向西塞罗是一个事实对于克里普克的论证也不是必要条件。在此全部的必要条件就是假定合格的说话者确实使用"西塞罗"来指称某个人。正如戴维特等人指出的,哥德尔的虚构例子并非克里普克反对描述主义论证的核心。大量的平凡的现实情形才更为重要。

因此 MMNS 并未通过实验语义学成功反驳克里普克的论证。然而,MMNS 宣称实验语义学的真实目标是挑战寻找正确指称理论的方法论。也即,MMNS 认为正确的方法论是用案例方法(method of cases),因为"语言哲学家们独立寻找指称理论的主要方法就是诉诸于直觉,以发现在不同情况下词项是否指称及如何指称的"[1]。

MMNS 认为,克里普克和其他语言哲学家在案例中诉诸的直觉不是普遍有效的,而是限制于某些特殊的直觉群体(如文化群体)。这导致语言哲学家们把基于偏见的直觉当成普遍有效的理论。描述理论和因果理论都是这样的局部性的理论。而且,有很多哲学论证正是奠基在这类局部有效的指称理论上,因而,这类哲学论证也不能看作普遍有效的。

---

[1] MMNS,"Against Arguments From Reference", *Philosophy and Phenomenological Research*, Vol. 79, No. 2, 2009, p. 340.

我们在上面已经表明，即使我们承认关于名称指称的语言学直觉的差异性，这并不会损害克里普克对描述主义的反驳。另一方面，克里普克对描述主义的反驳提供了一种方式来决定，对大多数普通专名而言，某个指称理论是否是正确的。如果是这样，案例方法就不应成为发现正确指称理论的方法论。但这并不是因为案例方法使用的是 MMNS 所建议的局部性直觉，而是因为合格说话者关于词项 T 的指称的直觉，对于克里普克反驳不合适的指称理论是无关的。

正确的指称理论必须对名称、对象和共同体之间形成的指称关系的习规给予合理的解释，不管这种习规被理解成群体直觉还是语义事实。在涉及指称习规时，描述理论和因果理论各自有某些解释和预言的效力。两种理论的提出都是对"指涉"或"指谓"这种基本的语义概念提出了典型的概念分析。当语言哲学家从事概念分析的时候，他们不可避免地也要诉诸语言实践，语词的用法和关于语言使用的直觉。指称理论（如描述理论）既可以被来自语言实践的反例所证伪（例如，合格的说话者不需要对名称 N 关联个体化的摹状词也能使用名称 N 来指涉某个对象），也可以因为仅仅是不能说明指称习规而被证伪（名称 N 语义指向对象 A 但该理论却预言 N 的语义指称是 B）。

MMNS 试图表明，描述理论可能是错误的，因为它只是被某些局部性的直觉所支持，而因果理论同样是错误的，因为它不过是被另一些局部性直觉支持。但情况真是如此吗？首先，MMNS 未能区分语言学直觉（关于指称性词项使用的态度）和元语言直觉（关于指称性词项如何挑出对象的态度）。Marti（2009）论证 MMNS 所考察的直觉是元语言直觉，与寻找正确的指称理论是无关的，因此所谓文化内和文化间的与指称有关的直觉差异并未建立起来。我们已经论证语言学直觉对于证伪一个指称理论不是必要的，而大众的元语言直觉不过是大众对于哲学理论的态度。由于哲学理论是反思性的和有系统地组织的，其正确或合理与否的判定并不能通过大众直接的投票来判定。

MMNS 在他们的论文中否认了哲学家的直觉优于大众的直觉。相反，他们认为存在着好的理由去认为哲学家所谓的反思性的直觉不过可以仅仅是某种加强的直觉。这种平等主义的吁求值得考察。当然，专家的直觉，尽管在专业训练中会变得敏感、精妙，但仍然会犯错误，而且有些错误的直觉甚至会被专业训练所加强,同时专业领域中也可能存在着跨文化的偏见。但这并不是我们抛弃专家直觉而依赖大众直觉的原因,因为我们并未看出大众直觉在寻找哲学理论时何以比专家直觉更为可靠。另一方面,作为个别事物上的直觉,哲学家的直觉当然也未必根本上就优于大众直觉。但是,在对直觉的系统处理上,专家受过的训练通过对直觉进行整理、分类、消去其中的互相冲突、矛盾的地方,使得诸多直觉尽可能处于融贯的状态。从这一点而言,我们更可信赖专家的直觉。这类似于艺术家比普通人更擅长处理颜色的层次和差异,尽管不能说就某个具体颜色而言,特定艺术家的意见就比大众更加准确。类似的思路,戴维特称为针对实验哲学思路的"专家辩护"(expertise defense):专家的语义直觉比门外汉的语义直觉更可靠,专家直觉通常是"基于更好的概念框架,熟悉坚实的理论,结合假设进行的技能实践"。

MMNS(2012)对这种辩护进行了回应。MMNS 强调,首先,哲学家关于指称的直觉并不比门外汉的直觉可靠,有时反而更糟。其次,专名的指称的直觉和专名的使用对于指称理论提供了同样好的证据。与之针锋相对,戴维特(2012)则指出,上述前一点缺乏理论和经验支持,后一点也是不合理的,因为关于名称指称的直觉的根据在于名称的用法,也即,后者更为基本。因此关于指称的实验,应当关注的是名称的使用而不是大众关于指称的直觉。

戴维特认为大众直觉根本不能成为指称理论的好的证据,它们甚至不值得作为证据来收集。用法才是关于名称指称的直接证据,因此寻求语义理论的正确方法是考察语言的使用。

其次,我们何以知道某种指称理论 X 得到了某个关于指称的群体直觉的支持?MMNS 的论证可以重述如下:

(1) 在群体 G 中,大多数人的直觉是 A 是 N 的指称。因此,
(2) 在群体 G 中,N 在习规上指称对象 A。

此外,假定下述理论事实(3)。

(3) X 指称理论挑出了对象 A 作为 N 的指称。因此可以得出
(4) X 指称理论是被群体直觉 G 支持的最佳理论。并且
(5) 群体 G 倾向于根据理论 X 使用名称 N 来指涉某个对象。

考察上述论证。除非 X 是唯一的挑出对象 A 作为 N 的指称的理论,

就不能得出（4），也即不能说 X 理论是被指称习规支持的最佳理论。因此，群体直觉，即使能够作为语义指称或指称习规的向导或证据，仍然不能作为寻找被支持的最佳理论的向导。我们不能从名称的指称推出或决定正确的指称理论，尽管反例会证伪一个指称理论。

另一方面，对大多数名称，描述理论和因果理论挑选出同样的对象作为其指称。不能据此说明，对于这些名称，群体 G 倾向于既根据描述理论又根据因果理论来用名称指称对象。要寻找正确的指称机制，不能仅根据某些特定的案例，如虚构的哥德尔的情形，因为还可能存在着更好的理论模型，如 H 理论。此外，还有研究者（James Genone，2012b）把研究拓展到了自然类词项上，发现有类似的问题。在两个实验里，发现描述性和因果因素都对概念指称的判断有影响。而且，发现有证据表明，同一个体的判断既依赖描述性信息也依赖因果信息，这样，个体间的差异就不能通过"纯描述理论"或者"纯因果理论"的支持者人数的差别来解释。这表明在描述理论和因果理论之间的对立是不合适的，应当支持一种包括两方面要素的混合理论。因此，"东方文化倾向于根据描述理论来用名称进行指称，西方文化倾向于使用因果理论"只能被视为仅仅是猜测。

当从实验语义学拓展到对整个实验哲学运动时，直觉对于哲学研究的方法论意义就成为更重要的问题。哲学家们在哲学研究中普遍地使用到直觉，但以前却并未明确意识到直觉对于哲学结论带来的影响。例如，A. Goldman（2007）认为哲学方法和科学方法的差别的一个关键之处就在于前者大量使用了直觉。对于哲学家而言，概念分析和思想实验是惯用的方法，在进行这样的哲学思考时，他们会利用很多现实的或假想的事例，哲学分析就是考察在这些事例下，人们应当如何做出反应或应对。这种应对未必是深思熟虑的论证，而常常只是在习规或实践中形成的某种相信的倾向。这种倾向，有时候体现为未经反思的冲动，有时候可能是长期经验积累形成的条件反射。无论是哪种情况，一旦被哲学家采用，就在哲学论证中常常起着关键的作用。比勒（G. Bealer）也指出，在我们对于知识的标准辩护过程中，直觉总是会作为证据或理由而被使用，进一步地，经验主义者无法用任何不含哲学直觉的确证方法为其自身的方法论约定进行辩护。①

但是直觉本身在多大程度上是能够作为哲学论证的可靠证据，这一点并不清楚。特别地，直觉能否在语义学、知识论和道德心理学等实验哲学大行其道的领域作为理论的向导是可疑的。因此需要解释什么是"直觉"，尤其是什么是哲学直觉。实验哲学的倡导者们对这个问题进行了分析。亚历山大讨论了直觉的薄观念和厚观念。所谓直觉的薄观念是指，直觉是某种独特的、在认识论上无争议的心理状态的范畴或心理事件，比如说某种信念或相信的倾向。按照这种解释，某个哲学家说"我直觉上认为X"和"我相信X"时，在心理状态上并没有实质上的不同。但是强调"直觉"，似乎表示了一种较为强烈的相信的心理状态，这种心理状态通常带有内省的方式和权威性特征，以摆脱怀疑论的纠缠。毕竟，在笛卡儿的"清楚明晰的观念"或摩尔那里的"无可质疑的常识"，就是诉诸了第一人称的权威性而得到的直觉。

但是直觉的薄观念无法明确地把直觉与一般的信念状态区分开。为说明直觉的独特本体论特征和认识论地位，还需要给出进一步的约束条件。这就得到了直觉的厚观念，即在薄观念上增加了某些语义的、现象学的、病因学的或方法论的条件。②但这些条件对于哲学研究是否为十分合理的约束，仍然值得争议。（1）语义学条件是哲学直觉须具备抽象的命题内容。但这是可疑的。"我思"这类直觉固然是抽象的，但"我有两只手"未必是抽象的。大量思想实验也不是抽象的。（2）现象学条件是指哲学直觉具有某种现象学特征，例如这类直觉从理智上看似乎为真，却带有必然性的外表。然而是否任何哲学直觉都带有必然性的现象学外表，这是可疑的。（3）病因学条件要求形成哲学直觉必须具备某种概念能力，即通过概念的理解来做出判断。这一点和语义学条件类似。同样地，概念如何在晦暗的认知过程中起作用，这一点并不清楚，也就妨碍我们把哲学直觉与其他信念状态区分开。（4）方法论条件是指如果不能对哲学直觉的本

---

① Joshua Alexander, *Experimental Philosophy: An Introduction*, Cambridge: Polity Press, 2012, p. 19.

② Joshua Alexander, *Experimental Philosophy: An Introduction*, Cambridge: Polity Press, 2012, chap. 1.

质加以刻画，至少可以对其功能角色加以把握。也即哲学直觉就是在哲学思考中的反思性参与时所产生的心理状态。但难道直觉的出现往往不正是在于前反思的过程中吗？

因此相对于直觉的薄观念，直觉的厚观念在哲学中的作用并未得到充分的认可。一般而言，攻击实验哲学的论者，往往质疑直觉本身在哲学建构中所起的作用，甚至认为大量的哲学论证中并未使用直觉。Cappelen 在新著《没有直觉的哲学》中讨论到对"直觉谈论"的反驳，Cappelen 认为当我们在日常语境下说"直觉上命题 p 成立"或"p 似乎意味着事实"时，在不同语境下的意思并不相同，但大部分情况下都意味着我们并没有足够确定的证据，有时候也指的是"前理论的理解"或共同的常识基础。但止于直觉不是好的谈论策略。当两个哲学家有不同的判断时，哲学家有责任解释为什么自己的判断是更加合理的。但如果诉诸直觉，就无须将持有不同判断的理由解释清楚。因此，哲学家更好的情况是将对"直觉"的谈论代之以哲学上的"判断或信念"的谈论，或者是代之以"哲学相关的关于案例的某些判断"，这类判断或者是缺乏标准的证据；或者是除概念能力外没有别的判段基础。[1]

第五节 解释跨文化差异

不少研究者论证 MMNS 的结果并未对指称理论的传统的哲学研究模式造成威胁。基于同样的分析，整个实验哲学本身的方法和成果也是可疑的。但另一方面，在某种意义上，上述实验也确实反映了某种统计学意义上的东西方差异。Genone 认为尽管传统指称理论并不怎么受到关于直觉的实验数据的威胁，但分析这些数据还是能得到一些有益的结论，能够增进我们对于哲学家有关语义指称做出判断的机制的观念的理解。我们在这里也尝试对实验语义学的结果寻找一些经验的说明。[2]

尼斯贝特（Nisbett）在他的书中宣称东方文化倾向于整体性思维方式

---

[1] Herman Cappelen, 2012, *Philosophy Without Intuition*, Oxford University Press, pp. 4-7.
[2] James Genone. "Concept Possession, Experimental Semantics, and Hybrid Theories of Reference", *Philosophical Psychology*, Vol. 25, No. 5, 2012, pp. 21-24.

而西方文化倾向于分析性思维方式。这个结论在很大程度上重复了19世纪一些研究中国语言和思想的汉学家的结论。早在20世纪30年代社会学家葛兰言（Marcel Granet）首次断言东西方思维方式的主要差别在于逻辑思维和关联思维。这个断言及其改进的版本时至今日在学界仍然具有较大的影响。不少学者发现古代汉语和印欧语系的结构性差异导致对于语言功能的非常不同的理解。例如，陈汉生在《中国古代的语言和逻辑》中提出的"物质名词假设"声称，古代汉语更强调语言的语用方面，而不是其严格的语义意义。古汉语的主要功能不是判断真假，而是通过词语的区分实现其规范性的功能。① 基于陈汉生的断言，安乐哲更进一步在《孔子哲学思微》中主张对古代中国人而言，语词的主要功能是语用性的而不是指称性的。语言被理解成一种交往行为的手段和为社会层级赋予秩序的工具。

这部分可以说明上述哥德尔案例中的文化差异问题。如前所分析的，实验中的问卷包含着某些模糊性。当被试被问当约翰使用名称"哥德尔"时他"谈论"的是谁，被试可能会理解成：（1）约翰在对话中用"哥德尔"指称谁，或者（2）约翰用"哥德尔"意指谁。东方的实验参与者可能更多地倾向于使用语言来传递意义的手段，他们更可能把问题理解成（2）。但这并不意味着他们在使用名称指称方面不同于西方的受试者。另一个现象也和东方人参与者为何得出了更为倾向于描述主义的结果有关。众所周知，中文和英文的说话者有非常不同的命名习惯。这里我们分析一些语言学相关的经验材料来说明汉语传统和英语传统中命名的差异。

其一是通过名物词来考察华夏先民的思维方式特征。根据一项研究，从《周礼》中可以发现，华夏先民使用作为象形文字的中文在定名辨实的时候，首先是以对象的直观感性特征来为物种和物品命名的。这里可以略举数例。最普通的象形字如日、月、男、女自不必说；又如，带有羽字偏旁的名称多指称带羽毛的动物；再如对于"果、橘、栗、厴"几个词，所指称的对象都有圆而下垂的形态特征。这就是《荀子》正名篇中说到的"形体色理，以目异"的根据。还有一些关于动物的命名来自对它们

---

① Chad Hansen, *Language and Logic in Ancient China*, Ann Arbor: The University of Michigan Press, 1983, ch. 2.

发出的声音的模拟，如雁、羔、驹、犊等，即《荀子》正名篇中说到的"声音清浊调竽奇声，以耳异"。从直接的感官经验出发，加以感悟、联想、类比，就得到大多数物种物品的命名。刘兴均将《周礼》名物词中体现的华夏先民的思维方式概括为三点：（1）直观感性的方式。这种方式的特征是随形命物，而不是抽象概括。（2）整体贯通的方式，这是借助阴阳五行学说，加以与自然人事的联系，来形成系列性的名称，典型如王后六服。（3）写意类比的方式，正如荀子用"天官意物""心有征知"来说明制名时的心理状态，这类名称大都是通过诗意联想甚至玄想的方式获得的。华夏先民的这种命名思维方式，明显迥异于通过求真以追寻事物本质的理性思维。[1]

在另一项关于汉语动物命名的研究中，研究者也发现中外动物命名存在着明显的差异。李海霞发现尽管英语动物命名中也有拟声命名法，以及依据视听味嗅触觉等感官经验来命名的方式，但在动物分类上，亚里士多德的分类体系明显比中国传统中的《尔雅》《本草纲目》要科学系统得多。亚里士多德的分类方式基本反映了动物的本质特征，体现了很好的逻辑抽象能力和解剖学胚胎学的经验，而中国传统的分类方式仍然停留在感性直观的层面上，尤其体现在鱼类、介类和虫类的分类上。这项研究还认为，关于命名文化上，英语动物名没有像汉语的不少名称那样反映上下尊卑的社会等级观念，但在动物名的引申、比喻和象征等衍生意义方面，则各有基于其文化传统的丰富意味。[2]

这类研究表明，从对物种物品的命名和分类看来，汉语的确是更侧重于对于命名对象的感性把握，即描述性的提取对象的感性识别特征，并把这种特征直接联系到名称的音形特征中，使得名称与描述性内容的联系，更加紧密。而英语及西方文化对命名对象的处理，有更多的深入求真探究其本质的传统，这使得名称与对象的联系，更多的是通过约定俗成的方式。象形文字和拼音文字的差别，强化了这样的印象，也即，英语中虽然也有依据感官经验来命名对象的词项，所占比例总体来说比汉语还是少得多。

---

[1] 刘兴均：《〈周礼〉名物词研究》，巴蜀书社2001年版，第六章。
[2] 李海霞：《汉语动物命名研究》，巴蜀书社2002年版，第八章。

其次，我们还可以比较汉语和英语中对人名命名模式的差别。汉语和英语的人名的基本差别体现在对姓和名的不同侧重上。对汉语而言，姓体现家族传承特色，数量相对有限，不能随意变更，且通常无实在涵义或联想引申义；命名主要是对名的选取，命名的结果通常体现了父母对子女的愿望、期待或认知，如常见的勇武坚强、秀丽芬芳用作人名。不同人名的差异重点体现在名的差异上。在古代中国，很多女性甚至是没有正式的名称，以父姓和夫姓作为称呼。另一方面，对英语而言，姓（last name）也是体现家族传承的，但姓放在名的后面。根据一项研究，对于英语民族，"直接、完整地以别人名字作为自己名字是命名的基本手段"，这种取名方式通常不是为了述志，而是为了表达某种历史纪念和追溯，例如用圣徒、英雄、家族先人、宗主国的地名等的已有名字来命名。这就造成英语的名字种类较少，人名的差异体现姓的差异上。① 也即，比较而言，在英语中人名往往本身没有名称以外的意义（如果有的话也主要是历史联系的标记），而中文名称则更多是附加的联想和含义。换言之，中文语境里名称不仅是标记，而且是带有某种家族期许。研究者把这种汉英人名命名的差别称为"述志型"和"标记型"的差别，在语言学上这种差别很有可能是由于表意文字和表音文字的差别带来的。姑且不论造成这种差别的原因是文化的还是语言学的②，尽管对于实际进行指称而言，与名称相联系的额外的描述性意义并不起作用，但这种人名意义的敏感性或许会支持那种论断，即中国人对语言的使用方面，交际性方面重于指称性方面。同时这种差别，也恰好对应于我们一直在讨论的描述性识别的指称联系方式和历史链条的指称联系方式，也即在汉语人名上，附着的描述性内容更多，甚至可以在某种程度上称为"部分描述名称"；但在英语人名上，纯指称的因素或某种历史追溯的命名方式显得更为典型。

在此小结本章的内容。前面我们重构了 MMNS 的系列论文中的论证，并考察了相关的反驳意见。我们发现，实验语义学中的三个核心论题都是

---

① 潘文国：《汉英命名方式差异的语言学考察》，《暨南大学华文学院学报》2001 年第 1 期。

② 在这项研究中认为造成这种差别的语言学方面的原因有两点，一是由于汉字具有表义的多样性，而英语单词的表义相对单一，二是汉语单字的搭配相对于英语更灵活。

难于辩护的。首先，除非消去实验设计中的模糊因素，要说明专名的指称是跨文化语境而变化的结论是难以得出的。其次，除非我们不承认在不同的直觉群体中成功的指称性交流是可能的，我们很难认为在同一个习规下，专名会在语义上指称不同的对象。再次，大众的语言学直觉对于发现正确的指称理论不是必要的，当构造可行的指称的哲学理论时，反思性的元语言直觉比大众直觉要重要得多。在此基础上，我们也从一般的角度讨论了直觉在哲学研究中的作用。最后，我们也提供了两点思路来解释 MMNS 的实验中从语言实践的角度所反映的文化差异。

第 七 章

弗雷格式涵义概念的构成与解释

弗雷格引入涵义概念的最初目的是用来解决同一语句的信息值问题和命题态度语境中的共指称替换问题。作为弗雷格的意义理论中最重要的概念，涵义概念的实质性内容到底为何事，弗雷格虽有论及而语焉不详。正如达米特所说，"弗雷格满足于提出关于涵义的某些原则，却从不尝试就特定表达式的涵义给出明确的解释"[①]。关于弗雷格式涵义的这些原则，经过研究者们的整理，通常认为大致具有如下几个方面：（1）涵义提供语义内容；（2）涵义满足组合性或构成性原则；（3）涵义具有认知特征；（4）涵义决定指称；（5）涵义是客观的。粗略而言，其中对（1）、（2）和（4）的阐发构成了对涵义的语义解释；对（3）和（4）的阐发构成了对涵义的认知解释。因此弗雷格式涵义具有二重性特征：一方面，涵义是语义学的基本构件，是语句的成真条件的要素，作为语言使用者理解语言和公共交流的机制，一种意义理论借此得以构建；另一方面，涵义是认知主体抵达对象的认识论通道，也即涵义是思想的内容或所谓的"狭内容"，是认知主体借之以表达信念和解释行为的依据。其中，"涵义决定指称"是涵义的语义解释和认知解释都坚持的教条。

第一节　弗雷格式涵义概念的二重性构成

一　弗雷格论述表达式涵义的基本特征

首先归纳弗雷格关于名称涵义的一组基本论题如下。

[①] Michael Dummett, *The Logical Basis of Metaphysics*, Cambridge: Harvard University Press, 1991, p. 136.

第七章 弗雷格式涵义概念的构成与解释 / 163

（1）名称的涵义呈现名称所指涉的对象，或涵义是指称的呈现模式（mode of presentation）。这是弗雷格对涵义概念给出的几乎是唯一的实质性解释。但应该如何理解"呈现模式"，它属于何种性质的实体？特别地，什么是"呈现"，呈现出什么东西、向谁呈现等？弗雷格（1892/1952）本人在《涵义与指称》一文中只举出了为数不多的几个例子，典型的如"等边三角形的重心"等，仅凭这些我们难以简单地判断其特征。必须将这一概念结合到弗雷格的其他论断中，我们才能决定有关呈现模式的一些关键特征，例如，呈现模式的个体化标准，呈现模式在多大程度上是心理的，等等，后文将试图回答这些问题。

（2）名称的涵义是名称的语义内容，即名称对句子的语义贡献是其涵义。此即弗雷格主义的语义论题。这一点是与弗雷格的语境原则结合在一起的。所谓语境原则，即表达式必须在句子的语境中才有涵义，单独谈论语词的涵义是不得要领的。涵义提供语义内容的意思是涵义对句子的语义内容或真值条件内容有贡献，因此这一论题需要结合句子的涵义一并考察。

（3）名称的涵义决定名称所指涉的对象。这个论题实际上颇为复杂，其关键在于如何理解"决定"。一般认为对于"决定"可以有较强的和较弱的解释。根据较弱的解释，"决定"至多是一种函项对应关系，也即，不同的涵义可以对应相同的对象，但同一涵义只能对应同一对象。而根据较强的解释，一方面，认知主体通过把握表达式的涵义而能够谈论相关的对象，或识别出相应的指称对象，另一方面，主体有关对象的信念因为具有某种内容而能够关系或涉及该对象。也即，较强的解释要求说明对象是如何被呈现于主体的认识之中或对表达式的使用之中的，对此，内部论者将会构建个体的认知机制来解释，外部论者则会强调社会习规对语言使用的规范作用。因此，较强的解释提供的是"认识论决定"的意思，也即，在表达式的涵义提供了从表达式到对象的认识论通道。而较弱的解释实质上是一种形式解释，它对应着"语义决定"的意思，也即，表达式的涵义将表达式与对象语义地关联起来。

（4）名称的涵义是公共的和客观的。我们也把这个论题与句子的涵义放到一起讨论。

（5）存在着无指称的涵义。即表达式的涵义是独立于表达式所指涉的对象的。这在某种程度上是强解释下的涵义决定指称的一个推论，即涵义先于指称，只能通过涵义去寻找指称（有可能找不到指称），但是绝不可将这条路径反过来。

对于句子的涵义，即思想，其基本特征平行于名称的涵义，但也有一些不同的情况，需要注意的是，此处要区分作为类型和殊型的表达式。弗雷格在讨论句子的涵义时，显然是讨论作为殊型的句子，即陈说。这一点当句子包含索引词时将会变得非常明显。

（1）句子的涵义由其成分的涵义构成。此即涵义的构成性特征。复杂表达式的涵义由其成分表达式的涵义组合而成。于是如果复杂表达式中的某个成分缺乏涵义，该表达式本身也没有涵义。构成性特征隐藏的另一个要求是，名称的涵义和句子的涵义的解释方式要保持一致。这样关于名称涵义的特征都将带入句子中去。

（2）句子的涵义是说话者在理解这个句子时所把握的东西。

（3）句子的涵义，即思想，就是句子所表达的命题，也即句子的真值条件。

论题（2）和（3）表达了句子涵义的语义特征。论题（2）表明，涵义在某种程度上是客观的，只有把握了句子的涵义，说话者才理解了该句子，才能参与语言共同体的交流活动。但是，弗雷格没有交代清楚的是，什么是"把握"的意思。海克就此评论说，"弗雷格没有说清楚什么是'把握'涵义，典型而言，弗雷格的把握思想的意思是持有某个思想，思考该思想而不必判断该思想的真假。所以弗雷格的要点是理解一个句子涉及持有一个思想；考虑到'理解'和'知道其意义'的直观等价性，弗雷格的意思是，为了理解一个句子，人们必须知道该句子所能表达（或交流）的信念"[①]。论题（3）则明确给出了句子涵义的实质性刻画。再根据涵义的构成性特征，即是要求指称表达式的涵义进入句子所表达式的命题，或者说是进入句子的真值条件中。这是弗雷格主义的语义学论题的核心。

（4）句子的涵义，即思想，是命题态度的内容。

（5）思想是 that 从句的指称。在模态语境、认识论语境和信念语境中，从句的间接指称是其直接涵义。

---

① 参见 Richard Heck, "Do Demonstratives Have Senses?", *Philosophical Print*, Vol. 2, 2002, pp. 2-6。

论题（4）和（5）表达了句子涵义的认知性特征。它们共同的特点是指出句子的涵义是说话者相信某个句子时所把握的内容。论题（4）表明，句子的涵义就是说话者说出这个句子时所要表达的信念，因此带来的一个结果是，有可能说话者对于包含共指称的语词表达式的句子持有不同的信念，于是两个句子的涵义就是不同的，这表明句子的涵义中携带了表达式对于说话者的认知价值。论题（5）一方面要求将弗雷格式思想作为命题态度的对象（that 从句的指称），另一方面调整了内涵语境中表达式的涵义，以保持共指称表达式的替换不改变句子的真值，也即，保持弗雷格语义学的组合性特征。(4) 和 (5) 表明，弗雷格要求以将命题态度问题纳入统一的语义学框架中。

（6）涵义决定指称。在弗雷格那里，句子的指称就是真值，因此句子的涵义，即句子所表达的思想，（与世界的实际情况一起），决定句子的真值。也即句子所表达的思想就是该句子的真值条件。由于在弗雷格那里，指称体现为语义值，从而即涵义决定语义值。指称表达式的涵义是决定指称对象的方式；句子的涵义是决定句子真值的方式。此处的问题同前面关于名称的涵义情况类似，"决定"的意思是复杂的，既包括语义决定的意思，也包括认识论决定的意思。

（7）思想是不同于物理实体和心理实体的第三领域的东西。

（8）思想的真假独立于我们对该思想的认识。

（7）和（8）一起给出了句子涵义的实在论论题。结合前面句子涵义的第（2）点和名称涵义的第（4）点，都可称为涵义的客观性论题。涵义的客观性是弗雷格着力强调的特征。首先，涵义是独立于心灵的。弗雷格式思想（或涵义）既不同于外部世界中的物理对象，又不同于内在的心理观念，它属于"第三领域"。弗雷格将这三个层次的区别用著名的望远镜比喻刻画出来：即表达式"月亮"的涵义既不同于外部世界的对象即月亮本身，又不同于透过望远镜投射到各认知主体的视网膜上的投影（弗雷格称之为"观念"），而类似月亮在望远镜镜头上的成像（独立于个别的认知主体的影响）。显然，此处的"望远镜"就是我们的语言机制的隐喻。其次，与此三分法对应，支配思想（或涵义）的既不是物理学规律，也不是心理学规律，而是逻辑规律或关于"真"的规律，即科学的元规律，而科学本身正是思想的领域。根据弗雷格，求真是科学的目标，思想是永恒不变的实体。"第三领域"是认知主体把握和影响外部世界的中介。最后，涵义的客观性意味着涵义是主体间可共享和可交流的。尽管不同说话者可能将不同涵义赋予同一个指称表达式，但任何一个对应于该指称表达式的涵义（指称的呈现模式）都能被不同说话者所理解，即"把握涵义"（grasp the sense），"专名的涵义是每个充分熟悉该名称所属的语言的人所把握的东西"[1]。

因此，综合上述表达式（名称和句子）的涵义的特征，简言之，可以对弗雷格所刻画的涵义之主要特征作下述一般性概括：（1）涵义满足组合性原则；（2）涵义具有认知特征；（3）涵义提供语义内容；（4）涵义决定指称；（5）涵义是客观的。现在的问题在于，上述弗雷格给出的涵义之特征的刻画，能否保持融贯？由于弗雷格除了"呈现模式"这一抽象刻画外并未说明什么样的候选者能同时满足这些要求，我们需要考察满足这些要求的实体究竟是否存在，并进而判断直接指称理论对涵义概念的拒斥是否合理。

二 对弗雷格式涵义的常见分析

传统的弗雷格解释者，即描述主义的支持者，通常将名称的涵义作下述实质性的解释：（1）名称所指涉的对象的属性，尤其是其必然属性；（2）用于"定义"名称的摹状词的语言学意义；（3）元语言的解释，"符号的涵义是该符号物理性质的组合"[2]，等等。这样，名称的涵义就是描述性的，并且相当于某个概念。但是，尽管弗雷格本人的例子都展现了描述性的涵义，然而弗雷格明确解释涵义的术语只有"呈现模式"。呈现模式当然可以是描述性的，却不必是描述性的。对涵义的描述主义解释至少存在两点缺陷，其一即克里普克所指出的模态困难，其二是未揭示弗雷格的涵义概念带有的心理学色彩和认识论倾向。

伯奇批评把弗雷格的涵义概念当作自然语言表达式的语言学意义的流行主张。伯奇指出，首先，在弗雷格那里，为思想和判断"求真"的逻

---

[1] Gottlob Frege, *Translations from the Philosophical Writings of Gottlob Frege*, in P. Geach and M. Black, eds., Oxford: Blackwell, 1952, p. 57.

[2] Hans Sluga, ed., *The Philosophy of Frege*, Vol. 4, Garland Publishing Inc, 1993. pp. 1 – 13.

辑诉求是第一位的。尽管弗雷格认为大部分思想需要通过语言来表达，但弗雷格认为语言常常模糊了思想的实际结构，因此自然语言及其习规意义并不是弗雷格的主要兴趣所在。其次，从索引词的情况能明显地将涵义与语言学意义区分开：根据弗雷格，表达式的涵义决定指称，因此不同的指称应当对应于不同的涵义。索引词"现在"（now）在不同语境里指称是不同的，因此在不同语境里，表达式"现在"应当具有不同涵义。但"现在"的语言学意义总是固定的。于是涵义不能等同于语言学意义。再次，从专名的情况来看，通常认为专名的语言学意义阙如，也即，具有语言能力的说话者不必理解对方对专名的使用，理解包含专名的句子至多只需要知道该表达式是名称即可，以及理解某个语言也无须包含学习该语言中的专名。但是根据弗雷格，专名具有涵义，具有语言能力的说话者可能将不同的涵义赋予到同一个专名之上。于是伯奇指出，弗雷格的涵义概念主要是认知性的，弗雷格寻求的是作为思想之本质和知识之基础的抽象结构和逻辑规律，因此只有"面向认识论"的批评对于弗雷格才能切中要害。这使我们需要考察达米特对弗雷格的涵义概念的解读。[①]

我们再看看伯奇对弗雷格式涵义的概括，伯奇认为表达式的涵义具有三种功能[②]：

涵义 B1（认知内容）：即涵义是表达式的信息值或认知价值。涵义是对象呈现于思考者的模式，或思考者构想对象的方式。但并非所有呈现模式都是涵义，只有联结在语言表达式上的呈现模式才是涵义。表达式的涵义是由充分熟悉表达式所属语言的人所把握到的呈现模式。众所周知，涵义的这一功能用于解释同一性陈述的信息性问题。

涵义 B2（语义关系）[③]：即涵义用于决定相关表达式的指称或语义值；对于单称词项，涵义是词项拣选出唯一对象的路线。我们通过对涵义

[①] Burge, Tyler, "Sinning against Frege", *Philosophical Review*, Vol. 88, No. 3, 1979, pp. 398 – 432.

[②] Burge, Tyler, "Frege on Sense and Linguistic Meaning", in David Bell & Neil Cooper, eds., *The Analytic Tradition*, Basil Blackwell, 1990, pp. 30 – 31.

[③] 此处要区分语义关系和语义内容的概念。语言表达式和实在之物之间具有的表征关系称为语义关系，语言表达式对句子的语义贡献称为表达式的语义内容。因此，涵义决定指称，通过建构语言和实在的语义关系，事实上涉及语义关系的建立过程或决定过程，因此是认识论论题。

的把握去获得指称。根据证实主义的说法，名称的涵义是找到或识别对象的手段，谓词的涵义是决定某个对象是否满足该谓词的方式，句子的涵义是验证句子真假的方法。

涵义 B3（间接指称）：即涵义是表达式在内涵语境中的间接指称。内涵语境造成了特殊的语义性质，通常认为这将使得在内涵语境之内部共指称表达式的替换将改变句子的真值。通过规定内涵语境中表达式的（间接）指称是其通常的涵义，就在表面上使得共指称表达式的替换不改变句子的真值。

这里需要将涵义 B1 和涵义 B2 进行区分，因为"我们对于对象的呈现模式的完全说明（即对我们认知表征或储存信息的影响）不足以决定主体所相信的是这个对象而非那个对象。因为相关对象的个体化不仅仅依赖于思想者关于该对象的信息还有非概念的语境关系"[1]。其次，根据伯奇，涵义 B1 也不等同于涵义 B3。因为，假定两个人，都持有信念"亚里士多德是哲学家"，但这两个人给予"亚里士多德"的认知意义可能是不同的，但在晦暗语境中归属给这两个人的信念中"亚里士多德"所指谓的实体却不可能不同。

萨尔蒙（Salmon，1981）跟随伯奇的方法进一步就涵义作为心理学概念、语义概念和认识论概念作出下述实质性的概括[2]：

涵义 S1（概念内容）：有充分能力的说话者当使用词项时以特定方式联系在对象上的纯粹概念表征。涵义 S1 是心理学的或观念性的概念，即主体"把握"到的东西；这种涵义只包括纯粹定性的性质，没有外部世界之中的事物包含于其中。

涵义 S2（语义关系）：词项的指称（相对于某可能世界和某时刻）被保证和被语义决定的机制。涵义 S2 是语义概念。

涵义 S3（认知内容）：词项的信息值，即词项对包含该词项的句子的信息内容的贡献。涵义 S3 是认知的或认识论的概念。词项的涵义 S3 通过

---

[1] Edward Zalta, *Intensional Logic and the Metaphysics of Intentionality*, Cambridge, MA: MIT, 1988, p. 163.

[2] Nathan Salmon, *Reference and Essence*, Princeton, NJ: Princeton University Press, 1981, p. 12.

包含它的句子的相关认识论地位（先验，后验，平凡的或有信息的），形成了句子所表达的信念的一部分。

涵义 S4（心理文件）：说话者用某种方式关联到他对词项的使用上的性质簇或性质集合，常被称为附着于词项上的"心理文件"。

首先注意到涵义 S4 与涵义 S1 接近①，其区别在于涵义 S1 是纯粹定性的，而涵义 S4 不是纯粹定性的或概念的，它可能涉及非内涵实体作为其成分。（萨尔蒙意识到弗雷格可能不会把这个概念当作其涵义概念的一部分。）其次注意到萨尔蒙和伯奇的划分互有重叠，其中涵义 B2 和 S2 基本相同。不同之处在于，萨尔蒙实际上放弃考虑 B3 而将 B1 分解成两个部分 S1 和 S3。萨尔蒙认为涵义 S1 和涵义 S3 不可等同，因为涵义 S1 可能包括错误信息，涵义 S3 则不可能。佐尔塔（Zalta, 1989）指出归属性使用的限定摹状词则同时具有涵义 S2 和涵义 S3。对于涵义 B1、涵义 S1、涵义 S4，佐尔塔则指出，注意到这三个概念处理的都是认知内容而不是"对象性内容"（即词项所指谓的或心理表征所关于的东西，即意向性内容）。认知内容的一个重要特征是其客观性，即它是公共的实体，两个不同的人可以将相同的认知内容联系到同一个词项上。②

萨尔蒙（1981）认为，对直接指称理论的批评集中在认为直接指称理论不承认专名有上述几种涵义之一，这种批评实际上是误解了直接指称理论，后者并非否定存在着某种不同于专名指称的某种"涵义"（如涵义 S1 或 S2 等）。直接指称理论反对的是弗雷格理论中的"Sinn"，即能够同时起到上述三种功能存在某个实体。直接指称理论认为，名称和索引词不可能具有既是概念内容，又是指称决定者，以及认知内容这三种功能的涵义。③

泰勒（Taylor, 2003）归纳了三个弗雷格语义传统的原则：（1）认知

---

① 萨尔蒙在正式的区分中只列举了前三种涵义，此处的涵义 S4 是 Salmon 在注中提到的。参见 Nathan Salmon, *Reference and Essence*, Princeton, NJ: Princeton University Press, 1981, p. 13。

② 佐尔塔将之与现象学传统中的相比较："认知内容的概念与胡塞尔的'意向相关项的涵义'类似，但胡塞尔的'意向相关项的涵义'概念比弗雷格的涵义概念更宽泛，因为弗雷格的涵义主要是应用于语言，而胡塞尔的概念则可应用于各种直接认知事件的内容。"参见 Edward Zalta, *Intensional Logic and the Metaphysics of Intentionality*, Cambridge, MA: MIT, 1988, pp. 154–158。

③ Nathan Salmon, *Reference and Essence*, Princeton, NJ: Princeton University Press, 1981, pp. 13–14。

差异的标准：即（a）两个句子 S 和 S'在认知上是可区分的，则理性认知主体可以相信 S 所表达的东西而不相信 S'所表达的东西；（b）两个词项 t 和 t'是认知上可区分的，当且仅当它们所在的句子 S 和 S'是认知上可区分的，其中 S'是将句子 S 中的 t 用 t'替换后得到的句子。（2）弗雷格的充足条件：两个句子在认知上是可区分的，仅当它们是语义上可区分的；（3）指称决定的认知限制：在一个充足的指称理论中，指称决定机制将提供指称物的认识可达的路线。① 弗雷格为满足这三个原则而找到的理论实体就是涵义。其中原则（1）看上去无可争议。原则（2）则是一个可疑的信条，把原则（2）与原则（3）结合起来，就要求句子（更严格地，句子的陈说）作为交流和表达心理状态的载体。因此将涵义作为满足这三个原则的实体就分别是说：（1）涵义作为心理状态之内容；（2）涵义作为语义内容或句子意义的成分；（3）涵义认识论地决定指称。

显然弗雷格式涵义与罗素的摹状词理论有很大的不同，但克里普克在《命名与必然性》中却声称要对弗雷格—罗素的描述主义传统发动攻击。这里需要做一点澄清，弗雷格以降直至 20 世纪 70 年代以前的分析哲学主流思想，普遍相信思想之结构能够被语言所揭示，语言比思想具有哲学解释上优先的地位，乃至相信思想与语言之间具有某种近似意义上或某种理想化处理之后的同构性。在这种思路下，弗雷格式涵义的这两重维度得到了合二为一的处理。这明显体现在对"涵义决定指称"这一弗雷格式教条的处理上：弗雷格的涵义决定指称本来是指对象呈现给认知主体总是需要特定的呈现方式，一旦将之进行语义学的投射，就成了表达式的意义决定表达式的语义值或塞尔所说的"意义决定指称"，于是认识论的"决定"被替换成语义学的"决定"。按照涵义概念，正确使用名称的能力，要求把握名称的涵义。把握某个名称的涵义就是把名称 N 与摹状词"如此这般的唯一的 F"（the F）联系起来。这样，指称表达式的涵义进一步被解释成限定摹状词，而限定摹状词似乎既提供了有关对象的认知信息又凸显出明确的语言学意义，进而表达式和对象之间的指称关系就变成了对象和作为表达式之意义的摹状词的之间的满足关系，最后，表达式的涵义

---

① Kenneth Taylor, *Reference and Rational Mind*, Stanford, CA: CSLI, 2003, pp. 83 – 85.

等同于与表达式相联系的限定摹状词这一弗雷格加罗素式的杂拌就理所当然成了分析哲学的经典教条。

　　对弗雷格式涵义的分析表明涵义的最显著特点是具有语义学和认识论的二重构成，但上述刻画仍然是就涵义的功能进行说明。虽然我们在上一节开头也简单提到不同的刻画指称表达式的涵义之实质性内容的方式，但这一点仍远未清晰。对于句子层面的涵义，情况要好一些，因为根据弗雷格，句子的涵义就是句子所表达的命题，是句子的真值条件和命题态度的对象。我们在前面已经指出，直接指称理论认为句子的真值条件和命题态度的对象不可能同时是弗雷格式思想，即包含着对象之呈现模式的一般性命题。命题和信念应该如何被个体化，也即，合适的命题态度的对象，应该是弗雷格式思想还是单称命题，是当代心灵哲学的内容理论中热烈争论的话题，我们将在下文讨论。此处我们要考虑的是，一个稍微精致的容纳弗雷格式涵义的语义理论需要构建涵义的语言学对应物，以便明确地指出专名涵义的个体化条件，从而彻底地将涵义概念消化进意义理论之中。我们设想，指称表达式的涵义的语言学对应物的候选者可以包括：（1）一簇限定摹状词，这是最直接的说法，也即罗素版的涵义解读，尽管罗素本人事实上是反对涵义指称区分的，但斯特劳森和塞尔则将弗雷格和罗素的说法结合起来而得到这种描述主义的经典表述。根据传统解释，摹状词的内容或者是有关对象的识别性质，或者是有关语词使用规则的说明。（2）与表达式相联系的习规的语言学意义，它归根结底可以还原成摹状词。此处指称表达式的类型特征体现出来：对于索引词，其语言学意义是明确的，但对于专名，是否存在语言学意义就存在着争议。经典描述理论将摹状词当作专名的语言学意义，元语言规则抛弃了具体的识别性内容。（3）指称表达式对句子在特定场合下的陈说的意义贡献，此即（2）加上语境因素；（4）词项使用的习规规则。这是对（3）的更精致表述，以及更少本体论承诺。上文提及，达米特曾经建议，把说话者对表达式涵义的把握解释成对表达式之使用规则的领会。对于索引词和指示词，其使用规则可等同于其语言学意义；对于名称，其使用规则可等同于元语言观的刻画。（5）与该词项分析等价的内容。这是最彻底的语义学表述，它把（1）中含混不清的和（2）—（4）中残留的认识论因素全部扫荡干净，因此成为克里普克式批评的标准目标。但是，与专名分析等价的内容是什么，显然存在着争议。

前文已经指出，弗雷格式涵义的语言学对应物，无论以上述（1）到（5）的哪种方式出现，都遭到了有力的批评。对（1）和（5）的批评主要来自模态的批评，对（2）至（4）的批评主要来自直接指称论者的批评；（4）似乎是最引起坚持弗雷格式涵义的论者的同情的，但这种对涵义的解释一旦与弗雷格的整个理论结合起来，特别是与句子的涵义结合起来时，困难就出现了。因为根据弗雷格，句子的涵义必须包括指称表达式的涵义，并且决定该句子的真值。词项使用的习规规则通常是稳定的，但同一句子在不同场合的真值却可能是变化的，因此这种意义下指称表达式的涵义如何进入句子的涵义，无法得到合理的说明。

因此，对表达式的涵义寻求非语言学对应物的解释成为坚持涵义指称之区分的直觉的弗雷格主义者的重要工作。事实上，对弗雷格涵义概念的认识论/心理学层面的进一步挖掘，特别是对于弗雷格式思想作为命题态度之对象的重视，也要求去刻画表达式之涵义的心理学/认识论对应物。Fodor（1997）强调呈现模式作为涵义能够对概念进行个体化而仅凭指称不足以个体化的理由就在于呈现模式需要的是心理对象。因为，如果涵义是呈现模式，我们是"以某种呈现模式去思考（think with），而不是把呈现模式当作对象去思考（think about）"[1]，而"把握某种呈现模式的方式"总是无限的，某人只有一种关于"水"的呈现模式并不代表他只有思考水的一种方式。我们在此可以设想的涵义的心理学/认识论对应物的候选者可以包括：（1）关于该词项所指对象的经验内容。这一点需要和对象的识别性质区分开，也即与前述簇摹状词区分开。后者属于经验内容的一部分，但有关对象的经验内容不必是具有描述性形式的识别性质。因为认知主体与对象的认识论接触从形式上看可以是描述性的也可以是非描述性的，例如可以是因果性的；从来源上看可以是当下的也可以是回忆的，可以是直接获得的也可以是结合推理获得的；（2）现象学内容。它是经验内容的一个主要构成部分，即与对象进行直接和当下的认识论接触时呈现给认知主体的那部分经验内容，典型地例如对象被知觉呈现给认知

---

[1] Jerry Fodor, "The Representational Theory of Mind", *American Behavioral Scientist*, Vol. 40, No. 6, 1997, p. 6.

主体的那部分内容；（3）概念。"概念"（concept）这一术语在不同论者那里具有相当不同的用法。① 此处的概念是指构成心理内容或信念内容的成分，直观而言是指思考对象的方式。它与心理表征、观念、原型等都有关系，是这些心理成分的抽象物。概念的整体系统通常被称为概念图式，是我们把握经验世界的认识架构。因此概念本身可以通过主体的认知能力来个体化；（4）心理表征。心理表征也是具有歧义的术语。对于心理表征的实体化要求容易陷入是否存在"心理图像"这类问题的争论上。某些关于心理表征的较强的假设认为存在着某种"心理语"，即心理表征是某种具有类似于语言实体特征的心理状态。在此我们主要强调的是，心理表征是某种能够进行认知活动操作的心理状态，其主要特征之一是能够作为语义载体。

因此，当弗雷格式涵义作为描述性的识别性质、语言学意义和语义规则受到直接指称理论的打击之后，我们希望把考察重心转移到心理语义学和认识论的层面，探讨是否存在对涵义的合理辩护，这正是新弗雷格主义者所尝试的路数。

第二节 新弗雷格主义对涵义的认知解释

当把涵义当作由限定摹状词来揭示的描述性意义时，会带来各种困难。克里普克和直接指称论者对于描述主义的批判是非常有力的：描述主义的语义论题，即名称的语义值等同于摹状词的观点，被多数哲学家认为已经瓦解，虽然其弱化版本，即元语言观的描述理论还得到一定的支持。另一方面，描述主义的认识论论题，即名称的描述性涵义决定指称，也受到了相当大的挑战，许多哲学家认为因果理论是更好的框架。那么，弗雷格式的涵义概念是否就需要被抛弃，进而放弃涵义指称之区分呢，抑或涵义概念对语义学和心理语义学依然是必不可少的？对这个问题的回答使得20世纪晚期的语言哲学分裂成两大阵营。以牛津哲学圈为主的几个哲学家，如达米特、埃文斯、麦克道威尔、皮考克主张维护涵义指称区分，并

---

① 弗雷格本人对"概念"的用法是将它作为谓词表达式的指称。这显然不是我们此处的用法。

且对弗雷格式的涵义概念进行了重新诠释，根据这种诠释，涵义不必是描述性的，而且涵义与指称的关系变得更加密切。但是，对涵义概念的新的解释也似乎进一步表明，一个决定指称的涵义概念，不完全能在语义学或意义理论的框架内得到处理。我们看到，埃文斯和皮考克在指示性思想（demonstrative thought）方面的工作把问题带入知觉和心理内容的领域中。此外北美哲学家戴维特和福布斯等人，也坚持弗雷格式涵义的不可或缺性，但他们对涵义的阐释，认知成分比牛津哲学家们更单薄，而跟语义学结合得更紧密。我们在下面将考察和分析新弗雷格主义者对涵义概念的认知解释方面的三种进路：其一是把涵义解释成从物的思考方式或心理呈现模式；其二是把涵义解释成证实性知识或作为证据的概念；其三是把涵义解释成动态的信息体或文件系统。这三种理解都强调了弗雷格式涵义的认知功能，而显示出涵义概念的语义解释和认知解释之间的紧张，以及涵义概念的内在不融贯性。

一 作为心理呈现模式的涵义

一般认为，在弗雷格式那里对涵义的标准说明是指称的"呈现模式"，这是弗雷格在文献中明确表达的用法。涵义作为指称的呈现模式以决定指称，这主要是认识论层面上的概念。但弗雷格式涵义还具有心理学意味，因为弗雷格同时指出，（1）句子的涵义即思想，是命题态度的内容；（2）句子的涵义是说话者在理解这个句子时所把握的东西，这意味着涵义与心理状态有关。正如埃文斯指出，"弗雷格的意思是，为理解一个表达式，某人不仅需要将该表达式的指称作为指称来思考，还必须以特定的方式来思考这个指称"[1]。因此，弗雷格式涵义不仅是指称在语言中的呈现模式（这往往体现为某个摹状词形式的语言表达式），也是指称在心理中的呈现模式。"涵义"作为心理的呈现模式，即埃文斯所说的指称的"思考方式"："将一个弗雷格式涵义赋予给单称词项，意思就是，如果这个词项被理解，那么就存在特定的思考该词项的指称物的方式。"[2]注意到这个涵义的概念并未预设任何关于思考方式的实质性理论，即没有

---

[1] Gareth Evans, *Collected Papers*, Oxford: Clarendon, 1985, p. 294.
[2] Gareth Evans, *The Varieties of Reference*, Oxford: Oxford University Press, 1982, p. 20.

预设思考方式是描述性的还是非描述性的。埃文斯指出,佩里对弗雷格语义学的批评预设了下述前提,即单称词项的弗雷格式涵义或者是限定摹状词的涵义,或者是与限定摹状词的涵义密切相关,但是这样对弗雷格式涵义的描述主义解释并不准确。

埃文斯在讨论弗雷格式涵义时指出,弗雷格虽没有解释什么是呈现模式,但对涵义概念在日常的命题态度心理学中的使用提出了限制。也即,虽然弗雷格没有给出严格的思想的同一性标准,但是给出了一个略松散的差异性标准,即埃文斯所谓的"思想的直觉差异标准":两个句子 S 和 S'表达了不同思想,当且仅当可能存在着某个理性主体,同时理解了两个句子,但赞同 S 而不赞同 S'。① 利用这个标准,可以进一步讨论作为指称之思考方式的涵义概念。依据埃文斯,对"思考方式"的个体化的原则总体上是既不可过于精细(从认知角度进行即可而不必考虑修辞等其他因素),也不可过于粗糙(以至于无法区分两个明显不同的态度内容)。对于将思考方式进行个体化,埃文斯给出了下述原则上的,而非实质性的刻画:两个主体 S 和 S'以相同的方式思考某对象 a,当且仅当,对于所有形如"S 借助于事实……来思考对象 a"的陈述中,用 S'去替换 S 后,得到的陈述是保真的。②

面对直接指称理论对描述主义批评的压力,新弗雷格主义主张保留涵义概念,但要求对涵义概念做出新的解释。新弗雷格主义首先将涵义从对象的语言学上的呈现模式,转变到心理学上的呈现模式,即"思考对象的方式",并且指出,"思考对象的方式"作为涵义的特征是它是某种"从物涵义"。从物涵义的特点是,一方面它仍是弗雷格式涵义,因为仍满足弗雷格之涵义决定指称的要求;另一方面,与弗雷格认为存在无指称的涵义不同,从物涵义是依赖于对象的涵义。我们比较作为指称之思考方式的从物涵义与传统理解的弗雷格式涵义的主要区别。

首先,从物涵义,即从物的呈现模式,依赖于对象之存在。根据传统所理解的弗雷格涵义,涵义决定指称但是反之不然,也即,涵义不必依赖指称,进而得到:涵义可以独立于指称存在,即存在无指称的涵义,典型

---

① Gareth Evans, *Collected Papers*, Oxford: Clarendon, 1985, p. 19.
② Gareth Evans, *The Varieties of Reference*, Oxford: Oxford University Press, 1982, p. 20.

的例子是空单称词项，弗雷格举出了这种例子如"离地球最远的天体"。那么如何理解弗雷格对空项问题的评论，即当表达式的指称不存在时仍可有涵义？埃文斯就此解释说，事实上弗雷格认为空项是有缺陷的，即把空项当作虚构的或神话的。弗雷格没有简单地说专名必须有指称，而是说"除掉神话和虚构，专名必须有指称"，或"为了科学的目的，专名必须有指称"。因此，弗雷格实际上认为包含空名的陈说属于语言的虚构使用。另一方面，弗雷格也否认包含空项的句子能真正表达思想。在弗雷格的理想语言的构成中，没有空项的地位，因为弗雷格的语义学正是为理想语言设计的语义学。另一方面，当涵义被解释成对对象的思考方式，也即对象被给予给思考者的方式。如果没有对象存在，就无所谓思考方式的存在。从物涵义的典型情况是知觉某个对象。如果对象不存在，那么对对象的知觉或我们把握对象的方式也不可能存在。特别地，当我们考虑某种缺乏对象的幻觉时，如关于人头马的幻觉，这只需要指出幻觉不是思想，而是思想的假象。

其次，从物涵义是关系性的而非描述性的，从而是真值条件无关的。在从物涵义中对象是直接呈现而不是通过中介间接呈现的。我知觉到某个对象，这是直接通过感官的接触获得的，我不需要通过识别对象的某个性质才意识到它是对象。但是，如果我要确认我知觉到的对象是我曾经知觉过的某个特定对象，我就需要借助某些条件来识别二者的同一性。因此，需要把知觉对象（或初次识别对象，实际上是将占有不同时空位置的对象区分开来）和对象的再识别（要求将当下把握的对象与从前把握的对象联系起来）区分开，前者是直接的而后者是反思性的。换言之，从物涵义不是通过某个描述性条件来识别出某个先前遭遇过的对象，而是直接通过因果关系的作用来呈现当下的对象。这也就预设了，从物呈现模式对于指称的决定具有语境依赖性，也即认知主体和对象的因果关系必须在某个语境中发生而不能独立于语境。反过来，描述性呈现模式对于指称的决定则是独立于语境的，因为描述性条件和对象之间的关系本质上是满足或不满足的关系，这种关系进而可以被刻画成独立于语境的形上学关系。从物涵义，作为指称的心理学呈现模式，与传统弗雷格式涵义的最大区别就在于其不进入陈说的真值条件，或称具有真值条件无关性。这就使得从物涵义能够避开克里普克式的模态批评。

最后，从物涵义可以看作动态之思想。埃文斯指出我们可以将涵义概念解释为动态的思考对象的方式，即把涵义看作追踪（keeping track of）对象的方式，以此来回应具有稳定语言学意义的索引词在不同语境下改变指称的问题。因此，从物涵义不仅具有共时的特征，即可以把涵义理解成存有某些信息的心理文件；还具有历时的特征，也即从物涵义的共时性内容是会随着时间变化的。埃文斯认为，"弗雷格的观点是当处于相同认知状态下，在不同时间里会要求不同的东西；为了保持固定的指称和固定的思想，环境变动时我们也要改变：为了保持相对静止我们需要跑动"①。麦克道威尔（1984）在回复伯奇时从反面捍卫了从物涵义的观点。伯奇认为，如果命题态度或陈说本质上是从物的，这是由于下述事实，即涉及物本身的语境进入了命题态度被正确归属的决定因素之中。因此涉及指示词的从物思想可能与经典的弗雷格式思想不相容，因为弗雷格允许含有索引词"今天"和"昨天"的句子能表达相同的思想，这就使得这一相同的思想不是弗雷格式思想而是罗素式单称命题，包含着某一天作为其成分。麦克道威尔则指出，"埃文斯用'追踪'来解释包含时间指示词的思想的同一性：思想通过其如何被表达时的必然变化来保持同一性。这种'动态思想'不是罗素式的命题，也不仅仅是涉及某一天的呈现模式，动态思想不仅仅由纯粹的对象的同一来决定"②。

于是，在埃文斯和麦克道威尔那里，经过重新解释的涵义不再是描述性的，也不仅仅处于语言学层面上。这样新指称理论对于描述主义的两重打击，即由描述性内容相对于赋值环境的模态变更的严格性问题，和语言学意义相对于陈说语境的指称变更的直接指称问题，都得到了回避。但是问题在于，这一对从物涵义的刻画在多大程度上与弗雷格本人表述的涵义概念仍然是一致的？把涵义刻画成心理呈现模式，无疑需要进一步澄清，这如何能够与弗雷格所要求的涵义的客观性保持融贯。

二 基于证据和概念的涵义

作为弗雷格哲学的最著名的诠释者，达米特对其涵义概念进行了证实

---

① Gareth Evans, *Collected Papers*, Oxford: Clarendon, 1985, p. 305.
② John McDowell, *Meaning, Knowledge, and Reality*, Cambridge, MA: Harvard University Press, 1998, p. 216.

主义的重构。在《弗雷格：语言哲学》的第五章中达米特将弗雷格引入涵义指称之区分的论证归纳为"同一论证"和"认知论证"。在解释"同一论证"时，达米特强调的是，涵义与指称（在弗雷格那里体现为语义值）的区别在于，对于语义值，并不需要诉诸知识和理解的概念，而涵义却与理解密切相关：探问表达式的涵义就是探问理解该表达式需要把握什么东西，而为了理解一个表达式，知道其指称（语义值）既不充分也不必要，此即需要引入涵义概念的理由。因此，涵义概念必须作为理解概念，正如达米特要求意义理论必须是一种理解理论。在解释"认知论证"时，达米特更加强调涵义与知识的关系。达米特指出，命题性知识归属（即从言知识）比对象性知识归属（或从物知识）更为基本，后者只有借助前者才能被把握。从而不存在纯粹的有关表达式之指称的知识，关于表达式之指称的知识必须借助于关于表达式之涵义的知识来被把握。也即，离开涵义，我们无法充分刻画关于表达式的知识。同时，达米特也指出弗雷格的认知论证的"主要缺陷是，并未表明词语的涵义是某个语言的特征。它至多表明，对每个说话者，他联系到词语指称上的东西必定是涵义，只要涵义决定指称即可，但他并未表明会有不同说话者把同一个涵义赋予给某个词的必然性"。达米特批评弗雷格的对涵义的认知性诉求"留下了下述可能性，即词语的涵义是心理机制的一部分，通过该机制说话者把意义赋予给词语，但涵义并非意义的真正的成分"[①]。为了保证涵义的客观性，达米特建议，不应当将把握涵义解释成随主体而变化的呈现模式，而要借助维特根斯坦的"意义即使用"的观点来解释对涵义的把握。根据达米特，对表达式涵义的把握因此就在于拥有在共同体中恰当使用该表达式的能力：能够恰当使用某个表达式，意味着说话者拥有某种知识，这种知识构成了对所使用的语言的理解，尽管它对于说话者而言也许不是明确意识到的而是隐含或默会的，但是显示（manifest）这种知识是如何在语言使用中起作用的却是意义理论的任务。

因此引出达米特对弗雷格涵义指称区分的另一个批评是，弗雷格未能对涵义和知识之间的联系做出令人信服的解释。达米特对于涵义概念的更

[①] Michael Dummett, *Frege: Philosophy of Language*, Cambridge, MA: Harvard University Press., 1973, p. 130.

明确的处理是把表达式的涵义当作确定其指称的过程或方法,也即识别指称的证实途径:对于专名而言,把握其涵义就是获得识别其指称的手段,或者说是把某对象识别为该名称的承担者的方式;对于概念表达式而言,把握其涵义就是知道什么东西满足其所表达的概念;对于句子而言,把握其涵义也即知道了确定句子之真值的方法。注意到根据达米特的解释,涵义也不必是描述性的,因为识别或确定指称的手段不一定是描述性的。但此处存在着问题,这一确定指称的过程未必总是有效甚或是能行的,至少,关于证实过程的知识通常是属于专家的。因此埃文斯称达米特对弗雷格涵义的这种诠释是"理想化的证实主义"。

把"理想化的证实条件"加以改造,就可以得到皮考克的"证据"解释。弗雷格用涵义解释同一语句的信息性困惑:两个表达式 e 和 e' 具有不同的涵义,如果断定这两个表达式具有相同指称的句子(如: e = e')是潜在地具有信息性的。这把解释的负担转移到何谓信息性上。我们说某个句子是具有信息性的,就意味着它是经验的或者认识论上可错的。但是,正如福布斯所指出,这对弗雷格主义带来了解释的循环,因为对弗雷格主义者而言,认识论之可能性的解释需要使用涵义的概念。[1] 为避免这一困境,皮考克解释信息性的办法是诉诸可能的证据基础,从而把涵义的概念奠基于证据之上。根据皮考克,某主体如果不能采用典范证据来确证某个思想或命题,就不能理解该命题。"某种类型的知觉、记忆或信息是思想 p 的典范证据,当且仅当思想 p 的构成成分使得思考者将该类型的信息当作证立判断 p 的明显的证据。"[2] 于是如果两个表达式的内容具有不同的典范证据条件,那么这两个表达式的同一性陈述就是信息性的。这样,在皮考克那里,表达式的涵义就与相关的典范证据的敏感性模式联系在一起。例如,某人使用第一人称代词"我"做出某些判断,这些判断对于此人的自身状态的典范证据以某种方式敏感。这种敏感性模式就是"我"的涵义。然而,解释证据的敏感性模式仍是一件复杂的事情。

皮考克(1992)后来将典范证据的观点发展成"概念(concept)"

---

[1] Graeme Forbes, "Indexical", in D. Gabby, *et al.*, eds., *Handbook of Philosophical Logic*, Vol. 4, 1989, p.466.

[2] Christopher Peacocke, *Sense and Content*, Oxford: Clarendon, 1983, p.116.

来表述什么是涵义。在本体论上概念是一种抽象对象，是弗雷格的"第三领域"中的东西。概念作为心理内容的成分，具体而言，就是思考某事的方式。不同概念都可以作为思考同一对象的方式，在这个意义上，概念可以表述为认识论上的可能性。因此"现在"和"六点钟"是不同的概念，即使在某个语境中这两个词项指向相同的东西；类似地，观察概念"圆"的概念也不同于"到定点的距离等于定长的点的集合"这一复杂概念，因为抵达这些概念的认识论通道不同。皮考克用首先用认知意义来说明概念的差异标准：概念 c 不同于概念 d，如果某人可能理性地相信 c 是 F 而不相信 d 是 F。但差异标准至多只给出了概念个体化的必要条件，皮考克在《概念研究》(1992) 中，其核心论点是要说明，概念的个体化可以用所谓"拥有条件"来刻画，即思考者拥有某个概念（或持有一个以某概念为成分的内容的信念）所必须满足的条件。[1] 以概念为成分的命题内容可被赋值为真假，因此概念与外部世界相结合就决定了语义值。由于概念可被拥有条件来个体化，从而，我们可以通过概念的拥有条件来确定概念的指称，这就得到了皮考克的识别论题：拥有某个概念就是知道使某东西成为该概念的语义值是怎么回事。对于概念的特征，皮考克强调概念不同于原型和个人观念。前者把某个概念 C 当作该概念的外延类中所体现的典型特征，后者把概念 C 当作特定个体的相关知识，显然这两种方式都不能完全满足概念的差异标准之条件。此外，关于心理内容之外在主义的论证表明，思考者对于特定概念的拥有条件依赖于环境。个体化这类概念的拥有条件必须解释思考者的社会关系尤其是语言关系。

对于"概念"的一个主要争议是，概念的本体论地位是作为抽象实体，还是仅仅是心理表征？虽然通常认为弗雷格式涵义就是概念，但弗雷格反对心理实体作为涵义，因而似乎排除了作为涵义的概念能够是心理表征。因为心理实体是主观的，而弗雷格式涵义是客观的。但只要注意到，尽管心理表征的殊型是主观的，即唯一属于拥有该殊型的人而不能属于其他人，但不同的关于某对象的心理表征殊型却具有相同类型，这一心理表征的类型是主体间共享的。这种主体间性似乎能够通过信息的概念来更精确地刻画。

---

[1] Christopher Peacocke, *A Study of Concepts*, Cambridge MA：MIT Press, 1992, p.6.

三　作为动态信息体的涵义

戴维特是克里普克提出名称的因果理论最积极的追随者，与克里普克式的简明扼要的因果图景不同，戴维特（1981）提出一个较为系统的因果网理论。根据这一理论，一个单称词项能指示某个对象，仅当在词项的使用者和所指对象之间存在着联结二者的因果性的指示链条。根据戴维特，说话者 S 关联在名称 N 上的涵义是通过某种因果链来指示对象的性质，说话者使用该名称的语义能力就体现在把握了该名称的涵义，也即说话者能够基于该因果链找到名称所指涉的对象。名称的涵义可以用"文件"的隐喻来表达，说话者关联在名称 N 上的文件即说话者关于该名称 N 所指涉的对象 O 的思想或信念的集合，这些思想包括了说话者 S 在说出名称 N 的类型时的倾向，其背景和根据就是奠基于该对象 O 的指示链条。因此，名称 N 的涵义就是"该文件的主体"。与对涵义的传统解释不同，注意到基于因果网的文件具有以下特点：（1）在内容上包含的是因果性的从物信息；（2）在结构上是动态的，亦即可修正的。当某次交流进行的时候，例如，交流中涉及对听者是具有信息性的同一性陈述时，例如 N1（该次对话的主体）= N2（某文件的主体），听者就把这一新信息与原来的文件关联起来，从而扩大了原来文件的内容。

作为"文件"的涵义具有下述特点。首先，不同的指示链网络往往涉及不同的奠基或指称借用，但这两个因素对于涵义都不是本质的，也即相同的奠基和相同的指称借用却有可能导致与同一名称类型相关联的不同"文件"。仿照戴维特，我们可以构造下述例子：假定某个名为莫尼卡的人过着一种双重生活，成功使得所有人以为这是长得很像的并且同名的两个不同的人。这时考虑同一性陈述"（这个）莫尼卡 =（那个）莫尼卡"，那么对所有人而言这个陈述都具有信息性的陈述，而两个不同因果链的奠基和指称借用都是相同的。导致涵义差异的关键性因素在于语言共同体中的成员对于涉及名称的陈说具有不同的内在处理方式，也即共同体成员对各自信念集合的修正方式。这种情况下，戴维特需要区分"说话者涵义"和"习规涵义"，前者是特定说话者关联在名称 N 上的文件或 S 的信念集，该信念集体现为属于 S 的奠基于名称 N 所指涉的对象的因果网；后者是所有共同体成员的不同因果网的统一体。这样对涵义的区分与克里普克提出的说话者指称和语义指称的区分也是类似的。

为了解释涵义，福布斯提出一个"认知操作系统"的隐喻来解释我们是如何保存和处理从物信息（*de re* information）的。根据这个隐喻，当我们接收到有兴趣保留的从物信息，我们的认知操作系统就创造一个档案以保存这类信息，以后当我们进一步收到关于同样对象的信息，就都被归入已有的信息档案。日常的名称在这样的操作系统中的作用就是用于识别关于某一特定对象的文档或"标记"某个档案。对于档案中的关于对象的信息，有一个分类标准，就是建档者或认知主体对于相关命题的态度，例如"相信为真"或"希望为真"。根据这样的隐喻和对名称作用的解释，专名"N"的涵义就是"该档案的主体"：我们思考名称 N 的方式就是把 N 所指涉的对象当作这一档案的主体，也即把名称 N 和关于某对象的信息体（档案）关联起来。因此名称涵义的认知意义就是"该信息体所关于的人或事"。另一方面，福布斯把 Evans 的作为思考方式的涵义的个体化标准修正为：（3）表达式 e 和 e' 具有不同的涵义，如果使用这些表达式断定具有相同指称的对象语言中的句子是潜在地具有信息性的。

我们将这种对涵义的解释与传统描述主义进行比较。后者对名称的解释是，名称语义等价于某个满足条件的集合（在语词上体现为摹状词集合，在内容上体现为概念集合），可以记为名称"N"的内容分析等价于"$F_1 \wedge F_2 \wedge \cdots \wedge F_n$"，或名称 N 的涵义就是"$F_1 \wedge F_2 \wedge \cdots \wedge F_n$"。而根据福布斯的解释，名称 N 是关于某个对象 O 的档案或文件夹的标签。两者的差别首先在于，根据描述主义，涵义决定指称的意思是通过在先的概念簇去寻找一个满足该概念簇的对象，如果存在这样的对象，该对象就是此名称的指称，否则为空名；而根据福布斯，并不存在在先的概念或性质集合，首先是根据名称创立的档案，此档案是关于某对象的，然后才往档案中添加信息。也即对象处于以涵义作为认识通道的开端而不是末端，此对象的性质是逐渐饱满起来而不是通过性质去寻找对象。在此意义上，福布斯的涵义也是依赖于对象而不是独立于对象的。

根据这种方式解释的涵义显然不是描述性的；此外，它也能有效地防止克里普克式的批评：由于没有什么信息是名称所标示的档案中的典范信息，因此单凭信息本身不足以确定对象，也不至于因为信息的错误而导致对象的误识别。另一方面，档案中的信息是动态的，可以添加和删除，这就可以解释同一陈述的信息性问题。显然，福布斯的上述思路与戴维特（1989）解释涵义的方式乃是异曲同工。

戴维特和福布斯的作为动态信息体的涵义概念对于弗雷格语焉不详的涵义的实质内容做了明确的阐明，侧重于用这种实质性和涵义重新解读在语言和心灵哲学中被反复讨论的那些困惑，如同一性语句的信息性问题和信念归属难题。信息体的概念既能提供认知内容，又能保留客观性要求。但是，信息体总是处于现实世界中、以认知主体的视角为标准，它如何能够符合语义解释的需要而对语句在反事实世界中的真值做出说明？

第三节　新弗雷格主义与直接指称理论

一　概念变异

前已提及，新弗雷格主义和直接指称理论在语义学论题上的最明显的差异是，指称表达式的涵义是否进入包含指称表达式所表达的语句所表达的命题。由于弗雷格式涵义的一个主要功能是解释信念归属时体现的认知意义的差别，而直接指称理论拒绝这种解决方式，直接指称理论必须通过其他方式来解释包含共指称表达式的语句的认知意义的差别。为了处理信念语境中共指称替换失效问题，直接指称论者不得不修改对信念关系的处理。如前，典型地，信念关系在新罗素主义者那里被处理成三元关系，在萨尔蒙那里是相信者、命题和第三相关项，此处第三相关项类似于某种呈现模式，不同的是，该呈现模式外在于信念的内容，在佩里那里是信念状态和信念内容的区分。因此，两种处理办法都把认知意义解释成"把握命题的方式"，这样，在语义学上维护了单称命题作为句子语义内容的地位，同时 S 对 "a is F" 和 "b is F" 的不同认知态度也得到了解释。假定 "a" 和 "b" 分别是对象 O 的两个不同的名称，考虑句子：

（4）S 相信 a 是 F。

（5）S 不相信 b 是 F。

那么新弗雷格主义对于上述句子的解释可以分别写成（6）和（7）：

（6）S 相信 O 的呈现模式$_1$是 F。（S believe that mop$_1$ of O is F.）

（7）S 不相信 O 的呈现模式$_2$是 F。（S believe that mop$_2$ of O is F.）

其中 mop 是呈现模式（mode of presentation）的简写。

相应地，直接指称理论对于上述句子的解释可以分别写成（8）和（9）：

（8）S 以方式$_1$相信 O 是 F。（S believe-in-a-way$_1$ that O is F.）

（9）S 以方式$_2$不相信 O 是 F。（S believe-in-a-way$_2$ that O is not F.）

这两种解释的相似之处是显然的，直接指称理论似乎只是把呈现模式从命题里面挪到了命题外部，把对象的呈现模式改成了命题的呈现模式。似乎，"涵义"没有被消去，只是换了地方。埃文斯（1980）最早指出，佩里对弗雷格的批评并没有伤及弗雷格理论的实质，而只是其一种变形。埃文斯说道，"佩里用来取代弗雷格式思想的概念是单称思想的概念，即当词项 t 在语境 c 中和 t' 在语境 c' 中具有相同指称时，F（t）在 c 中和 F（t'）在 c' 中就表达了相同思想。让我们称这种思想为 P 思想。P 思想等同于弗雷格思想的等价类，或者可以写成一个对象和概念表达式（不完整涵义）的序对。……佩里常提到 P 思想是命题态度的对象，这正是 P 思想的名称所反映的事实。我认为这是指信念归属断定了主体和 P 思想之间的关系。如果佩里是这个意思的话，那么他的立场就不是弗雷格思想的概念变异（notational variance）"[①]。埃文斯发现，如果把包含指示词ξ的命题归属句的弗雷格式思想写为：

（10）S believe $<x, w$, Sense of '（ξ）is F' $>$

按佩里的理解就会表述成，

（11）S believes-in-way-w $<x$, Sense of '（ξ）is F' $>$。

因此，佩里对包含指示词句子中的种种思考对象之方式的处理方案不是对弗雷格的反对而是对其的补充。[②]

埃文斯的批评得到其他新弗雷格主义者的响应，Forbes 断定，"任何版本的罗素主义观点都要面临一个困境：要么必须对于（信念归属的例子）做出不符合直觉的断言，否则就必须引入某些机制来容纳对这类例子的前弗雷格式的直觉。但是当这些特殊的机制被引入后，所导致的理论

[①] Gareth Evans, *The Varieties of Reference*, Oxford: Oxford University Press, 1982, pp. 312–316.

[②] Gareth Evans, *The Varieties of Reference*, Oxford: Oxford University Press, 1982, p. 318.

就会被迫陷入弗雷格式理论的概念变异之中"①。

因此,尽管新弗雷格主义者虽然对于什么是弗雷格式涵义有不同理解,却并不认为直接指称理论的观点带来了什么新颖深刻的东西。埃文斯批评直接指称理论抛弃弗雷格式涵义的处理方法失之轻率:"对涵义的解释似乎依赖于某种最深刻的哲学。例如,在索引词'我'的例子中,对关系 R1 的解释需要阐明'自我识别',这必须考虑笛卡儿、康德、维特根斯坦等人在此问题上的洞见与努力。我们期望在对于'自我识别'(即当我们思考自身时,我们如何知道我们所思考的对象)的解释中,将其与我们获得有关自身的知识的特殊方式关联起来。既包括心理的也包括物理的,既包括过去的也包括当前的。……类似地,对指示性识别的解释,必须显示思想是如何依赖于知觉的,至少要说明哪一类知觉能维持指示性识别……"② 埃文斯并且评论道,"佩里以一种简单的方式来回答这些深刻的问题。……也许佩里的所谓'持有……的涵义'只是这些思考对象之方式的标签,佩里用这个术语说明可以用不同方式把握相同的思想。……无论上述建议是否正确,显然所有好的弗雷格主义者都期待一种更深刻的哲学"③。

但直接指称论者并不接受新弗雷格主义者的批评。相反,索莫斯却认为,新弗雷格主义为避免克里普克和卡普兰对涵义的批评而提出的从物涵义的概念在理论上是多余的,从而是可消去的,新弗雷格主义的立场可以从直接指称理论的角度得到解释。也即,根据索莫斯,新弗雷格主义是直接指称理论的"概念变异",但从根本而言,新弗雷格主义是接受直接指称理论的立场的。索莫斯首先指出,埃文斯的从物涵义作为严格的(即真值条件无关的)、非描述的呈现模式,已经不是弗雷格的涵义,而只在精神上具有弗雷格式涵义的特征。例如,考虑在第 d 日用包含索引词的句子"today is F"表达的思想和在第 d + 1 日用句子"yesterday is F"表达的思想,埃文斯会认为这两种情况下的索引词具有相同的涵义,两个句子

---

① Graeme Forbes, "Review of Frege's Puzzle", *Philosophical Review*, Vol. 94, 1987, p. 456.
② Gareth Evans, *The Varieties of Reference*, Oxford: Oxford University Press, 1982, pp. 319 – 320.
③ Gareth Evans, *The Varieties of Reference*, Oxford: Oxford University Press, 1982, p. 321.

表达了相同的思想，这等于承认涵义是被指称决定的。又假定某人诚实地和反思地在晚上 11：58 说出"Today is F"并且在 3 分钟后说出"Yesterday is not F"，埃文斯式的弗雷格主义和直接指称理论在理解这两个句子表达的思想上没有区别，都会认为此人在无知的情况下相信了矛盾的命题而没有意识到其中的逻辑错误。索莫斯得出的结论是，"这些例子展现出埃文斯拒绝面对的一个困境。如果把弗雷格对于'today'和'yesterday'的处理一般化，即把在不同语境中具有相同指称的索引词的涵义等同起来，那么就消除了涵义存在的理由，并且得到了直接指称理论的概念变异。另一方面，如果把弗雷格对于'I'的处理一般化，即认为共指称的索引词具有不同的涵义，那么在对包含索引词的态度归属的实践中就会产生冲突"①。因此，无论如何，至少对于索引词而言，涵义是一个多余的理论实体。

　　直接指称论者萨尔蒙注意到他引入的"看待命题的方式"很容易被弗雷格主义者引为同道，但萨尔蒙认为他的处理手段和弗雷格主义者仍有着根本的区别。萨尔蒙注意到，"显然，用作 BEL 关系的第三个相关项的东西在某种程度上和弗雷格式的涵义非常相似。但这并不意味着修正素朴理论是弗雷格理论的翻版。根据弗雷格理论，涵义是句子的语义性质的必不可少的成分，它组成了句子所编码的认知信息或思想的部分。根据修正素朴理论，第三相关项，不管它是什么东西，是完全从编码 BEL 的第二相关项的对应句子的语义性质中分离出来的（尽管有可能证明用于第三相关项的对象可以被语义概念所刻画）。句子是编码信息的机制，句子所编码的信息就是命题，通常是单称命题。在单称命题中无须考虑第三相关项 x，只要关注的东西是语义学（和句子的信息内容有关）而不是心理学的"②。萨尔蒙认为直接指称理论和弗雷格主义者的关键差别不在于是否在信念归属中需要涉及概念化的东西，两者更根本的分歧在于对信念对象（what is believed）的实质性理解差异，即信念对象是否完全由"概念化的方式"这类东西构成。在萨尔蒙看来，"看待对象的方式"

---

① Scott Soames, "Review of Evans' Collectd Papers", *Journal of Philosophy*, Vol. 86, 1989, p. 156.

② Nathan Salmon, *Frege's Puzzle*, Cambridge MA：MIT Press. 1986, p. 120.

(ways-of-taking-objects) 在日常的命题态度归属中甚至不会被提及，that 从句根本无须涉及任何"看待命题的方式"作为其指称，因此，"看待对象的方式"在被归属的信念的真值条件中不必被提及。这类东西之所以会进入我们的讨论，是因为在对由信念谓词指派的命题态度归属进行分析时使用了存在概括。所以，萨尔蒙对他使用的所谓"看待命题的方式"做出澄清，指出它们与日常语句的语义内容毫无关系，从而与命题态度归属的语义学也毫无关系。"看待命题的方式"或"看待对象的方式"属于哲学心理学而不是哲学语义学。① 因此，萨尔蒙否定了直接指称理论和新弗雷格主义两者互为"概念变异"的说法，并且明确要求区分关于命题态度归属的语义学和心理学的界限。

在直接指称理论与新弗雷格主义的关系上，本书认可萨尔蒙的结论，认为不能将两者看作对方的概念变异。但本书所基于的理由不在于是否该把某类实体看作涵义，或者涵义是否需要内在于句子所表达的命题，而在于我们认为对立阵营双方实际上对于命题态度语句的逻辑形式以及语言交流的结构的认识具有根本的分歧，更重要的是，这一分歧的来源在于双方对于语言—世界之表征关系具有不同的假设。在进一步探讨这些分歧之前，我们先比较双方如何解释包含指称表达式的语句在特定场合下被说出时所包含的信息。

二 涵义和语义内容

如前所述，弗雷格主义主张指称表达式具有涵义，该涵义构成了所在句子的涵义的一部分，该涵义的主要功能是，提供了所指涉对象的识别条件、参与决定了所在句子的真值，以及解释了不同认知主体的信念归属。旧弗雷格主义认为此涵义采取了描述性的形式，典型地，根据指称表达式的类型差异，或者采取了摹状词的形式，或者采取了语言学习规的形式。在受到以克里普克—唐纳兰和卡普兰—佩里为代表的新指称理论的批评后，新弗雷格主义对涵义的刻画典型地采取了非描述的形式，与特定主体的心理—认知状态相关联，并且是真值条件无关的。尤其是，对指示词与

---

① Nathan Salmon, "A Millian Heir Rejects the Wages of Sinn", In C. Anthony Anderson and Joseph Owens, eds., *Propositional Attitude*, Stanford, CA: CSLI, 1990, pp. 237–238.

指示性内容（知觉的主观性）的分析，及对本质索引词与第一人称思想（自我意识）的分析，不能被以语言学呈现模式为成分的弗雷格式思想所刻画，于是引入了心理学呈现模式并将指称问题从语言领域带到心灵—思想领域。

另一方面，直接指称理论的主要工作之一，是区分了陈说语境和赋值环境，前者是确定包含指称表达式的句子之"内容"的语境，后者是确定包含指称表达式句子的真值的语境，通过这样的区分，句子的特征，即句子的语言学意义和其在特定场合下之陈说的真值条件被明确区分开来，而在弗雷格和其早期解释者那里，这两者是一致的并都等同于弗雷格式思想，即句子的涵义或句子所表达的命题。新指称理论的另一个重要工作，是语义/内容外部论给出的语句/思想的真值条件内容和现象学内容的区分，前者通常被称为宽内容，典型特征是依赖于物理和社会的外部语境，后者被称为狭内容，典型特征是依赖于理性主体的心理认知状态。狭内容自然地被用于解释认知意义，也即被用于解释包含共指称表达式的句子可能会给认知主体造成的信念差异和行为反应的差异。前已述及，在弗雷格那里，注意到弗雷格式思想是第三领域的东西，即抽象实体，因此并不明显具有心理成分的内容，尽管弗雷格也用该弗雷格式思想来解释信念归属的差异问题，但这和心理内容理论所谈及的思想的狭内容仍是非常不同的。

由于内容外部论中讨论的物理和社会的外部语境，就是可能世界方法构造出来的情境，因此它和直接指称理论区分出来的真值条件的赋值语境是一致的，因此两种情况下讨论的真值条件内容究其实质是相同的，都是被称为命题的抽象实体。一个自然出现的问题是，作为语言学意义的特征，与思想的狭内容，是否能看作在语言学和心理学领域的对应物呢？例如，我们可以用直接引语（*oratio recta*）或间接引语（*oratio obliqua*）来同时报告言语或思想，某种观点认为，当我们用直接引语来报告思想，我们使用了有意义的句子来表征被报告的思想的主观内容，即思考者头脑里正在想的东西。卡普兰和佩里用特征来解释认知意义，正是采取了将语言学意义与思想的狭内容相等同的假设，即我们理解一个陈说并做出反应的时候，在我们思想中的出现正是陈说的特征。本书赞成雷卡纳提在此问题上的立场，认为两者不存在这样的对应关系。理由是显然的，以索引词

"我"为例,其语言学意义即社会习规中对这个词的用法,是个常量,但"我"所对应的思想的狭内容,即自我意识,却是非常复杂的,因不同认知主体而异。

因此我们可以讨论与一个包含指称表达式的语句在特定场合下的与陈说相关的诸种内容,它至少包括(a)语句的语言学意义,其特征是在不同陈说中保持不变;(b)语句的真值条件内容,其特征是与外部世界(一般地,与可能世界的赋值环境)一道决定陈说的真值;(c)语句所包含的思想之狭内容,其特征是具有主观性并用于解释理性主体的认知状态。

对于上述内容的区分,直接指称理论的主张,是将某个陈说的语义内容,即句子所表达的命题,等同于句子的真值条件内容,该语义内容的结构是单称命题,即由对象和性质/关系构成的二元序对。与此相比较,旧弗雷格主义主张,某个陈说的语义内容,即句子所表达的命题,既等同于其真值条件内容,又等同于语句的语言学意义(包含着指称的语言学呈现模式)。而新弗雷格主义则主张,某个陈说的语义内容,即句子所表达的命题,等同于语句包含的思想之狭内容(包含着指称的心理学呈现模式),但根据新弗雷格主义,思想之狭内容并不等同于句子的真值条件内容,因为非描述的从物呈现模式不进入句子的真值条件或者说是真值条件无关的,这样,新弗雷格主义事实上也承认包含指称表达式的句子在特定场合下的陈说的真值条件是单称命题,但不承认这就是该陈说的语义内容。于是,直接指称理论和新弗雷格主义在对上述内容的区分上具有下述共同点:(1)语义内容即所表达的命题;(2)真值条件即单称命题;(3)指称的呈现模式是真值条件无关的,但是两者具有下述分歧:

(1)语义内容是否为真值条件;

(2)思想之狭内容是否等同于语义内容。其中实质性的分歧问题在于:语义内容的构成是否为真值条件?

雷卡纳提注意到新弗雷格主义和新罗素主义在呈现模式对于真值条件的无关性这个问题上是一致的,因此两者的表述能够加以调和,办法是认为语句所表达的语义内容是半单称命题(quasi-singular propositions)。半单称命题类似于单称命题,其结构是二元序对,其中的第一项又是一个(对象,呈现模式)的有序对,以此取代普通单称命题的第一项,后者即是对象。这个呈现模式是真值条件无关的。从而陈说的语义内容包含了呈现模式作为其成分,但陈说的真值条件内容是由单称命题给出的。① 雷卡纳提的调和主张实际上也是一种倾向于新罗素主义的"概念变异"论。

除去上述诸种陈说所包含的内容,我们还可以考虑格莱斯(1975)的区分和佩里(1988)的建议,当包含指称表达式的语句在特定场合下被说出时,该语句还会传达某些内容,也即前文提及的佩里的"陈说所创造的命题",此即关于陈说自身的某些断定,例如,存在着说话者和听者正在进行交流等,其特点是包含着某些关于陈说之语境信息,斯塔内克称为"语用预设"②。我们将此内容称为(d)陈说所传达的内容。此外,前文已指出,根据格莱斯,陈说会带来会话蕴涵及其他根据具体情境经过语用推理得到的结论,我们遵循惯例称为(e)陈说所交流的内容。陈说所传达的内容和所交流的内容实际上是陈说的非语义内容,因此需要讨论的是如何明确地将特定场合下句子所表达的语义内容与非语义内容区分开。Soames(2002)给出了下述语义内容的限定原则:"一个无索引成分、非模糊的句子所语义表达的命题需要符合下述限制:语句 s 语义表达了命题 p,仅当 p 被包括在胜任的说话者在通常语境中通过 s 的某个断定性的陈说将会断定和试图传达的信息中,其中 s 没有被隐喻性地使用,也不涉及讽刺或挖苦,诸如此类,并且语句 s 被理解 s 的会话参与者以其字面意义来使用。"③

第四节 对涵义概念的语用预设解释

坚持弗雷格式涵义而反对涵义的描述主义解释的理论被称为新弗雷格主义。新弗雷格主义认为,尽管克里普克有效打击了对涵义的传统的描述

---

① François Recanati, *Direct Reference: From Language to Thought*, Oxford: Blackwell, 1993, pp. 31 – 34.

② Robert Stalanker, *Context and Content*, Oxford University Press, 1999, pp. 47 – 62.

③ Soames 用条件 C 来标记这一原则,对这一原则的进一步补充条件(C+)是:语句 s 语义表达了命题 p,仅当 p 被包括在胜任的说话者在通过 s 的某个断定性的言说将会断定和试图传达的信息中,并且在语句 s 被理解该语句的会话参与者以其字面意义来使用的任何语境 c 中,假定(1)其中 s 没有被隐喻性地使用,也不涉及讽刺或挖苦,诸如此类;(2)不会有任何会话蕴涵否定说话者相信 p 这一假定。参见 Scott Soames, *Beyond Rigidity*, New York, NY: Oxford University Press, 2002, pp. 56 – 63。

主义解释，但这并不意味着我们需要抛弃涵义概念。这是基于两个理由，一方面，对涵义的描述主义的传统解释是贫乏的，它不能说明大量哲学场合中涵义和指称的真实关系；另一方面，作为理论实体的涵义具有不可替代的地位。上文中我们梳理了三种实质性的非描述性的涵义理论，即把涵义当作通过认知主体的认知能力来个体化的东西。这三种认知化解释涵义方案中涵义的客观性都受到了程度不一的挑战，而将涵义与认知主体的视角紧密联系。

涵义的语义解释，即涵义对语句的成真条件和语义值的贡献，与涵义的认知解释，即通过差异标准来说明表达式的信息值和基于认知主体视角的差异，造成了明显的冲突。这种冲突使得弗雷格式涵义的个体化成为困难的任务。新弗雷格主义者对涵义的认知维度的强调，包括真值条件无关性的说明，以及对克里普克式模态论证的回应，实际上已经提出了将涵义的认知解释和语义解释进行分离的要求，而把涵义概念的中心放到前者上。这以后的弗雷格主义者，则明确要求拆分涵义概念本身。卡普兰用特征（character）来把握弗雷格式涵义的认知层面，用内容（content）来把握涵义的语义层面。这样弗雷格式涵义被分解成两个阶段的意义。查尔莫斯提出的二维语义学，则建议把涵义概念分解成两个维度，即认知内涵和虚拟内涵。两种拆分涵义的不同之处在于，在卡普兰那里，表达式的认知意义是借助于表达式的语言学意义和语境特征来体现的；而在查尔莫斯那里，认知内涵或首要内涵的概念则脱离了表达式的元语言特征的层面，而与认知空间及先天性等概念紧密联系。相比起来，自卡尔纳普以后的内涵语义学的发展，以形而上学的可能世界概念为核心，侧重开拓的是弗雷格式涵义的语义层面，曾长期成为哲学语义学的主流。我们通过对新弗雷格主义的解读试图表明，涵义的认知层面才是弗雷格式涵义的主要特征。前面已经考察过卡普兰的主要工作，我们将在后文详细考察查尔默斯的二维语义学方案。我们在这里提出对涵义的另一种解释途径，在前面第六章里我们简单提到用这种方法去处理克里普克的信念归属难题。

不同的交流模型实际上预设了不同的语义观。直接指称理论的语义论题认为包含指称表达式的句子在特定场合下的语义内容是罗素式单称命题，因此其交流模型强调存在着说话者和听者的理解中存在着公共的单称命题是指称性交流成功的充要条件。新弗雷格主义的语义论题认为包含指称表达式的句子在特定场合下的真值条件语义内容是包含着涵义作为成分的弗雷格式思想,因此其交流模型强调在成功交流中说话者所持有的思想和听者所持有的思想之间具有较高程度的关联性,特别地,这种关联的公共部分就是包含着对象的语言学呈现模式的思想,即句子的语义内容。激进的语用学立场则否认存在着以真值条件为基础的语义内容,因此其交流模型认为,根本就不存在说话者和听者之间的公共部分作为语义内容,说话者和听者各自持有其关于某对象的思想,双方思想的相似性是指称性交流成功实现的充要条件。另一方面,我们也可以认为,正是基于不同的对语言交流的模型,使得不同理论采纳了不同理论实体作为语义内容。在此,语义内容和语用模型孰更基本并不重要,毋宁说两者是互相规定的。无论如何,我们需要关心的只是,在指称性交流中语义表达和语用交流的界定是如何确定下来的。

达米特(1973,1991)在反驳克里普克的模态论证时,认为克里普克的论证建立在对于句子的成分涵义和断定内容的混淆上。根据达米特,前者是该句子对包含它的更复杂句子的贡献,某个句子的成分涵义因而是那个句子的组合语义值,因而是形式语义理论所要解释的东西;而后者是说出该句子时所表达的东西,是命题态度的对象,并且不会相对于某个时间或空间为真或为假。具有相同断定内容的句子可能对包含它们的复杂句有不同贡献,即不同成分涵义,因此不可将成分涵义混同于断定内容。[①] 斯坦利(Stanley,2002)利用达米特的这一区分提供了一个关于语义表达和语用交流之关系的颇有意味的刻画方式。我们顺着这个思路展开。[②] 试分析下述两个句子在特定场合下说出时的区别:

(1) 西塞罗是未婚的。

(2) 西塞罗是单身汉。

我们暂时不考虑各种复杂的场合敏感性和会话蕴涵这些特殊的语用因素,仅仅比较(1)和(2)的断定内容,此处的问题是,(1)和(2)

[①] Michael Dummett, 1973, *Frege: Philosophy of Language*, Cambridge, MA: Harvard University Press, 1973, pp. 446–447.

[②] Jason. Stanley, "Names and Rigid Designation", In Bob Hale and Crispin Wright eds., *A Companion to the Philosophy of Language*, 1997, pp. 574–578.

在什么情况下使得说话者和听者交流了完全相同的东西？回答很简单，如果说话者和听者都知道西塞罗是男人，否则（1）和（2）就会传达不同的信息给听者。因此，直观上，有必要区分相对于某个语境中某个句子所表达的东西和所交流的东西，并且需要意识到这种区分来自说话者和听者相对于该语境的公共知识。另一方面，考虑句子：

（3）西塞罗是未婚男人。

直观上，在任何通常的语境中（指非歧义、无会话蕴涵、非隐喻和讽刺性使用等），（2）和（3）都将交流相同的东西。这就启发我们认为，如果两个句法上不同的句子在任何语境总是交流了相同的东西，那么我们认为它们表达了相同的东西。注意到我们此处的语境排除了前述的复杂场合敏感性和会话蕴涵这类因素，我们不妨称我们所要求的这种语境称为规范语境（normal context）。斯坦利把上述直觉表达为如下的"表达—交流原则"（Expression- Communication Principle，可简记为 ECP）：

"S 相对于语境 c、S' 相对于语境 c' 表达了相同的命题，当且仅当，S 的某个陈说 u 和 S' 的某个陈说 u' 在每个满足下述条件的语境 c'' 中交流了相同的东西：

（a）c'' 在指派 S 和 S' 中的语境敏感因素时和 c 及 c' 保持相同；

（b）所有的参与者都理解 S 和 S' 中的每个词项，并且知道 S 和 S' 中相对于 c'' 的依赖于语境的因素的值，这一点是公共知识；

（c）S 和 S' 中的每个词项都被意图按照其标准用法（实际的字面意义）来使用，这一点是公共知识；

（d）说话者的表达是清晰无误的（即不违背格莱斯的方式准则），这一点是公共知识。"[1]

满足上述条件的语境 c'' 实际上即规范语境，我们称所有满足上述条件的语境为规范语境类 C。这一原则以充要条件的方式表达，因此涉及两个方向：必要性条件是，如果两个句子表达了相同命题，则这两个句子在规范语境类 C 中交流了相同命题；充分性条件是，如果两个句子在规范语境类 C 中总是交流相同的命题，那么这两个句子表达了相同命题。

---

[1] Jason Stanley, "Modality and What is Said", *Philosophical Perspectives*, Vol. 16, 2002, p. 329.

如果我们将关于公共知识的条件（c）特别抽出来，并且结合斯塔内克（Stalnaker）的语境预设理论称这种公共知识是说话者和听者进行交流的"预设"①，正如 Garcia-Carpintero 所表述的，直观上，"预设是当某个断定性陈说被做出时没有断言的被'视为当然'的命题"②。我们就会认为，正是基于语境的预设导致了（1）和（2）交流了不同的东西。这样我们可以将 Stanley 的上述"表达—交流原则"重新刻画为"基于预设的表达—交流原则"（记作 PECP）：

PECP：在通常语境 C 中，如果说话者和听者对于相关词项具有共同的预设 P，那么句子 S 和 S'相对于语境 c 的陈说表达了相同命题当且仅当它们在预设 P 下总是交流相同的命题。③

下面我们可以用这一原则来考察指称性交流的结构并用它来处理有关指称表达式涵义的问题。我们考虑将句子（2）中的指称表达式作替换，分别得到：

（4）图利是单身汉。

（5）那是单身汉。（指着西塞罗）

（6）我是单身汉。（西塞罗对别人说）

（7）古罗马最伟大的演说家是单身汉。

根据 PECP，句子（2）和句子（4）的某次陈说表达了相同的命题，当且仅当在任何通常语境下，说话者和听者用句子（2）和句子（4）做出的陈说都交流了相同命题，后者的充要条件是，在任何通常语境下说话者和听者都知道西塞罗就是图利。否则，（2）和（4）在某些语境下交流的命题和另外一些语境中交流的东西就是不同的，也即（2）和（4）的语义内容是不同的。

根据直接指称理论，句子（2）和句子（4）语义表达了相同的单称

---

① 斯塔内克的语境预设理论参见 Robert Stalanker, *Context and Content*, Oxford University Press, 1999。注意到此处的预设概念不同于斯特劳森的预设概念，后者认为命题 p 是命题 q 的预设，当且仅当 p 为真时 q 才有真值。在此意义上我们可以说，斯特劳森的预设概念是语义概念，而斯塔内克的预设概念是语用概念。

② Manuel García-Carpintero, "A Presuppositional Account of Reference Fixing", *Journal of Philosophy*, Vol. 97, 2000, p. 129。

③ 此处我们所指的"通常语境"即满足斯坦利之"表达—交流原则"中的条件（a）、（b）及（d）的语境。

命题，当且仅当存在某个既叫作西塞罗又叫作图利的人，设此人是对象O，那么这个单称命题就是＜O，是单身汉＞。因此，根据PECP，直接指称理论实际上是假设了说话者和听者总是知道西塞罗就是图利。由于日常情况下人们不总是知道西塞罗就是图利，因此，句子（2）和句子（4）在日常言语行为中并不总是交流相同的东西。这就解释了为什么有些人相信句子（2）表达的命题而不相信句子（4）表达的命题。根据新弗雷格主义，句子（2）和句子（4）语义表达了不同的弗雷格式思想，因此在通常语境下，用句子（2）和句子（4）做出的陈说将交流不同的东西，于是这表明说话者和听者不总是知道西塞罗就是图利，这符合我们的直觉。于是PECP在专名的情况下支持弗雷格主义。

进一步注意到，直接指称理论断定，句子（2）和句子（4）语义表达了相同的内容当且仅当存在某个既叫作西塞罗又叫作图利的人；PECP（从而弗雷格主义）断定句子（2）和句子（4）语义表达了相同的内容当且仅当说话者和听者总是知道西塞罗就是图利。两者的区别在于直接指称理论所要求的充要条件是关于事实的刻画，PECP要求的是充要条件是关于知识的刻画。事实和知识的区分并不总是明确的，然而一旦我们要求给出这样的区分，直接指称理论和弗雷格主义的冲突就出现了。

类似地，我们可以讨论句子（5）、（6）和（7）的情况。根据PECP，句子（2）和句子（5）的某次陈说表达了相同的命题，当且仅当在任何通常语境下，说话者和听者用句子（2）和句子（5）做出的陈说都交流了相同命题，后者的充要条件是，在任何通常语境下，当说话者指向西塞罗的时候，说话者和听者都知道被指的对象就是西塞罗。根据PECP，句子（2）和句子（6）的某次陈说表达了相同的命题，当且仅当在任何通常语境下，当西塞罗向别人说出句子（6）的时候，听者知道说话者就是西塞罗。根据PECP，句子（2）和句子（7）的某次陈说表达了相同的命题，当且仅当说话者和听者都知道古罗马最伟大的演说家就是西塞罗。

上述讨论的结果是，当说话者和听者对于指称表达式与其对象的关联具有不同的知识时，说话者表达的东西和与听者交流的东西就可能存在差别。在指称性交流中，保证成功交流的极小公共知识是，听者和说话者知道他们在谈论或思考同一对象。我们在第六章已经指出，指称性交流成功实现的充要条件是：（1）听者从说话者那里正确获得了指称；（2）说话者和听者知道听者从说话者那里正确获得了指称。直接指称理论仅要求（1），弗雷格主义则要求比（2）更多的公共知识。因此关键在于，说话者和听者关于（2）的公共知识如何获得。因此，一旦我们把关于命名和对象的事实理解成说话者和听者之间的公共知识，把指称表达式的涵义理解为说话者和听者的公共知识之预设，直接指称理论和弗雷格主义的交流理论和语义理论的鸿沟就消失了。这意味着，当我们把指称表达式的涵义理解为作为与该表达式相关联的公共知识的语用预设时，就来到了它合适的位置上，这时我们无须像直接指称理论那样抛弃涵义概念，也无须像弗雷格主义那样将涵义概念置于句子的语义内容之中。前面第六章中已经用这种对涵义概念的自反性解释来处理克里普克的信念归属难题。

第八章

内涵与二维语义学

新指称理论逐渐成为分析哲学的新正统观念，但对如何理解新指称理论带来的成果仍有分歧。不少哲学家在接受新指称理论的基本论证的前提下，试图采取较为温和的立场容纳弗雷格式涵义概念。例如，查尔默斯指出弗雷格的涵义概念虽然受到质疑，但仍有可取之处，特别是弗雷格式涵义对认知意义的容纳，不能从我们对思想的理解中剔除出去。二维语义学希望既接受新指称理论的批评，容纳情境（赋值环境和陈说语境）的变更对句子的真值条件带来的影响，以及在形上学之必然性和认识论之先验性之间做出明确区分；又希望保留弗雷格式涵义的认知层面在语义学中的位置，其结果仍是将特定场合下语句的陈说的真值条件内容和认知内容做出了分解，并结合不同的情境索引性构建语义学。

弗雷格提出名称的涵义指称区分，初看上去跟密尔提出的名称/概念的内涵外延的区分，非常接近。密尔的观点是专名只有外延而没有内涵，通名则具有内涵，其内涵就是通名所标示的那一类个体的共同属性。如果弗雷格和密尔对名称理解的差别只是在于专名是否具有涵义或内涵，那么弗雷格的涵义指称区分和密尔所指的内涵外延的区分就没有根本的差别。但弗雷格提出涵义指称的区分显然并不是为了反驳密尔，而是有着深刻得多的哲学意蕴。按照弗雷格本人对涵义的正面解释，涵义是指称的呈现模式，这种呈现模式实际上是相对于认知主体的，具有鲜明的认知意义。密尔所谓通名的内涵，是指一类对象的本质属性，尽管这些属性也可以被我们认识，但作为对象的属性，与对象是如何呈现给认知主体的，显然在形而上学上属于不同的范畴。按照通常对属性的可能世界刻画，属性/关系被看作从可能世界到外延（外延序对）的函数，而这正是卡尔纳普对内涵的定义方式。弗雷格式涵义与密尔/卡尔纳普式内涵的区分，已经体现了认识论角度与形而上学角度的差别。这正是二维语义学的关键出发点。

第一节 二维语义学的理论动机和基本思路

二维图景的一个重要动机是心理内容的外部论—内部论论战中对狭内容的维护。主张在作为命题态度之对象的心理内容的刻画中保留认识论中介的哲学家认为，即使思想内容的某些构成方面依赖于环境，内容还有一个重要的方面是完全由认知主体的内部认识状态决定的。他们试图论证心理内容具有二维性，根据二维性观点，认知内容作为最重要的内容的维度，是独立于环境的，因此内部论和外部论各说出了一部分真理，外部论主张心理内容的个体化条件是宽内容（真值条件内容），内部论者则强调心理内容的个体化条件是狭内容（认知内容），狭内容再加上语境因素，就可以得到宽内容。彻底的外部论者一般拒绝承认有所谓的狭内容。但是某些温和的内部论者则坚持，如果没有狭内容的概念，就无法解释意向性心理状态的因果效力。福多（Fodor, 1987）就此提出的论证具有广泛的影响。根据福多，心理状态能够凭借其内容因果地解释行为，而某个个体的因果效力必定是该个体的内在特征，即具有相同内在性质的孪生个体必定具有相同的因果效力，另一方面，宽内容则没有刻画个体的内在性质，因为孪生个体不具有共同的宽内容，因此心理状态必须狭内容。而且，物理上等同的个体当嵌入不同语境中可以持有不同宽内容的信念，但是这些信念都具有相同的狭内容，从而可把狭内容当作从语境到宽内容的函数。狭内容和语境解释了宽内容的获得，而这在心理学解释中是必要和关键的。例如，关于水的构成的在孪生地球的例子中，狭内容就是对奥斯卡和孪生奥斯卡保持不变的心理状态的内容，即水的现象学内容。这一内容概念在解释主体的认知反应方面是重要的。因此，若我们把内容限制在对行为的日常的理性化解释之中，我们就无须普特南的外部论的意义的真值条件概念。这样一种意义概念对于解释行为不起作用。总之，在索引性的讨论中存在两类内容概念：狭内容，足以用于心理学解释。此外，还有宽的真值条件内容，不具有认知解释力。如果要构造意义的真值条件理论，需要宽内容。如果需要解释行为的内容理论，那么狭内容就足够了。

卡普兰式关于指示词的逻辑也可以称作某种二维语义学，因为卡普兰把弗雷格式的涵义拆分成特征和内容的区分。具有特定语言学意义（即特征）的语句 S 在某个使用语境中说出，表达了某个命题（或内容），该命题的真假取决于赋值环境中的实际情况。使用语境与说话者的视角密切相关，并由此确定了语句中的索引词及各种直接指称表达式的指称，这些直接指称表达式的指称在各种赋值环境中保持不变，换言之，索引词的外延依赖于使用语境而不是赋值环境。这里"特征"的概念在某种程度上执行认识论内涵的功能，因为特征也被卡普兰用于解释认知意义。但卡普兰的特征和认识论内涵仍有明显的差别，主要在于特征是语言学层面的、公共的语言学意义，而认识论内涵的主要特点则在于其与认知主体的内部状态，即狭内容有关。同时，使用语境当然跟认知空间是完全不同的概念。

查尔默斯（2006a）还指出了二维语义学的另外几个重要的先行者。包括（Evans，1979/1985）讨论先验偶然命题和必然后验命题时对"表层的（superficial）"必然性和"深层的（deep）"必然性的区分。Davis & Humberstone（1980）沿埃文斯的思路构造了含有两个必然性算子的二维模态逻辑。D&H 在通常的可能世界语义学中引入了两个新算子。其中现实算子"A"（Actually）的直观意思是"考虑现实世界情形"，句子 AS 在某个可能世界 w 中为真当且仅当句子 S 在模型中指派的现实世界 w_i 中为真，也即 AS 在 w 中为真，当且仅当（a）对于 w 而言 w_i 是现实世界；（b）S 在 w_i 中为真。容易看出，现实算子 A 的一个语义性质是，如果 AS 相对于某个可能世界 w 为真，那么 AS 相对于模型中的任一可能世界 w' 都为真，也即，如果 AS 为真，那么（AS）为真。另一方面，直观上我们还可以认为 AS 并不总是必然为真的，于是 D&H 引入了固定算子'F'（Fixedly），其直观意思是固定地对现实世界（即 A 算子指定的世界）赋值。现在考虑二维赋值框架，其中有两个世界，w_j 是句子 S 被赋值的世界，w_i 是现实世界，赋值总是相对于这样一个世界序对进行。比较算子和 F，句子 S 相对于某可能世界对（w_j，w_i）中为真，当且仅当对于每个模型中的可能世界 w，S 在 w 中为真，并且 w_i 是现实世界；句子 FS 相对于某可能世界对（w_j，w_i）中为真，当且仅当对于每个可能世界 w，S 在 w 中为真，并且 w 被当作现实世界。另一方面，AS 相对于某可能世界对

(w_j, w_i) 中为真,仅当 S 在 w_i 中为真,其中 w_i 仍为现实世界。注意到,仅考虑算子 F 的时候,句子 FS 和 S 实际上没有差别,固定算子 F 要和现实算子 A 一起才能起作用,即组合算子 FA。于是句子 FAS 相对于某可能世界对 (w_j, w_i) 中为真,仅当当可能世界 w 为现实世界时,S 在 w 中为真。于是这时可能世界对 (w_j, w_i) 并不起作用。这种情形可以解释成,FAS 为真,即是对每个可能世界 w 而言,句子 S 在"被看作现实世界"的 w 中为真。FA 算子的特定是,如果句子 S 中不含现实算子 A,那么算子 FA 等同于通常的必然算子。但是,一般情况下,算子 FA 和算子并不等同,它们代表了两种必然性概念,对于前者,如果 S 不是必然为真的,那么当 AS 为真时,AS 不必然为真,即 FA(AS)为假;但对于后者,如果 AS 为真,那么(AS)为真。

查尔默斯认为二维主义可以一揽子解决语言和心灵哲学里的多个关于涵义和心理内容的困惑,包括弗雷格困惑(同一性陈述的信息性问题),孪生地球问题(意义是否在头脑之中),克里普克困惑(理性人的信念归属中的矛盾问题),本质索引词问题(本质索引词的不可还原性如何解释),和偶然先验问题(如何能有关于偶然命题的先验知识),呈现模式问题(信念归属中的呈现模式问题)。[1] 这些问题都涉及对表达式的涵义的形而上学和认识论处理。如果用把涵义分解成作为认识论维度的首内涵和作为形而上学维度的次内涵,再将两种内涵进行语义学上的量化表达和处理,似乎这些困惑都可以在统一的思路下得到解决。

相应于上述两种必然性概念,查尔默斯(2002b)提出区分形上学的必然性概念和认识论的必然性概念来解释,也即把□算子当作形上学必然性算子,FA 算子当作认识论必然性算子。[2] 所谓形上学必然性,即通常

---

[1] David Chalmers, "The Components of Content (revised version)", in D, Chalmers (ed.) *Philosophy of Mind: Classical and Contemporary Readings*, Oxford: Oxford University Press, 2002, pp. 608–609.

[2] 类似地,我们可以比较两种分析性概念:形上学的分析性和认识论的分析性。所谓形上学的分析性是指:某陈述 S 为分析的当且仅当 S 的真值完全由其 S 的意义决定;所谓认识论的分析性是指:某思考者 T 为了有理由(justified)地认为 S 为真(holding true),T 仅通过把握 S 的意义就足够了。在此意义上,弗雷格式的分析性就是某种认识论的分析性,因为根据弗雷格,某陈述是分析的,当且仅当该陈述能够通过同义词之间的替换转变成逻辑真陈述。参见 Paul Boghossian, "Analyticity Reconsidered", *Nous*, Vol. 30, No. 3, 1996, pp. 360–391.

意义上我们谈到的对应于反事实可能的必然性，是指某陈述（陈说、思想）必然为真，当且仅当该陈说对于所有可能世界赋值为真。与此对应，形上学的可能性即指，某陈述（陈说、思想）可能为真，当且仅当该陈说在某个可能世界中赋值为真。因此形上学的意义上陈说的真值取决于两件事情：（1）该陈说所表达的命题或事态；（2）所相对赋值的世界里的情况。显然这种必然性概念与我们对世界的认识无关。所谓认识论的必然性概念，根据查尔默斯，是指相对于我们的先验知识情景（scenario）的必然性概念。在这种必然性概念下，某陈述（陈说、思想）认识论上是必然的，是指该陈述能够先验地被证立，也即存在着某个可能的推理过程使得该陈述能够独立于经验而被证立。相应地，某陈述（陈说、思想）认识论上是可能的，是指该陈述不能被先验推理所排除或反驳，也即其否定不是认识论必然的。例如，我的关于 water 是 XYZ 和 water 是 H_2O 的这两个思想都是认知可能的，因为没有什么先验推理能排除或反驳这两个思想中的任何一个。这与克里普克和普特南的自然类词项的本质属性的结论并不矛盾：water 必然是 H_2O 中的必然是形上学必然，但另一方面，即使 water 是 XYZ 是形上学不可能的，water 是 XYZ 也还是认识论可能的。实际上认知必然即是通常所谓的先验性，只不过前者借用了中心化的可能世界的概念，即情景（scenario）的概念来刻画。查尔默斯说道：

> 二维语义学的核心观点是：表达式的外延依赖于世界的可能状态这一点具有两种不同的方式。首先，表达式的实际外延依赖于表达式被说出的现实世界的特征。其次，表达式的反事实外延依赖于表达式被赋值的反事实世界的特征。对应于这两种依赖性，表达式具有两种不同内涵，各自以不同的方式将外延与世界的可能状态相关联。根据二维语义学，这两种内涵可以被看作抓住了意义的两个维度。[1]

通过区分这样意义的两个维度，查尔默斯（2002b）把思想的内容分解成两个部分，即认知内涵和虚拟内涵。一方面，思想的虚拟内涵就是在

---

[1] David Chalmers, "Epistemic Two-Dimentional Semantics", *Philosophical Studies*, Vol. 118, 2004, pp. 153 – 226.

反事实世界中对思想赋值，体现的是虚拟条件的可能性，或克里普克式可能世界的概念。也即，语句的虚拟内涵反映的是可能世界中的句子的真值条件。根据查尔默斯，认知内涵则具有三个特征：（1）由认知系统的内部状态决定（因而是狭内容）；（2）其自身是某种真值条件内容（因而是某种语义内容）；（3）支配着思想之间的理性关系（因而是认知和行动动力学的中心要素）。① 实际上，认知内涵体现的正是弗雷格涵义概念的认知层面。

根据上述对情景（中心世界）和可能世界的区分以及首内涵（认知内涵）和次内涵（虚拟内涵）的区分，查尔默斯把二维语义学的核心观点表达成5个论题及4个推论。② 其中5个论题是：

T1：每个表达式殊例都关联着首内涵、次内涵和二维内涵。

T2：复杂表达式的内涵和外延都满足组合性原则。

T3：表达式的外延在中心化世界中与首内涵对应，在反事实世界中与次内涵对应。

T4：句子殊例S是形而上学必然的，当且仅当S的次内涵在所有可能世界中为真。

T5：句子殊例S是先天的（认知必然的），当且仅当S的首内涵在所有情景中为真。

由此得到的4个基本推论是：

T6：句子殊例S是后天必然的，当且仅当S的次内涵在所有可能世界中为真但首内涵在某个情景中为假。

T7：句子殊例S是先天偶然的，当且仅当S的次内涵在某个可能世界中为假但首内涵在所有情景中为真。

假定A和B是任意两个同类型表达式，S是形如"A是B"（此处A和B是单称词项）或"A当且仅当B"（此处A和B是语句），那么

T8：句子殊例S是形而上学必然的，当且仅当A和B具有相同次

---

① David Chalmers, "The Components of Content (revised version)", in D, Chalmers (ed.) *Philosophy of Mind: Classical and Contemporary Readings*, Oxford: Oxford University Press, 2002, pp. 608 – 633.

② David Chalmers, "Two-Dimensional Semantics", in E. Lepore and B. Smith, eds., *Oxford Handbook of Philosophy of Language*, Oxford: Oxford University Press, 2006, pp. 575 – 606.

内涵。

T9：句子殊例 S 是先天的（认知必然的），当且仅当 A 和 B 具有相同首内涵。

查尔默斯声称这组二维语义学论题恢复了意义（语义学）、理性（认识论）和模态（形而上学）的三角关系。这组三角关系中的三条边，分别是建立了意义和理性之间关系的弗雷格论题，建立了意义和模态之间关系的卡尔纳普论题，和建立了理性和模态之间关系的康德式论题。三个论题分别可以表述如下：

弗雷格论题：两个表达式"A"和"B"具有相同涵义当且仅当"A = B"是没有认知意义的。

卡尔纳普论题："A"和"B"具有相同内涵当且仅当"A = B"是必然的。

康德论题：句子 S 是必然的当且仅当 S 是先天的。

根据查尔默斯在弗雷格式涵义和卡尔纳普式内涵之间的区分，把卡尔纳普论题中的内涵改写成次内涵，就得到上述论题 T8。把弗雷格式涵义改写成首内涵，就得到上述论题 T9 或新弗雷格论题：两个表达式"A"和"B"具有相同（首）内涵当且仅当"A = B"是先天的。克里普克切断了康德论题中模态（必然性）和理性（先天性）之间的等价关联，也即存在着先天必然和后天偶然命题，这就是前述论题 T6 和 T7。但是查尔默斯以另一种方式把必然性和先天性联系起来，即分别视为形而上学必然性和认知必然性，两种必然性的刻画都是利用从某种语境（情景或世界）到外延的函项的全称量化句来实现的。

认知二维主义可以解决前面提到的主要困惑。首先，对于弗雷格困惑，二维主义主张启明星和长庚星有不同的首内涵和相同的次内涵，因此"启明星是长庚星"不是先天的且具有信息性或认知意义而"启明星是启明星"则是先天的且不具有认知意义。这种解决似乎和弗雷格的涵义理论没有太大区别。但首内涵与弗雷格式涵义并不完全相同。查尔默斯比较了首内涵与涵义的主要差别。例如，对于索引词"我"，弗雷格式涵义对不同的说话者是不同的，而首内涵者是相同的。又如，弗雷格主张间接语境中表达式的指称是其通常的涵义；并且句子的涵义具有绝对的真值，但根据认知二维主义的框架这些对于首内涵并不成立。其次，对于克里普困惑或信念归属中的替换失效问题，前面已经提到，查尔默斯提供了一个关于命题态度归属的二维语义方案，简单地说就是，句子"a 相信 S"在语境 c 中为真，当且仅当 a 具有某个信念，该信念在语境 c 中，与 S 的次内涵相同，并且与 S 的首内涵相对于 a 具有某种关系（如对等关系）。这样，态度归属句中的共指称词项替换失效，就可以归结为共指称词项的次内涵相同而首内涵对于信念归属者不对等。对于孪生地球的例子，奥斯卡和孪生奥斯卡的关于"water is wet"的思想具有相同的现象学感受或相同的首内涵，但两个思想的次内涵是不同的，因为"water"对他们分别有不同的虚拟内涵 H_2O 和 XYZ。对于本质索引词的例子，"我相信约翰有胡子但不相信我有胡子，尽管我就是约翰"，这里"我"和"约翰"显然具有不同的认知内涵或首内涵，因此尽管两者是共指称的或在某语境中具有相同的次内涵，仍然可以说明为什么本质索引词具有自我指向的特征而专名没有。

第二节　认知内涵：认知必然性与先天性

与其他版本的二维语义学相比，查尔默斯的二维语义学通常被称为认知二维主义，其中最核心的概念是认知内涵。这一节里我们按照查尔默斯的思路，对与认知内涵有关的几个基本概念，包括先天性概念的特征，什么是认知情景，以及作为认知内涵基础的可辨识性论题，做出澄清。

在二维语义学的概念框架中，次内涵或卡尔纳普式内涵概念，是通过传统的形而上学上的反事实可能性概念来刻画的真值条件内容，并无特殊之处。首内涵或认知内涵作为二维语义学的中心概念，被刻画成从认知情景到外延的函项，从而将先天性的概念赋予某种必然性/模态的特征，这种刻画虽然有卡普兰的语义学和 Evans-Davis 的深层必然性的方法为依据，仍是一种新的对先天性的理解。根据对先天性概念的通常表述，S 是认知必然存在着对 S 的先天证成的过程，S 是认知可能的是指 S 不能被先验推理所排除，但仅仅根据这种刻画，认知情景的概念尚未发挥作用。一种可能的处理方法是把认知情景当作一种语境，例如可能的陈说语境，这即是查尔默斯所说的"语境理解"，以产生陈说的那个语境中的主体作为中心，因此该中心所处的世界即是现实世界或中心化的世界，由此得到的内涵是语境内涵。某个语境内涵是必然的，如果其句子殊例在所有被说出的语境中都是真的。语境内涵有不同的定义方式：如通过拼字法（orthographic）来定义，Stalnaker 的对角命题与之非常接近；也可通过语言学意义来定义，典型的代表即是 Kaplan 理论中的特征；或者用语义值来定义，如表达式的描述性内容。查尔默斯指出，以这些方式定义的首内涵，面临的一个基本问题是，它们并不能满足所谓的核心论题，即对任意句子 S，S 是先天的，当且仅当 S 具有必然的首内涵。也即以语境内涵方式理解的首内涵，并不能说明语境必然性与先天性之间所具有的内在联系，相反我们能够给出不同的反例，说明具有语境必然性的内容（不管在哪个语境下被说出都为真）却不一定具有先天性。例如，句子"存在着一个句子殊例"和句子"我正在说话"都在所有陈说语境下为真，因而是具有语境必然性的，但是这两个真句子明显是经验的而不是先天的。这是因为，先天性的概念建立在认知的要素上，而语境必然性的概念建立在元语言的要素上，尽管两种因素在很多情况下可以重合，但并非总是如此。

一个思想是先天的，如果该思想在理想化的理性反思中能够得到非经验地和决定性地辩护。根据这样的定义，查尔默斯指出先天性概念具有下述几个特征。（1）基于殊例的：认知内涵是基于表达式的殊例的而不是基于表达式的类型，相同类型的表达式的不同殊例关联着不同的说话者的使用，通常具有不同的认知内涵，因此先天性的概念是基于殊例的。（2）对呈现模式敏感：某个陈说所表达的思想的先天性，与该思想在认知中的推理角色密切相关。Salmon 认为句子"启明星是长庚星"能够表达先天的同一性命题"金星是金星"，但考虑到呈现模式，这里认为"启明星是长庚星"不是先天的，这符合我们的直观。（3）理想化。因为思想被先天性或非经验性地辩护是基于理想化条件的反思，这就要求不受到说话者实际认知能力的局限，排除说话者在特定偶然情况下的认知限制。（4）非内省性。不同于某些先天性概念，这里要求内省性的知识（如"我思"作为知识）不是先天的，也即，经验性的辩护概念既包括知觉辩护也包括内省辩护。（5）决定性的。先天性地辩护所要求的辩护标准是基于证明和分析的强标准，辩护是决定性的，而不是基于归纳和溯因的弱标准，因此通过归纳和溯因产生的辩护都不能成为先天性地辩护。先天性地辩护的概念所要求的决定性证据,排除了相关句子为假的可能性。[1]

因此先天性虽然是认知必然性,却不一定是语境必然性,认知内涵不同于语境内涵,认知情景也不能简单等同于说话者所在的语境和与该语境相关联的现实世界。认知必然性要求超越特定说话者的当下的知识状态,而达成一种理性上的必然。为了将认知必然性(在所有的认知情景中为真)与先天性(通过先验推理确认)联系起来,查尔默斯需要先说明什么是认知情景。直观上,这一点由下述充足性原则来说明:对所有S,S是认知可能的,当且仅当存在着证实S的认知情景。根据查尔莫斯的讨论,有两种方式来刻画认知情景。其一是把情景看作中心化的可能世界。其二是把情景看作极大假设。[2]

按照把情景看作中心化世界的解释,情景是以说话者为中心的中心化的(形而上学的)可能世界,在中心世界的中心就是"我自己定位在这个世界中"的假设。情景V是现实的,或者假设"把V当作现实的"的意思,就是说现实世界在性质上如同V,说话者是V中心的主体,"现在"是处于V中心的时间。因此,在这个中心世界中包括两部分,非中心的部分是不依赖于索引性断言的部分,中心部分则联系着索引性的断言。说世界V的信息证实了语句S,即当把世界V当作现实的时候V使得S为真。换言之,某个句子S相对于情景V为真,当且仅当一旦了解该情景就是现实世界时,就会使得我们处于一个位置来知道该句子为真。在这种解释下,充足性原则体现为形而上学的充足性:对所有S,S是认知可能的,当且仅当存在着证实S的中心化的形而上学的可能世界。

按照把情景看作极大假设或认知完全的假设的解释,一个极大假设等价于一个理想语言中的认知完全的句子集的一个等价类。认知情景直观上可以看作一组认知上可能和认知上完全的句子的合取。如前,S是认知可能的意思就是S不能被先验推理所排除,或S的否定不是先验知识。某个

---

[1] David Chalmers, "The Foundations of Two-Dimensional Semantics", in Manuel Garcia-Garcia-Carpintero and Josep Macia, eds., *Two-Dimensional Semantics: Foundations and Applications*, Oxford: Oxford University Press, 2006, pp. 98 – 99.

[2] David Chalmers, "The Foundations of Two-Dimensional Semantics", in Manuel Garcia-Garcia-Carpintero and Josep Macia, eds., *Two-Dimensional Semantics: Foundations and Applications*, Oxford: Oxford University Press, 2006, pp. 81 – 85.

情景 D 是认知完全的意思，就是对任何句子而言，该句子或其否定能够被情景 D 所认知必然化确立。可以仿照一阶逻辑里极大一致集的方法来定义认知完全性：某个语言 L 的情景 D 是认知完全的，如果（1）D 是认知可能的，（2）不存在 L 的句子 S 使得 D∧S 和 D∧¬S 同时是认知可能的。说情景 D 证实了句子 S，如果 D 蕴涵 S，其中 D 是 L 中某个情景的等价类里的认知完全的句子。在这种解释下，充足性原则体现为认识论的充足性：对所有 S，S 是认知可能的，当且仅当存在着某个认知完全的句子蕴涵 S。

对这两种认知情景的解释之间的关系，查尔默斯认为，每一个中心世界都对应一个极大假设，另一方面每一个极大假设都对应一个中心世界。但这种对应并非完全的一一对应，因为对每一个极大假设可能有不止一个中心世界与之对应。①

在谓词逻辑和模态逻辑中我们常用极大一致集来构造典范模型或可能世界，查尔默斯则使用典范描述的概念来刻画具体的认知情景。构造典范描述首先要选取相对于某世界为真的语句。选择现实世界还是反事实世界中的语句来构造典范描述都会面临问题。为此需要把典范描述限制在语义中立的表达式上。直观上，一个语义中立的表达式是无论是世界被考虑为现实世界的情况还是反事实的情况，都具有相同的外延。为了刻画中心化世界，需要在语义中立词项上再补充索引词项来刻画中心的定位。于是中心世界的中立描述就具有如下形式的陈述，即 D&D_1&D_2，其中 D 对该世界为真，D_1 对处于中心的主体为真，D_2 对处于中心的时刻为真。另一方面，对于形而上学的反事实可能世界，可以用完全类似的方法来定义典范描述，即把每个虚拟的可能世界看成一个极大一致集 W，其对应的虚拟的完全句就是将这个极大一致集里所有元素合取起来，W 的一个典范描述就可以用虚拟完全句的等价类来刻画。典范描述的意义在于用模型的方式给出了认知可能性空间和形而上学可能性空间的概念。在形而上学可能性的情况下，说某个句子 S 在世界 W 为真，如果 S 被 W 的条件所满足。

---

① 这里对比可能世界现实论的主张。普兰廷加式现实论主张可能世界就说极大的或完全的可能事态，并且，说某个命题 p 在可能世界 w 中为真，就是说当 w 成为现实世界时，p 为真。这里的现实世界与中心化世界的意义是类似的。

在认知可能性的情况下,说某个句子 S 在情景 V 中为真,如果 S 被 V 的条件所证实。

接下来可以进一步把认知内涵定义成从认知情景到真值的函数。当 S 是先天的,意味着在每个情景 V 中 S 都被证实。若 S 不是先天的,即 ~S 是认知可能的,意味着存在某个情景 V 证实了 ~S。这就是说,S 是先天的 iff S 所具有的必然的认知内涵。句子 S 的首内涵(认知内涵)在情景 V 中为真,当且仅当"把 V 当作现实的"的假设使得我们理性地赞同 S。或者也可以定义成,句子 S 的首内涵在情景 V 中为真,当且仅当 D 在认知上必然地蕴涵 S,此处 D 是情景 V 的典范描述。反过来,也可以有两种方式刻画认知可能性,一种是 S 不能被先验推理所排除,另一种是 S 被某个情景或中心化的可能世界 V,S 被 V 所证实。

通过这样一些概念上的界定,认知内涵与认知可能性空间以及先天性之间的关系得以确立,前述二维语义学的几个核心论题从而进一步澄清。查尔默斯的二维语义学之所以被称为认知二维主义,关键还在于对于给定情景中,相关语句的认知内涵需要在现实世界中得以确定。现实世界的信息为说话者提供了理性判断的依据,使得说话者能够确定指称表达式的外延和包含这类表达式的句子的真值。这就是可辨识性(scrutability)论题。查尔默斯给出了可辨识性论题的三种表述方式[1],这里分别加以解释。

指称与真的可辨识性论题 1:一旦说话者对现实世界的特征具有充分的信息,他们就能够对表达式的外延(单称词项的指称和陈说的真值)做出理性的判断。

查尔默斯解释这个论题时,举例说明:当提供了现实世界中的各种物质的外观、表现、构成、分布以及与我们的关系等我们身处环境的特征时,我们就有充分的信息来得出结论,水是 H_2O;或者,在另外的孪生地球的环境和与之相关的信息中,可以得出水是 XYZ。

这里说话者对于身处环境的特征的信息就是说话者的知识基础或认知

---

[1] David Chalmers, "The Foundations of Two-Dimensional Semantics", in Manuel Garcia-García-Carpintero and Josep Maciá, eds., *Two-Dimensional Semantics: Foundations and Applications*, Oxford: Oxford University Press, 2006, pp. 89–93.

空间 V（即认知情景），单称词项的指称的确定或特定陈说的真假的断定，依据的就是这些信息。把全部这些信息收集起来，得到的就是认知完全的句子 D（对 V 的典范描述），使得任何单称词项 T 或句子 S 的认知内涵的确定无非 D 的推论。这就得到了可辨识性论题的另一种等价表述。

真的可辨识性论题 2：对于说话者所使用的大多数词项 T，以及包含 T 的真理 S，都存在着一个独立于 T 的真理 D，并且知道 D 是事实使得说话者能够（不借助经验信息而仅凭理想化的理性反思）知道 S 是事实。

知道 D 是事实使得说话者能够（不借助经验信息而仅凭理想化的理性反思）而知道 S 是事实，则称 D 对于 S 是认识充分的，或者称为 D 认知蕴涵 S，即如果说话者接受 D，就能理性地赞同 S。① 这也可以表述为，D 认知蕴涵 S 当且仅当条件句形式的"D⊃S"是先天的。或者表述为，D 在认知上使 S 成为必然，如果 S 所表达的思想与 D 表达的思想的否定~D 的合取是不可能的。

正如在代数中，对任一个抽象空间可以找到表示该空间的基。从可表示性的角度而言，也可以为认知空间 V 寻找一个简化的表达，即 V 中词汇的一个有穷子集 V'，使得仅仅使用 V'中的词汇，就能表达所有 V 中的真语句。称 V'中的词汇构成了一个极小的基础词汇表，它使得每一个认识论可能的句子 S 都被某些 V'-句子所蕴含。为得到这样的经过合理限制的有限的基础词汇表，只需要根据上述可辨识原则，从语言中逐一消去多余的词项直到不可消除为止。所有 V'型真语句构成了 V 的一个极小认知基础。基础词汇表达了能够充分覆盖所有认识空间的概念集合。这个集合的精确规模如何确定仍然有待研究。把那些仅仅使用 V'中词汇的真语句可称为 V'型真语句，就可以得出下述可辨识性论题 3。

真的可辨识性论题 3：存在一个相对有限的词汇表，使得对于任何真理 S 都存在一个 V'型真语句 D，使得 D 认知蕴涵 S。

可辨识性论题为认知内涵和认知可能性的概念提供了基础。表达式的认知内涵是给定情景下说话者对于表达式所具有的认知条件或认知性的真值条件，这一条件构成了表达式的推理角色，使得说话者基于认知空间的

---

① 所谓理性赞同 S 的意思是，在理想化反思的情况下，不再需要进一步的经验信息就承认 S 是事实。

基本事实能够通过表达式的认知内涵对表达式的外延做出把握、理解和理性推断。但认知内涵不同于 Ramsey 式内涵,后者以理性推理为基础而前者以先天性概念为基础。① 按照 T2,认知内涵遵循组合性原则:复杂表达式的认知内涵是其构成部分的认知内涵的复合函数。专名、自然类词项、指示词和语境依赖词项(如比较词项"高""矮"等)所具有的认知内涵并不是这些词项的语言学意义(词典意义)的一部分。并且,正如查尔默斯所说,"认知内涵不是建立在描述语基础上的,而是建立在表达式的推理角色的基础上"。

最后,根据上述二维语义学的基本论题,可以刻画语句 S 在二维语义框架下的成真条件。一个陈述 S 的二维内涵在情景—世界的有序对 <V,W> 上为真,如果 V 证实了下述断言:S 被 W 所满足。假定 D_1 和 D_2 分别是 V 和 W 的典范描述,那么说 S 的二维内涵在 <V,W> 上为真,如果 D_1 使得"D_2 使得 S 成为虚拟地必然"在认知上必然,形式上记为:$\Box_1(D_1 \supset \Box_2(D_2 \supset S))$,其中 $\Box_1$ 是认知必然算子,$\Box_2$ 是虚拟必然算子。②

第三节　可设想性、认知可能性与形而上学可能性

二维语义学将必然性和可能性都区分为认识论和形而上学的两个维度,其中认识论维度是基于理性对于现实世界的认知状况,形而上学维度是基于可能世界的实现条件。这就带来一个问题,即认知空间与虚拟空间的关系是怎样的。关于可能世界的本质,我们在前面的章节中做出了一些讨论。按照模态现实论的观点,可能世界中的对象并未超出现实世界中的对象,可能世界不过是表征现实世界的内容的另一本书或图画。另一方面,我们对现实世界的认识,在逻辑上一致的情况下,也构成对现实世界

---

① 两种内涵的差别可用下述例子说明。句子"if tail means leg, then tails are legs"为真。如果说话者接受 tail means leg,就应该理性推断出 tails are legs。但 tail means leg 的认知内涵在现实世界中不为真,其 Ramsey 内涵可以在某些可能世界中为真。

② David Chalmers, "The Foundations of Two-Dimensional Semantics", in Manuel Garcia-Garcia-Carpintero and Josep Macia, eds., *Two-Dimensional Semantics: Foundations and Applications*, Oxford: Oxford University Press, 2006, p. 102.

的各种图画。那么，是否形而上学的各种可能性情况，都已经蕴涵在认知可能性中？换一种表述方式，认知可能性与形而上学可能性的关系可以用下述方式联系起来：当S是形而上学可能的，其认知根据是什么？

形而上学可能性的概念分析已经包含在对形而上学的可能世界讨论中。因此这里需要对认知可能性进行概念挖掘。一种标准的途径来自哲学史上的著名思想实验。无论是笛卡儿的将心灵撤离感官的思想实验，还是普特南的缸中之脑或孪生地球的思想实验，还是戴维森关于沼泽人的思想实验，其中都有一种明显的思路，是用构想出来的情景当作形而上学的可能性。因此问题就在于，可设想的情况仅仅是认知上的可能性，还是也具备形而上学的可能性？所谓可设想性论证通常具有下述结构：p是可设想的，因此p是可能的。例如，存在僵尸是可设想的，所以存在僵尸是（形而上学）可能的。另一方面，水是XYZ这一点是可设想的，所以水是XYZ这一点是（形而上学）可能的。在分析这个论证之前，我们来讨论关于可设想性概念的基本含义。

直观上看，当我们说陈述S是可设想的，如果我们对S为真的状况持有一个清晰的观念。这种可设想性的概念里面似乎已经预设了可能性。所谓可设想性，就是从认知上构造某种可能性，首先这种可能性至少要是逻辑上可能的或逻辑上无矛盾的，其次，这种可能性之所以能够被设想，是基于认知空间的限制，即不能与现有的确凿知识产生不一致，因此可设想性或认知可能性总是相对于某个认知情景下的可能性。例如，依据现有的知识，我们可以设想哥德巴赫猜想是真的或者哥德巴赫猜想是假的，但是不能设想费尔马定理是假的，因为费尔马定理已经被证明了。但是另一方面，与现有的知识保持一致，显然不等于局限于现有的经验状况。某个情形只要没有被我们的理性认为可以是先验排除的，则都是认知可能或可以被设想的。查尔莫斯对可设想性（conceivablity）的概念作出了三种区分。①

---

① Chalmers 在1996年的著作中对于可设想性的概念区分尚不明确。他提出了可设想性1和可设想性2，对应于后面的首可设想性和次可设想性。这里的三种区分见于 David Chalmers, "Does Conceivability Entails Possibility?" in Tamar Gendler and John Hawthorne, eds., *Conceivability and Possibility*, Oxford: Oxford University Press, pp. 147–159。

首先是初步的（prima facie）可设想性和理想化的可设想性的区分。定义 S 作为初步的可设想性，如果在说话者的当下认知条件下 S 可被设想（或不能先天排除）；定义 S 作为理想化的可设想性：在理想化的理性反思下 S 被可被设想（或不能先天排除）查尔默斯给出的例子是，对于某个尚未被证明但将会被证明的数学猜想 M，例如哥德巴赫猜想，由于 M 尚未被证明，因此其否定 ~M 总是可初步设想的，但是由于 M 终将被证明，也即理想化的理性反思并不能先验排除掉 ~M，所以 ~M 并非理想化可想象的。① 这里理想化的理性反思要去掉对推理者的各种偶然的或暂时性的认知限制，而成为理想意义下的证实性条件。

其次是肯定性的可设想性和否定性的可设想性的区分。称 S 是否定性的可设想的，指不能先验排除掉 S 的成立；S 是肯定性的可设想性，如果能够直接构想一个 S 成立的情景，例如，想象一个具体的对象和性质的配置，使得 S 在其中得到证实。对于否定性的可设想性，如何才能先验排除掉某个陈述 p？最简单的情况是 p 是不融贯或直接导致逻辑矛盾的。或者，p 本身虽然不是逻辑矛盾的，但将 p 与某些已确立的真命题合取起来，通过演绎或先天推理将导致矛盾、错误或假的情况，这时 p 也可以被先天排除掉。对于肯定性的可设想性，就是建立起某个模型（具有一致性的解释），使得 S 被该模型证实或成为这个模型的后承。这对区分，类似于 van Cleve 提出的弱可设想性（当事者看不出 S 是不可能的）和强可设想性（当事者看出 S 是可能的）的区分。

第三种区分是首可设想性和次可设想性的区分。称 S 是首可设想的或认知可设想的，如果可以设想 S 是现实情形；称 S 是次可设想的或虚拟的可设想性，如果 S 被设想成可能会如此这般。因此前者是基于中心化可能世界或现实世界的可设想性，后者是基于反事实世界的可设想性。首可设想性也就是现实化的可设想性：把 S 当作现实世界的情况时 S 能够成立。

做出这三对区分之后，查尔默斯紧接着给出了一些观察，说明为了可设想性与可能性的关系：（1）初步可设想性不适合导出可能性。（2）肯定性的可设想性比否定性的可设想性更适合导出可能性。（3）首可设想

---

① 根据哥德尔不完全定理，包含形式算术系统的形式数学理论中，总是包含着一些语义上为真但不能被证明的命题。但是哥德巴赫猜想显然不是这类命题。

性不适合导出次可能性。这些观察的合理性不难理解。(1)之所以成立是因为初步可设想性概念不具备理性的可证实性条件，例如那些尚未被证明但将被证明的数学猜想。(2)成立是因为肯定性的可设想性是构造性的，不但更为直观，而且由于构造性证明当然包含着存在性证明，因此肯定性的可设想性实际上蕴涵了否定性的可设想性。但对于理想化的可设想性情况而言两者的区分并不是非常明显。(3)的根据就是克里普克所谓的后验必然命题，我们认知上可以设想启明星不是长庚星，但是从形而上学上而言，每个反事实世界中，启明星所指称的金星都是长庚星所指称的金星。

显然这些区分可以形成交叉的组合，例如初步的肯定的首可设想性，理想化的否定的次可设想性，等等。三对区分形成的组合可以有八种。这样区分的可设想性与所要讨论的可能性的关系如何？由于上述(1)，初步可设想性被排除在导出可能性之外。进一步对于理想化的可设想性的条件下，由于(2)已说明，肯定的可设想性与否定的可设想性的差别并不明显。因此重点就在于讨论在理想化的可设想性与现实性和虚拟性的可设想性结合的情况下，是否能导出某种可能性。事实上查尔默斯主要论证的就是：(1)结合理想化的可设想性的概念和现实化的可设想性，就蕴涵着认知可能性的概念。(2)结合理想化可设想性的概念和反事实的可设想性，就蕴涵着反事实可能性的概念。这两个论题可以对应着前面的可设想性论证的两种版本，就是(1)如果 p 是（理想化、现实化地）可设想的，那么 p 是首可能的。这时 p 在现实情形中成立，或 p 的首内涵在被当作现实的中心化世界中为真。(2)如果 p 是（理想化和反事实地）可设想的，那么 p 是虚拟可能的。这时 p 在某个反事实情形中成立，或 p 的次内涵在某个虚拟的可能世界中为真。① 实际上，上述每个论证也还可以通过将可设想性被分解成肯定可设想性和否定可设想性，因此再分解成肯定性论证和否定性论证。其中肯定性版本，即被查尔默斯称为"弱模态理

---

① 查尔默斯定义首可能性，即 p 是首可能的，如果 p 在被看成现实情况时为真。比较认知可能，即存在一个认知场景使得 p 在其中为真。查尔默斯区分了严格认知可能与深层认识论可能的。严格认知可能（strict epistemic possibility）是指说所有我们知道的而言 p 是可能的，深层认识论可能（deeply epistemically possible）是指存在某个情景使得 p 在其中成立。根据前面对情景（scenario）的两种解释（中心化世界和极大假设），首可能的意思就是认知可能。

性主义"论题：如果 p 是（理想化、肯定性的、现实化地）可设想的，那么 p 是首可能的。显然弱模态理性主义是认知二维主义的中心论题，因为现实化可设想性与首可能性都是描述认知空间及认知内涵的方式，并且将理性与模态联系起来：弱模态理性主义就是断定 p 的首内涵为真就相当于被当作现实的中心化世界中为真，对该论题的辩护就是通过前述"指称与真的可辨识性论题"，即当说话者具有现实世界的充分信息，就能对表达式的外延（指称或真值）给出合乎理性的（理想化的，甚至是肯定性的）断定。①

不少论者尝试挑战查尔默斯的论题，最近 Mizrahi & Morrow（2015）对弱模态理性主义论题（简记为 WMR 论题）提出了两个归谬论证，认为它本身是自我反驳的。其中第二个论证看上去更加简洁明确，但第一个论证的意义更清晰。我们这里看看第一个论证。Mizrahi & Morrow 的根据是模态命题系统 S5 的公理，$\diamond p \to \Box \diamond p$，即如果某命题 p 可能为真，则 p 是必然地可能为真。这就是说若 p 在某个可能世界 w 中为真，则在每个可能世界中来看，p 在 w 中都是真的。当然这里的前提是每个可能世界都要与世界 w 相通达。但另一方面，WMR 本身不成立这一点，是可以理想化、肯定性的、现实化地可设想的。那么如果 WMR 是真的话（由可设想性推出可能性），就可以得出"WMR 不成立"是可能的。再由上述 S5 公理，可以得到"WMR 不成立"是必然可能的。这时，根据 WMR 的含义，就表明可设想性不是可能性的决定性证据。由于论证中把 WMR 当作前提，WMR 本身则要求可设想性是可能性的决定性证据，这就导致了矛盾。② 这个论证关键的问题在于，首先，"WMR 不成立"的可设想性是否合理；其次，WRM 本身是否要求了可设想性是可能性的决定性证据。后者似乎正是 WRM 的题中之义，所以关键在于前者。但理想化、肯定性的、现实化地去设想"WMR 不成立"，将会陷入一个类似于说谎者悖论的自指性困境。

---

① 这里的一个问题是，弱模态理性主义并未断定理性判断与形而上学可能性或虚拟可能性的关系，它断定的是可设想性与认知可能性的关系。

② Moti Mizrahi and David Morrow, "Does Conceivability Entail Metaphysical Possibility?", *Ratio*, Vol. 28, No. 1, 2015, pp. 7–8.

第四节　索莫斯的批评和查尔默斯的回应

索莫斯是二维语义学特别是认知二维主义的最主要的批评者。在（Soames，2004）中，索莫斯主要针对（Chalmers，1996）的二维语义版本进行了批评。弗雷格的指称理论通常被视为涵义描述主义，查尔默斯作为新弗雷格主义者，将弗雷格式涵义拆分成认知内涵和虚拟内涵，其认知二维语义方案被索莫斯看作某种弱化的描述主义也是理所当然。另一方面，查尔默斯注意到克里普克通过对意义和指称的区分、对描述主义的攻击和主张科学本质主义，而得到了后天必然命题和先天偶然命题。查尔默斯的二维语义学通过区分两种可能性，对先天必然命题和后天偶然命题也给予了认可和解释。这样，查尔默斯似乎实际上是对弗雷格方案和克里普克方案这两种路线的调和。但索莫斯对这种调和并不认可。索莫斯指出，查尔默斯的二维义学的早期版本的表述有如下两个预设，而这两个预设索莫斯认为都是不可接受的。

第一个预设是："认知可能性和形而上学可能性在下述意义上实际上是同一个东西：对于所有世界状态 w，w 是世界真正可能所是的状态，所以是形而上学可能的，当且仅当，w 不是先天可知不能实现的，因此 w 是认知可能的。"并且，"如果形而上学可能性和认知可能性并不存在本质差别，那么克里普克的后天必然例子，就不是相对于两个不同可能世界状态的空间的单个命题的情况。相反，克里普克的例子是与句子相联系的首内涵命题和次内涵命题就同一个可能世界状态空间得到不同赋值评价的情况"[1]。

这里的问题是质疑二维语义学的两个维度，即形上学可能性和认知可能性的本质区别在什么地方？现实世界和虚拟世界的基本差别在哪里？索莫斯认为查尔默斯把"世界存在的可能方式"的模态谈论理解成了另一个具体的宇宙（即路易斯的实在论理解），因此现实世界和虚拟世界在本体论上是完全对等的。而这是索莫斯所不能接受的。如果现实世界和虚拟世界是同一类状态的话，那么根据索莫斯的理解，查尔默斯的 T6 意味着双重命

---

[1] Scott Soames, *Reference and Descriptions*, Princeton: Princeton University Press, 2004, p. 195.

题：根据二维语义学，实际上并不存在着单独的克里普克式的后天必然命题，而是一个后天必然语句对应着两个命题，分别是一个后天偶然的首命题和一个必然先天的次命题。对于索莫斯而言，"启明星是长庚星"这样的后天必然语句，和"启明星是启明星"这样的先天必然语句，在语义上表达的都是同一命题"金星是金星"，但在语用上传达了不同命题。也即，一个命题本身的先天性和后天性与所相联系的用于表达该命题的语句有关。

第二个预设是，"意义，作为说话者通过理解某个表达式或句子而知道的东西，是首内涵，即被看作从世界状态到外延（真值）的函数。在名称和自然类的情况下，说话者在不同情景下关于这些词项的合适使用的直觉，可以被用于表明它们的首内涵和次内涵不同，以及可以阐明它们的首内涵是什么"①。

根据索莫斯的理解，查尔默斯的问题在于，把名称和自然类词项看成索引词或严格化的摹状词。查尔默斯对这一点的论证是通过构造某个思想实验，询问理解这些词项的认知主体在把可能世界状态看成现实世界时，这些词项该如何进行指称。但是索莫斯指出，在这些想象的场景中，描述主义者并未能排除掉这些词项是非索引的非描述的可能性，因此，二维语义学也就未能提供强有力的证据表明名称和自然类词项的首内涵和次内涵是不同的。

索莫斯指出，结合上述两点二维语义实际上把克里普克式的必然后天命题看成了某种含糊性的表达。当相关的句子放在模态语境中时，受到影响的是次内涵；当相关的句子放在认知语境中时，受到影响的是首内涵。二维语义学没有把名称和自然类项看成严格指示子，而是看成严格化的摹状词，因此当相关的句子包含这些词项时，两种内涵就发生了相应的变化。索莫斯对二维语义学的批评就沿着这两点展开。

索莫斯比较了强二维主义和弱二维主义和混合版本的二维主义，索莫斯把强版本和弱版本的二维主义都归结为 6 对论题和 1 对推论②，我们在

---

① Scott Soames, *Reference and Descriptions*, Princeton：Princeton University Press, 2004, p. 196.

② Scott Soames, *Reference and Descriptions*, Princeton：Princeton University Press, 2004, Chap. 10.

这里重述其核心部分。对于强二维主义，索莫斯批评的重点在于对模态语境和认知语境中的内涵相对化论题：

ST5a. "S 是必然真理"相对于语境 C 和世界状态 w 为真当且仅当在语境 C 中 S 的次内涵相对于所有的（形而上学可能的）世界状态 w* 为真，其中 w* 相对于 w 是可能的。其他模态算子的情况类似可得。

ST5b. "S 是先天可知的"相对于语境 C 和世界状态 w 为真当且仅当在语境 C 中 S 的首内涵在 w 中是先天可知的；"x 知道/相信 S"对于个体 i 相对于 C 和 w 是真的，当且仅当在 w 中，相对于语境 C，i 知道/相信 S 的首内涵。其他认知算子的情况类似可得。

从这组论题（包含前述查尔默斯总结并经索莫斯重述的二维语义的一般论题）可以得到进一步的推论：

ST7a. 不存在某个命题，既是必然的，又是只能后天可知的；也没有什么命题，既是偶然的，然而却能够先天可知的。

ST7b. 必然后天命题和偶然先天命题，事实上是语言上的幻觉，产生这种幻觉的原因在于未能注意发现模态和认知语句中首内涵和次内涵所起到的不同作用。

索莫斯对强二维主义的反驳相应地包括两个部分：一部分主要针对模态和认知算子，另一部分针对非描述性的索引词。对于这两点索莫斯给出了反驳强二维主义的多个论证，其中前两个论证是基本的，其他论证可以视为这两个论证的拓展。

其中第一个论证用于表明强二维主义在模态和认知语境中关于内涵的相对化命题 ST5a 和 ST5b 不能同时成立。首先索莫斯给出了一对首内涵相等的语句，其中一个语句包含着中心世界的描述。然后分析这对语句分别在模态语境和认知语境中的语义行为。[1] 考虑：

(1a) 路易斯的现实中的丈夫是《反事实》一书的现实中的作者。

(1b) 路易斯的丈夫是《反事实》一书的作者。

下述（2a）和（2b）是这对同一性语句在认知语境下的情况。

(2a) A 相信 1a。

---

[1] Scott Soames, *Reference and Descriptions*, Princeton: Princeton University Press, 2004, pp. 272–282.

(2b) A 相信 1b。

现在考虑下述一组推论：

(3a) "如果 1a 和 2a 都成立，那么 A 的信念为真"，这是必然为真的。

(3b) "如果 1a 和 2b 成立，那么 A 的信念为真"，这是必然为真的。

(4a) "如果 2a 成立，并且如果 A 的信念为真，那么 1a 成立"，这是必然为真的。

(4b) "如果 2b 成立，并且如果 A 的信念为真，那么 1a 成立"，这是必然为真的。

显然，这组论题里面（3a）和（4a）为真，（3b）和（4b）为假。

但是，如果强二维主义为真，（1a）和（1b）具有相同首内涵，根据强二维主义，认知态度归属"A 相信 S"报告了当事主体与 S 的首内涵（S 的特征表达了真的那个命题）之间的关系 R，就会得出矛盾的结果。这就是索莫斯的论证，具体可以表述成如下：对每个语境 C 而言，句子（1a）相对于 C 表达了真命题当且仅当句子（1b）相对于 C 也表达了真命题。因此两个句子的首内涵是相同的，由此上述两个信念归属句（2a）和（2b）必然是等价的。因此，句子（3a）和（3b）的真值相同，并且句子（4a）和（4b）的真值相同。但事实上，（3a）和（4a）都为真，（3b）和（4b）为假，矛盾。因此强二维主义的 ST5a 和 ST5b 不可能同时为真。

对于弱二维主义，索莫斯的批评集中在下述论题 WT4a 和 WT4b 上。

WT4a. 所有专名和自然类项都通过不包含专名或自然类项的摹状词从语义上来确定指称。

WT4b. 这些名称和自然类项都同义于语境敏感的、严格化摹状词（借助 dthat 或 actually）。

索莫斯对强二维主义的批评主要是针对二维内涵论题，对弱二维主义的批评则主要集中在其描述主义的特征上。对 WT4a 索莫斯论证专名和自然类词项的指称无须通过摹状词来确定，它们并不在语义上与描述性信息相关联。对 Wt4b 索莫斯反对把名称看作严格化的摹状词，现实化算子和 dthat 算子这两种严格化手段不可能既满足弱二维主义又匹配专名和自然类词项的语义行为。因此，不能把专名和自然类词项视为具有首内涵和次内涵的索引词。这样 WT4 就不能成立，弱二维主义的纲领也随之瓦解。

查尔默斯对上述论证做出了直接的回应。对于论证中的信念句有两种自然语言的读法，即从物读法（在 w 中，A 相信路易斯的丈夫是《反事实》的作者）和从言读法（在 w 中，A 相信他那个世界中的路易斯的丈夫是《反事实》的作者）。强二维主义并未对从物读法做出预言，而对从言读法做出了正确预言。对信念句的任何读法都要求关于现实世界的信念是不自然的。根据强二维主义，"现实的"挑出的是在模态/认知语境中的相信者的世界，反映论文我们在从言读法中的直觉。

另外，二维主义并未表明信念归属句直接归属了与首内涵的关系或与次内涵的关系。查尔默斯后来发展出对信念归属的处理方案："x 相信 S"是真的，当且仅当当事主体对（结构化的）次内涵具有某种信念并且对语境下恰当的（结构化的）首内涵具有某种信念。因为"路易斯是《反事实》的作者"与"现实中的路易斯是《反事实》的作者"具有不同的（结构化的）次内涵，因此上述（2a）和（2b）不是必然等价的。

此外，查尔默斯对索莫斯总结的二维主义论题的重述给予了反驳①。对 WT4 的批评，查尔默斯指出基于下述三点理由 WT4 中的（a）和（b）两个论题都不可接受。首先，表达式的首内涵无须封装在摹状词里，也即也许对于名称和自然类词项，也许并没有对应的摹状词使得前者和后者有相同的首内涵。二维主义者在这一点上接受克里普克的认知论证。此处起作用的不是相关联的摹状词而是内涵。其次，同一个名称的不同殊例可能具有不同的首内涵。因为首内涵与认知主体相关，不同主体那里对同一名称的首内涵的把握是不同的。例如"比尔＝威廉"对某些人是先天成立的，但对另一些人则不是。因此即使名称殊例的首内涵能够封装在摹状词里，对同一名称的不同殊例而言，这些摹状词也可能不同，因此不能将名称同义于严格化的摹状词。最后，名称的指称有可能对于某名称是本质性的，但严格化摹状词的指称对摹状词可能不是本质性的。这也表明名称不同义于严格化的摹状词。因此对弱二维主义的批评也找错了目标。总的来

---

① David Chalmers, "Response to Scott Soames on Two-Dimensionalism", 2006, http://consc.net/papers/soamesapa.html.

说，查尔默斯认为索莫斯误解了二维语义学与描述主义的联系。

查尔默斯也不承认 ST7a 和 ST7b 这两个论题，因为只有把命题看成可能世界集合（内涵）时，这两个论题的表述才是符合二维语义的。只有当把命题看成句子的语义值以及认知和模态性质的承担者时，才能说"水是 H_2O"所表达的命题是必然的和后天的。但是如果命题被看作具有二维语义的结构，用可能世界集合的内涵就不是命题的合适的刻画。二维语义学事实上对什么是命题保持开放的态度，查尔默斯认为找不到对应实体能实现我们给"命题"赋予的各种功能。这样二维语义者并不需要承诺命题的具体性质，而是可以成为语义多元论者。语义多元论主张，存在着不同的语义关系，在这些语义关系下句子可以有不同方面的语义值。无论是首内涵还是次内涵，都是句子的语义内容的一部分而不能成为唯一的语义内容。命题所具有的解释作用，可能对应着多个实体，因此也许不存在唯一的实体对应着命题。对于索莫斯的批评，例如二维语义学把首内涵视为卡普兰式的特征，把名称视为严格化的摹状词，等等，查尔默斯后来做了进一步回应和说明。查尔默斯指出（Soames, 2004）的批评针对的主要是（Chalmers, 1996）书中的观点，那时查尔默斯尚未对基于语境解释和基于认知情景的解释做出明确区分，因此主要是用卡普兰式的特征来说明认知内涵，但查尔默斯在 2002—2006 年的系列论述中修改了上述观点。这样索莫斯的部分批评并不合适。

值得注意的是，索莫斯（Soames, 2013, 2015）后来提出了"命题作为认知行为"的观点，主张需要一个新的作为认知概念和认知关系的命题观。索莫斯主张，持有一个命题根本不是对它有任何思考或认识，而是根据命题的定义来进行认知操作。命题是"可重复的、纯表征的认知行为或操作，其实践导致具体的认知事件"，因此持有一个命题就是去践行（perform）它。① 根据这种观念，命题有两种类型的内容：表征性的和认知性的。表征性内容是指，每一个命题都将世界表示为某种方式，因此它提出了当命题为真所必须满足的条件。命题还对持有它们的主体提出了认知条件。因为这两种类型的内容是相互独立的，因此形成了表征性相同

---

① Scott Soames, *Rethinking Language, Mind, and Meaning*, Princeton: Princeton University Press, 2015, p. 16.

但认知上截然不同的命题。索莫斯的表征性内容与认知性内容的区分,与查尔默斯的次内涵和首内涵的区分,具有高度的相似性,也可以看成前面所说的新罗素主义和新弗雷格主义的"概念变异"。

第 九 章

相对主义的语义学

卡普兰式的语义框架近年也被用于处理相对主义的真概念。语义学相对主义旨在表述与句子的成真条件有关的相对主义论题。关于真的相对主义论题是指，一个语句或命题的真是相对于评价语境的，也即，不同评价语境中同一个命题具有不同的真值。这个论题主要是一个语义学论题，它指出命题的真值或语义值不是绝对的，它对评价语境是敏感的。表面上看，语境主义也持有类似的观点。根据流行的语境主义的主张，一个语句或命题的真依赖于该语句或命题的使用语境。例如：句子"今天下雨了"在不同的使用语境中具有不同的真值；这种由索引词"今天"的索引性而导致的语句真值的语境依赖性显然不是相对主义所关心的。又如，根据知识论语境主义，"我知道我有一双手"在不同的知识标准的语境中具有不同真值，"知道"被看作具有语境索引性的知识归属词项；这种处理方法正是相对主义的主要理论对手。语义学相对主义要表达的直观思想是，不同评价者对于同一命题具有态度分歧，而这种态度分歧并非由语句的使用语境的索引性特征带来的。例如，考虑如下语句：（1）前门小摊上卖的冰糖葫芦很可口。根据相对主义，（1）没有固定的真值，它对于评价者甲为真但对评价者乙不为真，相对主义认为甲和乙对冰糖葫芦的不同态度的分歧是可理解和容忍的。因此，语义学相对主义认为影响句子真值的语境因素，不只是可能世界、时间、认知主体这类标准的语境参数，还包括以主体的评价视角这类非标准的语境因素。

第一节　相对主义与评价敏感性

通常认为相对主义论题的一般性表述是：X 相对于 Y 为真。其中 X 是某个真值承担者（候选者可以是信念、判断、陈说、语句、命题或理论等等），Y 是某个参照系（候选者可以是个人、群体、偏好、文化、语言、概念框架、理论体系等）。① 因此相对主义的论题的意思也就是说，X 没有绝对的真假，其真值将随着 Y 的变化而改变。

传统上文献里支持相对主义的论证主要是多样性论证：不同群体对某个命题具有不同的真假判断，不具备或是难以找到客观的标准来说明哪种判断更为合理。认知相对主义认为知识论断的成真标准具有多样性，伦理学相对主义认为伦理判断的标准存在着多样性，美学相对主义认为品味判断的标准具有多样性，等等。此外，有一些哲学或语言理论，虽然没有直接表达语义学相对主义论题，但也通常被认为与语义学相对主义的思路一脉相通，例如萨皮尔—伍尔夫的语言相对主义论题、后期维特根斯坦的语言游戏观、蒯因的翻译的不确定性论题和指称的不可测知论题，库恩的范式不可通约性或不可公度性论题，等等。

相对主义立场本身通常被认为具有重大理论缺陷，即关于真的相对主义的核心论题本身是不融贯的或自我反驳的。根据全局相对主义的表述，所有真命题都是相对于某个参照系为真的，没有绝对真。对这种最简化的相对主义的论题的反驳似乎轻而易举：全局相对主义的论题本身不可能是相对真的（如果它是相对真的，它就不是全局性论题或全称论题），因此至少存在着一条非相对主义的真命题，这就反驳了全局相对主义论题。麦克法兰（John MacFarlane）在其新著（2014）序言中亦指出，他曾经一度认为相对主义是最没有哲学辩护价值的论题。②

但是，局部相对主义认为，只是某些真命题的真值是相对的。这样，

---

① Chris Swoyer, "Relativism", in *Stanford Encyclopedia of Philosophy*, http：//plato. stanford. edu/entries/relativism/, 2003, sec. 1.

② John MacFarlane, *Assessment Sensitivity：Relative Truth and its Applications*, Oxford：Oxford University Press, 2014, p. v.

局部相对主义论题本身可以是绝对真的，并且不是自我反驳的。如果局部相对主义仍有可辩护的空间，那么相对主义比较起其他哲学立场是否能更加符合我们对语言的使用？近年来，语言哲学领域中非常活跃的哲学家如柯贝尔（Max Kölbel, 2002）、雷卡纳提（Francois Recanati, 2007）、里查德（Mark Richard, 2008）、开普兰和霍桑（Cappelen Herman & John Hawthorne, 2009）等纷纷撰写单行本，从不同角度探究了相对主义的语义真概念。怀特（C. Wright）比较新相对主义与传统相对主义，指出以下三点新相对主义的基本特征，（1）自然语言中存在着某些相对于评价者敏感的表达式，如"可口""漂亮"等，使得出现这些表达式的语句的真值会依赖于特定时候评价者的视角而发生变化。（2）因此，对某些论域而言，某个陈说是否为真，不仅仅依赖于产生该陈说的语境和赋值环境（评价该陈说的世界的状态），同时还要依赖于某种特定的参数，即评价者视角。（3）这种相对主义是一种语义学理论，利用了 Lewis-Kaplan 式的语义框架。它表达为局部相对主义的立场。①

麦克法兰2003年发表的论文"关于未来的偶然算子和相对主义真"被认为是触发了近期相对主义论述的出发点，他的2014年新著《评价敏感性》则不但是这轮从语义学和认识论角度对相对主义进行再考察的最完整表述，而且是所有捍卫相对主义立场中的最激进者。下文我们即以《评价敏感性》为中心来讨论语义学领域的相对主义。

语义学相对主义的直观出发点，乃是要说明"具有不同信念、性质和先验概率的推理者对于同样的证据会得出不同的结论"②。也即，不同评价者持有的是完全相同的证据，分歧在于从这些证据可以得出怎样的结论；由于证据和结论之间不存在纯粹演绎的通道，结论的多样性似乎是可以理解的。语义学相对主义强调，在自然语言中存在着某些相对于评价者敏感的表达式，如"可口""漂亮"等，使得出现这些表达式的语句的真值会依赖于特定时候评价者的视角而发生变化。结合前述例句来看，相对

---

① Crispin Wright, "New Age Relativism and Epistemic Possibility: The Question of Evidence", *Philosophical Issues*, Vol. 17, No. 1, 2007, pp. 263 – 264.

② John MacFarlane, *Assessment Sensitivity: Relative Truth and its Applications*, Oxford: Oxford University Press, 2014, p. 97.

主义认为，对于语句（1）的某次特定使用，首先，（1）具有真值，其次，不同的评价者可能认为（1）具有不同的真值。

这种真值相对性不仅会发生在不同的评价者之间，如前述例中的甲和乙，也会发生在同一个评价者的过去和现在的判断之中。例如，对于前述句子（1），五年前我认为（1）是真的，但现在我改变看法了，现在我认为（1）是假命题。我之所以改变对（1）的真假的看法，并不是因为那种冰糖葫芦的做法变了或物理性质改变了，而是因为我自己的偏好或趣味改变了，或者我自己的背景信念改变了。也许有人会认为我对句子（1）的真值评价的改变是由于"可口"这个谓词在不同情境下使用方式不同。麦克法兰提出了处理"可口"这一谓词的直观原则：如果你以第一手的方式获得该事物的味道，那么某个事物是"可口"的，当且仅当该事物的味道使你愉快。此处"第一手"的方式乃是亲知的方式或亲自品尝的方式。[①] 我觉得以前可口的东西现在不可口了，很可能是我自己的评价标准发生变化了。我先前做出的断定，在先前的标准下是有效的或准确的，也即，如果回到那个情境中去，我还会做出同样的断定；然而时过境迁，我现在有了新的口味标准，我收回了以前曾经有效的断定。收回过去的断定并不意味着以前那个断定在过去的语境中不再正确，而仅仅表明旧的断定在另一个语境中不适用。

我们比较其他哲学立场对语句（1）何以为真的不同解读方式。关于口味的客观主义会认为，语句（1）具有真值，它之所以为真是因为冰糖葫芦具有某种客观的物理性质，这种客观性质带来了"可口"的口感。而语境主义则会认为，语句（1）之所以为真是因为（1）在特定语境里由特定的说话者说出，而不同说话者对"可口"有不同的标准，（1）是否为真要考察说话者语境和该语境中"可口"的判断标准。此外，表达主义者则认为，语句（1）表达的是口味判断或价值判断命题，冰糖葫芦味道好不好不取决于它本身的性质而只取决于说话者的主观喜好感受，基于此，某些持有主观主义或情感主义（如艾耶尔），以及表达主义（如吉巴德）立场的哲学家会认为这类"口味"命题或价值判断的命题只是说

[①] John MacFarlane, *Assessment Sensitivity: Relative Truth and its Applications*, Oxford: Oxford University Press, 2014, p. 4.

话者的情感表达而不具有成真条件及真值。

相对主义认为上述常见的立场在处理"口味"这类表达式时都面临着各自难以解决的困难。例如，客观主义难以解释直觉上我们为何觉得(1) 表达了说话者对某种口味的喜爱；表达主义把评价者之间的评价分歧仅仅理解为不同的主观感受，同时也难以解释评价者对以往评价予以收回的可能性；语境主义者难以说明口味分歧是如何真正可能的，也难以解释口味改变时说话者为何会收回以前的断言，等等。① 相比起来，相对主义的语义方案则很好地克服了这些困难，下文说明语义学相对主义是如何做到这一点的。

第二节　相对主义真概念的形式刻画

根据路易斯，关于语言使用和交流的核心语义事实在于语句在语境中的真值条件，因而真值条件语义学的主要任务就在于对对象语言中任一个有意义的句子在语境中的使用给出其为真的定义。句子的真值条件的刻画可以借助于语言的结构描述而通过组合性计算来得到。通常而言，简单枚举语言可以通过直接递归获得组合性描述，含有量词及模态算子的语言可以通过语境转换获得组合性描述。② 一般地，在索引语义学框架下，我们可以这样递归定义语境中的真：句子 S 在语境 c 中为真，当且仅当对所有序对 $<w_c, t_c, a>$，其中 w 是 c 中的可能世界，t_c 是 c 中的时间，a 是变元的赋值，S 在 c 中相对于该序对的值（称为 S 在该指派下的相对化赋值）为真。在索引语义学中，句子的真总是相对于某些索引，这类索引除了可能世界和时间之外，还可以包括说话者、地点，等等。但这类索引的相对化赋值并不是哲学意义上的相对化，而只是基于可能世界语义学而采用的技术手段，主要目的是处理语境转换算子。所谓语境转换算子是指，由于算子的影响，为了衡量句子 S 在语境 c_1 中的真值，我们不得不利

---

① John MacFarlane, *Assessment Sensitivity: Relative Truth and its Applications*, Oxford: Oxford University Press, 2014, p. 22.

② David Lewis, "Index, Context, and Content", In Stig Kanger and Sven Öhman, eds., *Philosophy and Grammar*, Dordrecht: Reidel, 1980, p. 84.

用 S 在别的语境 c_2 中的真值来说明。例如，模态和时态算子都是典型的语境转换算子。φ 在时间—世界索引坐标 <w，t> 中为真，仅当对于所有的坐标 <w'，t>，w' 从 w 可达，且 φ 在 t 时在 w' 中为真。又设 F 是未来时态算子，S（t）是某个时间中立语句，那么 F（S（t））在时间 t 为真，仅当在 t 的某个未来时间 t'，F（S（t'））为真。但语境转换算子是否起作用，与语句中包含的语境信息有关。句子的内容包含的语境信息越丰富，其真值变化依赖的参数就越少。例如，如果句子中有明确的时间信息，那么语句就不是时间中立的。"奥巴马访问中国"是时间中立的，但"奥巴马在 2016 年访问中国"则不是时间中立的。对于并非时间中立的语句，时态算子的语境转换功能就会不起作用。例如，"奥巴马在明年访问中国"在语境 c（2015 年）为真，当且仅当奥巴马在语境 c'（2016 年）访问中国，其中 c' 是未来时态算子（明年）发挥语境转换功能得到的评价句子真值的语境。但把未来时态算子加诸"奥巴马在 2016 年访问中国"并不会改变句子的真值，我们考察这个句子的真值并不需要离开说出句子的当下语境。因此时态算子的语境转换功能对于非时间中立的语句是冗余的。同样，对于非世界中立的语句，模态算子的语境转换功能也是多余的。

语境 c 中包含的指标通常有时间、地点、当事人、可能世界等。另一方面，正如路易斯曾经指出的，语境中的各个要素并非各自独立变化的，仅仅改变语境的其中一个指标的特征所得到的很可能并不是另一个语境。路易斯提供的解决方案是，使真概念相对于语境因素的办法，不是直接针对语境而是上面提到的"索引"（index），即把语境中的各个特征"打包"结合起来，以便各语境因素能够自主变化而不互相牵制。这样，尽管我们不能通过仅仅改变一个特征就改变语境，但可以通过仅仅改变一个坐标而得到另一个索引。索引里的时间坐标与说话者无关（从而可以是先于说话者出生的某个时间），世界坐标与说话者无关（从而可以是说话者从未生活过的世界）。使得索引中的各要素因为说话者的语境联系，这样的索引就是专有的索引，即在索引的可能世界中，索引的主体在索引的时间上正好位于索引的位置上。利用索引的概念，不是直接定义句子"在语境 c 中为真"（true at a context），而是先给出"在语境 c 和索引坐标 <w，t>"上为真（true at a context and an index）的定义，再用后者定义前者。同时注意到，索引的坐标是语境的特征，因此一个语境决定相应的特定索引，使得其坐标被设置成对应的语境的特征。麦克法兰称处理"在语境 c 和索引坐标"上为真的语义学为专有语义学，这只是过渡性的技术手段，最终目标还是给出"在语境 c 中为真"的真值条件语义学，即后语义学（postsemantics）。用专有语义学定义的后语义学给出的句子成真条件如下：句子 S 在语境 c 中为真，当且仅当对所有索引 <w, t_c, a>，S 在语境 c 和索引 <w, t_c, a> 上为真 w 是 c 中的一个可能世界，t_c 是语境 c 中的时间，a 是任意一个指派。①

尽管和路易斯一样都使用了索引语义学，但卡普兰的二维框架的语义学首先区分出使用语境和评价语境。如前第一章，根据卡普兰，语句的意义有两个层面：语句的特征（character，通常由语句的语言学意义来表征），是从使用语境到语句内容的函项；而语句的内容（content，即语句所表达的命题）是从评价语境到外延（真值）的函项。卡普兰用这个区分试图表明，某些语境敏感的表达式，如索引词和指示词（以及专名），对于所在句子的语义贡献是其指称对象而不是其"涵义"，无论这种涵义用何种方式定义。这类表达式从而是直接指称表达式，包含直接指称表达式的语句所表达的命题是单称命题。根据卡普兰，句子 S 在使用语境 c 中为真，当且仅当 S 所表达的命题在使用语境 c 所对应的赋值环境中为真。直接指称表达式即是在每个赋值环境中该表达式总是指谓同一对象，或者说直接指称表达式（如索引词"我"）就是从赋值环境到语境 c 的主体的常函数。

麦克法兰认为卡普兰的语义学中的评价语境仍然只是技术性的要求，本质上仍然是索引性的概念而不是评价敏感性的概念。对于某种语境特征 F（时间、地点、可能世界、评价标准等）而言，有三种方式可以使得一个语句相对于 F 为真：（1）句子的真可能会随着索引中的坐标 F 变化而变化。（2）句子可能是使用敏感的，如果其真值（相对于使用语境和评价语境）依赖于使用语境。（3）句子可能是评价敏感的，如果其真值（相对于使用语境和评价语境）依赖于评价语境中的特征。这里的重点是

---

① John MacFarlane, *Assessment Sensitivity: Relative Truth and its Applications*, Oxford: Oxford University Press, 2014, p. 59.

索引性与敏感性的差异。索引性和敏感性的差别并不在于是使用语境的语境参数还是评价语境的语境参数，而在于这种语境参数到底是系统内的参数还是系统外的参数。如前，索引性要素引入的目的是处理语境转换因素，以便对语境中的真概念给出系统性的说明。而评价敏感性的要素则完全是外在的，处理的是不同评价视角这样的具有哲学相对性的因素。加上了评价语境的利用专有语义学定义的后语义学给出的句子成真条件如下：句子 S 在语境 c_1 中被使用并且在稍后的语境 c_2 中被评价为真当且仅当对任意索引 $<w, tc_1, a>$，S 在 c1 和 $<w, tc_1, a>$ 中为真。其中 w 是 c_2 中的某可能世界，tc_1 是 c_1 中的时间，a 是任意赋值。[1]

麦克法兰的相对语义学框架也具有某种二维语义的特征。卡普兰的语义学中，真仍是相对于使用语境来定义的，赋值环境与使用语境之间存在着密切的联系，因为赋值环境是由使用语境中的可能世界和时间构成的。使用语境不但决定了语句的语义内容，同时也决定了内容被评价的环境。相对主义语义学修正了卡普兰的语义框架，要求句子的真总是同时相对于使用语境和评价环境，而且使用语境和评价环境两者是独立的。相对主义语义学需要通过表达式对于评价语境的敏感性来刻画哲学意义上的相对性。类似于索引性是索引表达式在不同使用语境中具不同外延（如索引词"我"在不同使用语境中指向不同说话者，不同的评价者视角使得同评价语境敏感的表达式在不同的评价语境中具有不同外延（如"可口的"在不同评价语境中的外延是不同的可口食物的集合）。根据麦克法兰，相对主义可以给出如下真的递归定义：句子 S 是相对于使用语境 c_1 和评价语境 c_2 为真，当且仅当 S 在 c_1 的可能世界和 c_2 的评价标准中的相对化赋值在 c_1 中为真。

如果设定了有关相对化赋值的参数，上述定义可以更具体地刻画如下：句子 S 是相对于使用语境 c_1 和评价语境 c_2 为真，当且仅当对于所有的真值指派 a，$[S]^{c1}_{<wc1, tc1, gc2, a>}$ 的赋值为真；其中，w_{c1} 是语境 c_1 中的可能世界，t_{c1} 是 c_1 中的时间，g_{c2} 是语境 c_2 中的主体在 c_2 中的时间上的

---

[1] John MacFarlane, *Assessment Sensitivity: Relative Truth and its Applications*, Oxford: Oxford University Press, 2014, p.63.

口味标准。①

此处不妨比较两种语义框架。卡普兰和麦克法兰的语义学都把使用语境和赋值环境看作生成句子真值的语义学的两个阶段，其中第一阶段两者通过使用语境得到了句子的使用者所表达的命题。差别在于第二阶段，卡普兰的语义学通过赋值环境得到了命题的真值，而麦克法兰通过评价语境得到命题的真值。卡普兰的赋值环境和麦克法兰的评价语境的区别在于，赋值环境是使用者视角的，而评价语境是评价者视角的。卡普兰把传统的语境概念分解成了使用语境和赋值环境，用以分别决定句子的内涵和外延，但以语句使用者为中心来衡量句子真值的视角并未变化。而正是麦克法兰引入的评价者视角才产生了哲学意义的相对性，而使得语境参数不再是纯粹的技术手段。正如索引词"我"和指示词"这里"是使用语境敏感但对赋值环境不敏感的词项，"可口""漂亮"等是对评价语境敏感的词项，后者是具有哲学意义的相对性描述起作用的地方。

这是一般的相对主义真定义，如果将之应用到具体的领域，如包含有口味算子、认知算子、认知可能性算子、时间算子、道义可能性算子等的语义学框架中，可以进一步给出具体的相对化赋值定义和应用性讨论。例如，针对在知识归属上的成真条件语义学，可以比较语境主义、主体敏感不变主义和相对主义三者在面对怀疑论挑战时的策略优长。显然，使用语境和评价语境的彻底区分对于相对主义而言具有关键的意义。使用语境标明的是语句被说话者说出时或言语行为被施行时的语境要素，评价语境标明的是评价该语句的真假时的语境要素。这两类语境从本体论而言是同一类事物，具有相同的结构，而具体构成要素上则不必有关联。

第三节 相对主义真概念的哲学解释

相对主义的真概念无疑可以分解成两部分，真的并且是相对的。我们在前面简要说明了相对主义的基本思想，但"真"似乎是一个客观性的概念，如何能与"相对性"共同起作用，如何能在相对主义框架的说明

---

① John MacFarlane, *Assessment Sensitivity: Relative Truth and its Applications*, Oxford: Oxford University Press, 2014, p. 151.

中给出通常意义上的真概念？当代英语哲学文献中已经有各种关于真概念的哲学理论，以塔斯基的语义学真概念为分界，实质性的真概念和收缩论的真概念有大量的讨论。相对主义的真概念不可能忽视这些争论。例如，仅就相对主义真的"相对性"的层面而言，它与某些实质性的真理理论如融贯论或实用主义理论可以很好地协调起来。例如，根据实用主义的真理理论，一个命题是真的仅当它能给命题的使用者带来预期的好处；那么，由于对不同使用者而言带来好处的东西是不同的，命题的真因而可以是相对于使用者敏感的。① 但是，作为"真"这一部分，相对主义如何提供哲学辩护？

注意到戴维森在解释真概念时，提出合适的真概念必须满足四个约束条件②，与之平行，根据麦克法兰，合适的能够解释关于口味这类评价敏感表达式的成真条件语义学也必须满足下述五个约束性的要求：（1）一般性条件，即解释语境敏感的表达式对所在的各种类型的语句做出的语义贡献；（2）断定条件，即按照上述评价原则（如口味原则）解释说话者何以做出包含评价敏感表达式（如可口）的断定；（3）收回条件，即解释说话者的评价标准改变时何以收回以前的有效断定；（4）说明意见分歧，即解释不同评价者何以对同一事物产生真正的意见分歧；（5）说明态度表达，即解释人们使用评价敏感表达式时何以表达了他的意愿的倾向。③ 这五个条件也是提出相对主义真概念的基本动机，后面在比较相对主义和其他立场的时候会说明，唯有相对主义真概念能够满足上述五个条件。

另一方面，晚期戴维森认为，真与许多其他基本概念一样，是不可定义的，但是我们可以借助真与其他基本概念之间的联系来阐释真

---

① John MacFarlane, "Making Sense of Relative Truth", *Proceedings of the Aristotelian Society*, Vol. 105, 2005, pp. 327-8.

② 根据戴维森，合适的意义理论必须受到下述四个条件的约束：（1）要能说明意义的生成，即能够给我们所研究的自然语言 L 中的每个语句"提供意义"；（2）要能说明意义的组合性，即 L 中的语句是如何从 L 的有限数量的语词中按照 L 的语词组合规则组合而成的；（3）要能说明意义与句子本身的联系，即对 L 中语句的意义的表述应当基于与这些语句本身相同的那些概念；（4）要能说明与经验的联系，即必须是可通过经验进行检验的。

③ John MacFarlane, *Assessment Sensitivity: Relative Truth and its Applications*, Oxford: Oxford University Press, 2014, pp. 21-22.

概念的使用。① 而达米特（1959）则曾经论证，塔斯基定义真的语义方法是不够的，因为塔斯基的方法只是提出了外延正确的形式定义，如果不加上对句子为真的意义的描述，仍然不能算把握了真概念。这就好比在国际象棋里，只是知道"将死"的步骤描述（形式定义），如果没有游戏获胜的概念，仍然没有对"赢棋"概念的把握。②

这个类比向我们揭示了，塔斯基的语义真概念，正如菲尔德（1972）所分析的那样，尽管能够根据对象语言的结构把真概念技术性地还原成指谓、满足等语义概念和使用递归的结构描述，但并未真正抓住我们对真概念如何被使用的直觉。塔斯基式的语义性真概念所缺乏的，正是我们在日常进行断定和表达信念时对真概念的运用，也即真概念作为支配着断定和信念的规范。达米特接着论证："断定的真实性类似于赢得比赛：这不但是对结果的一个划分，某种程度上也是说话者或游戏者的目标所在。在此意义上，一个断定（陈述）是假的，如果说话者想要通过该断定来排除的事态实现了。反之若无这样的事态实现，该断定就是真的。这引入了以真作为目标的主题，即作为通过断定来刻画真的手段。"③ 真和断定之间的这种关系也在怀特那里得到了清楚的说明："给出的真和断定之间关系的原则是：（TA）'断定某个命题就是声称该命题为真'和（PT）'进行断定行为就是将被断定的内容当作真来呈现'。"④

因此，断定和真之间具有密切的联系，这种联系就在于，断定的规范性条件之一就是以真为目标。真概念作为断定的规范这一特征被越来越多的研究者认为是真概念的核心特征。例如，后文将论及，真的多元主义者或功能主义者就极为重视这一特征。要获得对真概念的非还原式的解释

---

① Donald Davidson, "The Folly of Trying to Define Truth", *Journal of Philosophy*, Vol. 93, No. 6, 1996, pp. 263–278.

② 达米特的另一个论证是，假定某个单称词项 T 只有涵义而没有指称，那么包含着该单称词项 T 的句子 S 只有涵义而没有指称，那么根据弗雷格的语义学，S 表达了某个命题 p 但是 p 却没有真值。于是陈述"S 是真的"就是假的，于是 S 和"S 是真的"就不具有相同的涵义，因为后者是假的而前者不是。

③ Michael Dummett, "Truth", *Proceedings of the Aristotelian Society*, Vol. 59, No. 1, 141–162, 1959, p. 148.

④ Crispin Wright, *Truth and Objectivity*, Cambridge: Harvard University Press, 1992, pp. 23–24.

（既然还原式的解释被许多论者认为是不可能实现的），就是借助其他概念与真概念的联系来说明真概念的使用，可以把真概念作为联系语义（成真条件的语义理论）和语用（语言使用的正当性说明）之间的桥梁。

"以真为目标"（aim at truth），不仅是作为言语行为的断定的规范性要求，也是作为心理状态的信念的规范性要求。由于真概念在我们的认知与交流实践中扮演的重要角色，在考虑真与其他语义和语用概念之间相互支持的关系时，麦克法兰提醒我们注意到如下两个关键之处：(a) 真是我们做出断定时所承诺的东西；(b) 真是我们的信念所指向的东西。这样作为与真有关的基本言语行为，断定和信念就是用于说明真概念的两个基本的候选者，因为两者都需要以真作为其构成性的规范。

例如，对于信念和真的关系，下述真规则通常会被认可：除非某个命题 p 在语境 c 下为真，否则一个人不应该在语境 c 下相信 p。这样一个原则的得出，是理性的认知主体通过反思觉察到，如果他预测到在将来他有充分的理由认为 p 在语境 c 是错误的，他就不能在语境 c 下理性地相信 p。这一点真是基于信念以真为目标的特征得到的。也即，一个人无法理性地在某语境下相信 p，如果他预测到在将来他有充分的理由认为自己没有遵循真规则的支配而形成了假信念。

但是，对于做出断定和真之间的关系，类似的合理性辩护似乎不易得到。关于断定的理性辩护可以表述为，一个人无法在当前理性地断定 p，如果他预测到将来他会得到充分的理由去撤销这个断定。但是正如麦克法兰所指出的，这个表述并不严格。说谎者之所以是说谎者的动机常常不是由于预料到真相会被揭穿，而是出于某些实用的得失考虑。在做出断定的理性评估和对未来撤销断定的预测之间的联系，并不像信念和真规则之间的关系那样密切。

然而，在说明相对主义真概念的规范性作用的时候，相比起信念，断定却是更合适的候选者。为阐明相对主义真概念，如前，需要满足五个约束性要求。由于信念是不可收回的（因为从形而上学角度看信念本身是一个持续一段时间的心理状态而不是事件，信念因此是无法收回的，从相信 p 转变成不相信 p 仅仅意味着从某个状态转变成另一个状态，原来的状态并不会被收回），这样上述要求（3）即收回条件难以得到满足，因而难以将信念用于解释相对性的真概念。因而断定（从形而上学角度看断定是言语行为或事件）就成为与相对主义真有关的主要的解释性概念。将真规则作为支配着做出断定的构成性规则，就可以借助语句的断定性条件来说明真概念，从而把语句的真与语句的使用实践联系起来。如果认知主体预测到自己会在未来获得充分的理由去收回某个断定 p，他就不能在当下理性地断定 p。根据这种理解，承诺命题 p 为真，就是承诺当 p 受到挑战时提供基础去证实对 p 的断定；当 p 被发现为不真时则收回对 p 的断定。麦克法兰论证，基于评价敏感性的相对主义的真概念也仍然足以扮演这样的角色。承诺相对主义的真概念，仍然是承诺去证实断定和收回断定。相对主义的核心想法，就是要说明做出某个断定的语境和评价（挑战、收回）与该断定的语境之间的可能的差异，也即是使用语境和评价语境的差异。理解评价敏感的内容的断定和非评价敏感的内容的断定这两者在实践上存在的差异，正是相对主义的基本出发点。

根据麦克法兰，相对主义真概念和断定之间的关系，可以用下述两个关于断定的规范性原则来描述，即做出断定的规则和收回断定的规则。[①]

自反性真规则：某个主体允许在语境 c_1 中断定 p，仅当 p 在 c_1 中被使用和被评价时为真。

收回规则：某个主体在语境 c_2 中被要求收回在语境 c_1 中做出的断定 p，如果 p 在 c_1 中使用和在 c_2 中评价时不为真。

相比起上一节利用评价语境给出的相对主义真的技术性定义，这两个规范性原则才真正给出了相对主义真概念的哲学解释。真概念就是在做出断定和收回断定中使得断定必须满足的规范性要求的东西。相比起断定的其他的规范性要求，比如审慎、礼貌、证据等，真规则甚至是关于断定的唯一的构成性的规范。这里构成性的意思是说，离开了真规则的规范，断定则不成其为断定。

其中，自反性真规则是一般的真概念（无论是相对主义还是非相对主义）都要求的规则。一般情况下，对断定进行规范性说明的时候，总是要假定下述一般性的真规则作为断定的构成性规范：在语境 c 中，断定 p 为真当且仅当 p 在 c 中为真。这个规则的好处就是作为语义理论和语用

[①] John MacFarlane, *Assessment Sensitivity: Relative Truth and its Applications*, Oxford: Oxford University Press, 2014, pp. 101–110.

规范之间的桥梁，可以同时阐述真和断定的概念，而不必将其中一个置于更基础的地位。但这个规则还不是相对主义的真规则，因为没有把语境分解成使用语境和评价语境，这里的真概念从而就不是相对真的概念。因此需要重述该规则或将该真规则进行相对化的处理。有不同的方式可以相对化该规则，例如，可以表述成：相对于语境 c_2，某个主体允许在语境 c_1 中断定 p，仅当 p 在 c_1 中被使用和 c_2 中被评价时为真。表面上看这种相对化更加符合相对主义的要求。但这种相对化的真规则实际上预设了而不是解释可对相对主义真概念的理解。实际上，在做出一个断定的时候，由于评价语境就是使用语境，也即做出断定时的使用语境和评价语境是重合的，因此支配做出断定的真规则只是自反性的真规则。显然，自反性真规则并不能区分语境主义和相对主义，因为语境主义的特征就在于没有考虑到评价语境与使用语境有差别的可能性。

而收回规则刻画了相对主义真的特殊要求。语境主义和相对主义的语用上的差异就体现在收回规则。收回某个断定（或其他言语行为），就是撤销原来的断定（或言语行为）产生的规范性的作用，而这并不意味着原来的断定在当时是错误的。因为，收回的是言语行为而不是言语行为的内容。与收回断定类似的言语行为是拒绝某个断定，说话者可以在某个语境 c_2 中拒绝某个在语境 c_1 中做出的断定 p，如果 p 在 c_1 中被使用和 c_2 中被评价时不真。

我们再考虑前述例子。假定在 5 年前的语境 c_1 中我喜欢冰糖葫芦，语句"前门小摊上卖的冰糖葫芦很可口"表达的命题为 p，无论是从语境主义还是相对主义的角度看，p 在 c_1 中为真。根据自反性真规则，我被允许在语境 c_1 中断定 p。假定我在 c_1 中做出了这个表达 p 的断言。假定五年后的现在是语境 c_2，我不再喜欢任何冰糖葫芦。从相对主义的角度看，此时命题 p 相对于 c_1 使用和 c_2 评价为假，根据收回规则，我有义务收回早先的断言。但从索引语境主义的角度看，命题 p 相对于 c_1 使用和 c_2 评价为真（语境主义仍旧根据断言被说出的语境中的相对化赋值来判断命题的真假，因此这里的 c_2 实际不起作用），我不用收回断言。这就体现了相对主义和语境主义的实践差异。

语义学相对主义并非认为所适真语句都会因为评价者的不同带来真值的不同。说语句成真条件会受到评价敏感性的影响，这仅仅是认为，含有评价敏感的表达式在概念上是可能的,例如,日常语言中表达鉴赏的词项"可口的","美的",表达认知模态的"可能",表达主观道义的"应当",等等,都是评价敏感的表达式。这只是一个经验假设,也即,也许某种自然语言中不存在评价敏感的表达式。如果某种语言中确实没有评价敏感的表达式和评价敏感的内容,并不表明相对主义原则上是错误的,而只是表明相对主义框架对于该语言是多余的。

第四节　对相对主义真概念的质疑与回应

作为一个常常饱受质疑的哲学立场的继承者,语义学相对主义必须考虑来自论敌的批评。我们在这里尝试对两种主要的可能的挑战做出简要的讨论。

一　分歧问题

一种对相对主义的传统批评认为,相对主义把我们的观点分歧平凡化了。如果不同评价者仅仅依据自身的评价标准来给语句赋以真值,那么当甲断言 p 为真和乙断言非 p 为真时,两者都是成立的,这样我们在什么意义上说具有冲突意见的双方存在着分歧呢。① 进一步,如果相对主义是正确的,我们关于口味(价值、知识归属,等等)的分歧似乎就变成见仁见智或无所谓对错的,这会使得关于口味的争论和辩护成为非理性和多余的;但我们的争论和辩护常常确实是理性的、有趣的和有意义的。

新相对主义认为,这样的批评更适合留给语境主义。通过对分歧概念的细致考察,相对主义能够说明,比起语境主义,其主要的理论长处就在于相对主义能够一方面保留评价敏感表达式的主观性,另一方面保留双方的分歧。仍以前面的例子讨论,假定两个当事者就口味问题发生争论,甲认为前门小摊上的冰糖葫芦是可口的,乙否认它们是可口的。根据客观主义的角度,这是一种实质性的分歧,需要考察冰糖葫芦是否确有某种属性使得它可口,考察的结果意味着至少有一方是错误的。这里"可口"的

---

① Mark Richard, "Contextualism and Relativism", *Philosophical Studies*, Vol. 119, 2004, p. 219.

主观感受最终被抛弃或者化为某一方的特定标准。根据语境主义的角度，事实上并不存在分歧，因为语句"那种冰糖葫芦是可口的"包含着隐藏的索引词，断定的是在甲的语境中对甲而言可口，语句"那种冰糖葫芦不是可口的"包含着隐藏的索引词，断定的是在乙的语境中对乙而言不可口。当把当事人作为语境参数加入时，两个断言就是相容的，并无真正的冲突。但是根据相对主义，两个断言不可能在同一个评价语境中为真，分歧存在着，但没有绝对的确定性可言，因为不能断定哪一种评价语境更高明。因此，相对主义似乎既保留了我们关于分歧存在的直观看法，又避免了客观主义中的沙文主义倾向。

实际上"分歧"本身也是需要澄清的概念。通常会认为，当甲和乙对相同的命题内容表达了相反的态度，这意味着他们之间存在着分歧，因为两种态度不能同时融贯地成立或不可共同支撑（noncotenable）：如果接受信念 p 就不可能无矛盾地接受信念 q，则接受 p 的态度和接受 q 的态度就是不可共同支撑或不可共存的。客观主义认为，由于双方的态度是不可共同支撑的，因此发生分歧时至少有一方是错误的。根据语境主义，尽管"甲接受 p"和"乙接受 q"表面上构成了分歧，但"从甲的角度看甲接受 p"和"从乙的角度看乙接受 q"却是可以共同支撑的，这样分歧消失了。而相对主义则认为可能存在着没有错误方的分歧，也即，从甲的角度看甲接受 p 的态度是正确的，从乙的角度看乙接受 q 的态度是正确的，尽管在同一语境中两者不可共同支撑（分歧存在），但从甲的视角感受的正确并不排除从乙的视角感受的正确（双方都不是错误的）。根据相对主义，甲和乙关于口味的分歧并没有消失，双方的争论仍然是理性和有意义的，但没有哪种态度在最终的意义上"胜出"。

这里进一步澄清什么是"分歧"有助于更深入地揭示不同立场的差异。就此处的讨论而言，甲和乙具有分歧，更清晰地表述是甲和乙在某个命题 p 是否为真上具有不同的态度。这里产生分歧的不是 p 的命题内容是什么，而是关于 p 是否为真的态度有差别。此外由于不同语境中会产生不同的评价，因此准确地说甲和乙的分歧要在同一语境中考察。假定甲持有信念 p，乙的信念与甲有分歧，就是说乙的信念的内容与信念 p 不相容或不一致。如前，这种信念的不相容性可以用不可共同支撑的概念来描述：某个态度与当前的态度对于命题 p 是不可共同支撑的，如果不改变当前的态度，就不可能融贯地接受 p。换言之，如果接受 p 就不可能无矛盾地接受 q，则接受 p 的态度和接受 q 的态度就是不可共同支撑的。除此之外，还有一种实践上的不可共同支撑，也即不是信念之间的不相容，而是欲望、偏好等非信念态度上的不一致，例如一个人不可能同时喜欢和厌恶某个东西。也即，不可共同支撑可以分为两种情形：信念上的不可共同支撑（p、q 是信念）和实践上的不可共同支撑（欲望、偏好等非信念态度）。此外，有一种与实践上的不可共同支撑较为类似的一种分歧，就是两个态度不可同时被满足。例如，在同一语境里两个人都想吃同一个完整的苹果，这时两人的欲望的内容是相同的，但不可能同时被满足。这时称分歧的态度是"排除了共同满足"①。

考虑信念方面的分歧的其他表述。如果再考虑语境因素，借助"中心化命题"的概念②，可以说明尽管分歧双方的观点是不可共同支撑的，但可以都得到了从各自角度的辩护，即从各自的立场看是"确当"的（accuracy）。所谓确当，就是从某种评价语境来看是真的，利用相对主义的真概念，某个语境 c1 中的态度或言语行为从语境 c2 中评价是确当的，即指其内容相对于其使用语境 c1 和评价语境 c2 中为真。这里，有两种表示分歧的方式：排除了共同确当（preclusion of joint accuracy），也即，甲的态度（从任何语境来评价）的确当排除了乙的态度（从相同语境评价）的确当，以及排除了共同自反性确当（preclusion of joint reflexive accuracy），也即，甲的态度（从甲的语境来评价）的确当排除了乙的态度（从乙的语境评价）的确当。③

其中对相对主义来说，排除共同确当和排除共同自反性确当是不同的。但对客观主义而言，两者是重合的，因为在客观主义那里确当性是绝对的。客观主义认为命题是否为真就看世界中的事物是否如此，信念内容

---

① John MacFarlane, *Assessment Sensitivity: Relative Truth and its Applications*, Oxford: Oxford University Press, 2014, p. 123.
② 中心化命题就是其真值相对于世界和"中心"（世界上的特殊点，通常由时间、地点和个体来代表）的命题。假定甲相信中心化命题"我在吃冰糖葫芦"，乙相信其补命题"我不在吃冰糖葫芦"。他们的信念是不能共同支撑的，但他们的信念可能都是确当的。
③ John MacFarlane, *Assessment Sensitivity: Relative Truth and its Applications*, Oxford: Oxford University Press, 2014, pp. 125–130.

的确当与否依赖于相关的世界中的事实情况。于是某个信念从一个相信者的语境来看是确当的，从另一个相信者的语境看就也是确当的。因此，客观主义者所说的分歧的意思，跟相对主义者并不是同一个意思。根据相对主义的解释，当两个人就某个东西是否味道好产生分歧时，共同确当被排除了，但是共同自反性确当并未被排除。甲的信念从甲的语境来看可以是准确的，同时乙的信念从乙的语境来看可以是准确的。另一方面，非索引语境主义和相对主义都认为命题的真值不但依赖于世界的状态也依赖于评价者的口味。两者的差别在于信念内容的确当性。非索引语境主义认为，语境中的信念是确当的，如果其内容相对于语境中的世界和相关于使用语境的口味（通常是相信者的口味，语境主义那里评价者就是相信者）为真。甲和乙会相信不相容的口味命题，他们的信念都是确当的，因为他们有不同的口味。相对主义则强调确当性总是相对于评价语境的。某个信念是确当的，仅当其内容在使用语境的世界中和相对于评价语境的口味（通常是评价者的口味）中为真。因此，甲和乙的信念不能同时确当。

因此，甲和乙双方之间存在着"分歧"，可以有以下几种理解：（1）排除了共同确当；（2）排除了共同自反性确当。（3）信念上的不可共同支撑；（4）实践上的不可共同支撑；（5）排除了共同满足。其中前三个是关于信念方面的分歧，后两个是关于实践方面的分歧。不同的语义理论解释分歧时，实际上诉诸了不同的概念。[①]

因此真正的问题不是什么是"分歧"，而是有哪些不同的表述分歧的方式？以及对这些不同的分歧表达，各种语义理论的立场刻画了哪种分歧。相对主义能够使用分歧作为反对语境主义的关键论证，同时仍可向客观主义让步，同时要留意到，相对主义所维护的那种分歧，不同于在典型的客观事实中发现的那种分歧。另一方面，如果甲和乙对于冰糖葫芦的味道的评价不同，那么除非有人改变口味，双方的分歧似乎是不可解决的。而假定后来乙被甲说服而改变了主意，收回原来的断言，这时分歧被化解。这样的变化是语境主义不能合理说明的。

此外，值得注意的是，某些版本的相对主义认为相对主义对于分歧的

[①] John MacFarlane, *Assessment Sensitivity: Relative Truth and its Applications*, Oxford: Oxford University Press, 2014, p. 135.

理解的最重要的贡献之一，在于可以构建一种分歧观念，其中分歧双方中没有任何一方有错误。"无错误方的分歧"的概念首先由柯贝尔（M. Kölbel）提出，可以定义如下：无错误方的分歧是如下情境，存在着思考者 A，思考者 B 和命题 p（判断的内容），使得下述情况成立：(a) A 相信/断定 p 并且 B 相信/断定非 p。(b) A 和 B 都没有犯错误。[1] 但根据上述澄清，在这个看似清晰的表述里，(a) 只是抓住了不可共同支撑的概念，没有把握住排除共同准确的情况，因此显得单薄，(b) 则没有澄清什么是"无错误"。根据麦克法兰认为，"无错误"至少有四种理解，分别是 (1) 认知上有保证的；(2) 真的；(3) 确当的；(4) 不违反支配信念/断言的构成性规范。因此，如果这 4 种"无错误"的解释与 2 种有关信念的"分歧"的概念（信念上的不可共同支撑的概念和排除共同确当的概念）组合，就可以得到 8 种"无错误方的分歧"的可能性。其中有至少 3 种可能而很不同的方式解释对应于相对主义的"无错误方的分歧"的论断，容易引起混淆，因此麦克法兰建议论者放弃这样的表述。[2]

二　相对主义的应用及与其他立场的差别

另一种批评认为，尽管句子的真值会随语境变化而变化，但在"饱和"的语境下句子可以具有不变的真值（即当句子表达了弗雷格式的思想），即某种绝对的真概念，这种真概念正是我们进行语义推理的必不可少的基础。相对主义把主观标准作为句子真值，使我们失去了直观中对"绝对真"概念的把握。[3] 语境主义者进一步认为，相对主义的处理方法是不必要的，我们可以把相对主义中的评价语境转化成使用语境来处理，从而消解掉评价敏感性。

对此我们可以做如下回应。语句的真值在不同场合下会发生变化，这

---

[1] Max Kölbel, "Faultless disagreement", *Proceedings of the Aristotelian Society*, Vol. 104, 2003, p. 53.

[2] John MacFarlane, *Assessment Sensitivity: Relative Truth and its Applications*, Oxford: Oxford University Press, 2014, pp. 133 – 136.

[3] Manuel García-Carpintero and Max Kölbel, eds., *Relative Truth*, Oxford: Oxford University Press, 2008, pp. 225 – 226.

是弗雷格以来就明确注意到的语言现象。弗雷格的基本思路是，同一语句在不同使用语境中表达了可能不同的思想，而思想的真值是恒久不变的。这是语境主义的早期出发点。总体而言，在各种具体领域，语境主义通常是相对主义的主要论敌之一，而两者的主要差别，在于决定语句真值的信息是否完全由语句的使用语境提供。根据索引性的语境主义（如卡普兰），语句的命题内容依赖于语句中的使用语境因素并随之变化；根据非索引性的语境主义（如雷卡纳提），语句的外延或真值也会随着使用语境因素变化而变化。索引性语境主义中语句真值的变化是由于存在着"今天"，"本地"这类索引性词项造成的，非索引性语境主义中语句真值的变化是由于对真值的评价采取了说话者或语句的使用者的视角造成的。两种语境主义中决定语句真值的信息都完全可以从使用语境中找到。语义学相对主义认为，存在着非使用语境的因素对语句的真值产生影响，特别地，评价者视角才是考察某些句子真值的最主要的因素。如前，这并不意味着所有语句都是评价者敏感的，只有包含了评价敏感表达式的那些语句，其真值才依赖于评价者视角。

引入相对评价语境后，可以与绝对主义（客观主义）和语境主义定义真的方式相比较。绝对主义的真可定义为：句子 S 在语境 c 中为真，当且仅当 S 在 c 的可能世界和某个绝对评价标准中的相对化赋值在 c 中为真；语境主义真可定义为：句子 S 在语境 c 中为真，当且仅当 S 在 c 的可能世界和 c 的评价标准中的相对化赋值在 c 中为真。这里的差别在于，客观主义者采纳的评价标准是某种绝对标准，例如某种特定美学标准，或神的标准，等等。语境主义者采纳的评价标准是使用语境中的说话者的标准，或第一人称标准。而相对主义者采纳的标准是评价语境中的评价者的标准。在这语境主义和绝对主义的情况下，评价标准要么依赖于使用语境要么独立于语境，实际上不需要单独考虑评价语境的影响。

麦克法兰指出，相对主义立场之所以比其他立场更为合理，正是因为相对主义能够更好地满足这五个约束条件，而与相对主义相竞争的其他立场各自不能满足其中一些条件。前面提到，相对主义认为这些不同立场在处理"口味"这类评价敏感表达式时都面临着各自难以解决的困难。从上述语义学的标准来看，也就是这些立场都不能全部满足上述五个约束性要求。这从下表可以看出。

	客观主义	语境主义		相对主义	表达主义
		窄语境理解	宽语境理解		
一般性条件	√	√	√	√	×
断定条件	×	√	×	√	√
收回条件	√	×	√	√	√
说明意见分歧	√	×	√	√	×
说明态度表达	×	√	×	√	√

某些句子的真值依赖于某种特定的评价标准，在客观主义那里这种标准是某种一元的甚至是不言自明的标准，在语境主义那里这种标准是第一人称的句子使用者的标准。语义学相对主义并不是某种对真概念进行阐释的真理理论，相对主义的真概念也不是与各种实质性真理理论或收缩论真理理论处于同一层面上的真概念：前述相对主义的真定义仅仅只是个技术性定义，刻画的并非我们自然语言中的日常真谓词，后者是满足 T 约定的一元真谓词。当然也可以验证，作为技术定义的相对化的真谓词与等价图式并不冲突。[①]

通过对真概念的相对化处理，我们可以处理更多自然语言语句的真假问题，并有可能运用更普遍的语义学框架来研究某些哲学领域。除了刚才讨论的包含价值判断等评价敏感词汇（如口味、审美等谓词），麦克法兰的相对主义方法框架还在以下几个主题给出了的真值条件语义学及哲学辩护。

（1）关于知识归属语句的真值条件语义学。对于"我知道我有两只手"和"我知道我不是钵中之脑"这样的认识论问题，语境主义和不变主义（包括标准不变主义和主体敏感不变主义）对怀疑论困境的克服，各自面临着困难[②]，通过引入索引参数代表语境相关的可能性集合，知道 p 就是排除所有使得 p 为假的可能性集合中的成员，相对主义的语义学给出了知识归属句在使用语境 c_1 和评价语境 c_2 中的真值条件，其中语境相

[①] John MacFarlane, *Assessment Sensitivity: Relative Truth and its Applications*, Oxford: Oxford University Press, 2014, p. 93.

[②] 例如，语境主义无法说明解释知识归属的分歧和收回，标准不变主义无法解释我们进行知识归属时的意愿的变化，主体敏感不变主义在预言时态和模态语句的知识归属时会犯错。

关的可能性集合要相对于评价语境 c_2 而不是使用语境 c_1 给出。

（2）包含未来偶然算子的句子的成真条件语义学。对于语句"明天将会下雨"或"下周股市将会暴跌"这类表达关于未来偶然事件的语句，通常的时态逻辑里有不同的处理方法，但无论是时态逻辑的标准语义、皮尔斯语义、超赋值语义乃至三值逻辑语义，这类语句做出的断定的真值无论是否准确都是绝对的，因此不能解释断定的收回（"我搞错了，收回上周的断言"）以及回溯准确性等其他一些直观特征。而相对主义则认为在不同的时间点去评价这类语句会得到不同的真值，并且能够合理解释包含未来偶然算子的不同语用特征。

（3）包含认知模态算子的句子的真值条件语义学。对于语句"张三可能在广州"这种表达认知不确定状态的语句的真值，有两种理解视角，即说话者和听者，说话者对于相关信息的不确定可以基于和听者的交流而使信息明确起来，从而可能收回原来的断定。因此，包含认知模态算子的句子的真值依赖的不是外部世界的客观信息而是说话者的主观认识状态。此处在断定的可保证性、收回和拒绝等方面，根据论证相对主义仍然具有面对语境主义和表达主义的理论优势。

（4）对道义模态算子"应该"的理解。对"张三应该做某事"哲学文献中对于道义模态词"应该"通常有主观解释和客观解释两种不同理解。断定做某事是合适的，根据对"应该"的主观解释，所依据的是在当前时刻张三本人的信息，根据对"应该"的客观解释，依据的所有相关的已知或未知的客观事实。相对主义通过利用从评价语境获得的最优行动集合的概念，克服了主观主义、客观主义和语境主义各自的不足。

相对主义的真概念常常容易与多元主义的真概念相混淆，但是通常而言相对主义和多元主义的论题实际上是独立的。如前所述相对主义的一般模式可以表述为：X 的真是相对于 Y 的，或者 X 的正确解释是相对于 Y 的。相对主义的重点是强调命题 X 的真对参数 Y 的依赖性。而多元主义的一般表述是，X 在不止一种情况下为真，或对 X 的正确解释不止一个。多元主义的重点是强调 X 的多样性构成。一方面，即使关于 X 的相对主义为真，多元主义也可能不真。例如，假设 X 是 Y 的函数，但 Y 不变，在这种情况下只有关于 X 的一个正确事实。尽管这个时候相对主义也是平凡的，但是相对化仍是有意义的。假定世界上只有一种语言，关于代词用法的相对主义仍是有意义的，因为语言是代词用法的因变量。但这种情况下多元主义则是错误的。另一方面，也可能存在着非相对主义的多元主义。例如，如果持有关于口味领域的表达主义立场，这时"p是可口的"和"p不是可口的"都不具有真值或不具有适真性，这样就可以持有多元主义的立场而无须同时认可相对主义。

多元主义或多元论的真概念的核心主张是真的多元论是指使得某个命题为真的性质不是唯一的。比较而言，相对主义的真概念指句子的真值依赖于评价者视角。关于真的相对主义和多元主义的关系，有不同观点。一种看法认为，相对主义的真概念预设了真的一元论，因为判断的真值的相对性是指相对于不同的视角，但使该判断为真的性质本身只是一种。林奇则认为，相对主义的真概念要求真的多元论亦成立，真的相对主义者也必定是真的多元论者。因为相对主义的真概念也应当采用真概念的功能性解释，即某个判断为真，是因为该判断具有某种性质，该性质扮演了真的角色或具有真的功能。扮演真角色的性质有时是相对于某个视角的，有时则未必相对于视角。

第 十 章

意义与语境敏感性

意义理论曾经处于整个分析哲学运动的中心,提出合理的意义理论方案曾经是分析哲学的第一哲学问题,20世纪50—60年代曾经产生重大影响的意义理论的口号包括逻辑实证主义者的"意义在于证实原则",维特根斯坦的"意义即使用",戴维森的"意义即真值条件",格莱斯的"意义是意图加上习规",达米特的"意义是证实条件",等等。随着心灵哲学的兴起,对意义理论的探求的热情逐步减弱,相关问题逐渐聚焦于语句的内容,包括语义内容、语用蕴涵、相关的心理内容,以及与各种语境的关系,等等。正如雷卡纳提所说,自20世纪80年代以来,关于语境敏感性之程度的论战构成了语言哲学的中心舞台,论战的关键话题在于是否接受格莱斯的最小性原则:所断言的(what is said)内容中的唯一的不稳定因素(唯一的根据语境变化而变化的因素)来自"饱和",也即来自通过语境来对某些表达式赋值,在这类表达式的习规意义中,带有自由变元需要的语境例示有空位需要语境填充。① 最小主义者接受最小性原则,语境主义者则否认该原则,而主张语境主义原则:句子的内容唯有在言语行为的语境中方能被确定。

第一节 问题的背景

这里需要追溯到格莱斯的意义理论所提出的两对著名的区分,这两对

---

① François Recanati, "Precis of *Truth-conditional Pragmatics*", *Torema*, Vol. 32, No. 2, 2013, p. 59.

区分最初给出了语义语用区分的两种思路。首先，格莱斯区分了句子意义（根据语词的词典意义和句法结构得到的固定意义）和说话者意义（根据说话者意图利用语言表达式传递的信息）。格莱斯认为说话者意义是基础性的，这种意义可以通过说话者的意图和听者反应之间的行为互动模式来得到解释，而句子意义则是同一句子的可能的不同说话者意义在习规的基础上达成的一致，也即句子意义是从说话者意义派生得到的。其次，格莱斯的会话蕴涵理论把一个陈说（句子的某次使用）在语境下表达的内容区分为"所断言的"（what is said）和"所蕴涵的"（what is implicated）。"所断言的"内容是基于句子意义的基础上进一步去掉歧义或模糊等因素而得到的句子所表达的命题，"所蕴涵的"有时候又分为习规蕴涵和会话蕴涵，其中习规蕴涵包括由固定的习俗产生的蕴涵，会话蕴涵是特定会话语境下传递的特殊信息，包含着在多变语境中根据说话者意图形成的各种言外之意。格莱斯研究了作为会话蕴涵的诸多特征，例如可撤销性与不可分离性等。这一区分通常被认为给出陈说的语义内容/言语行为内容的一种表达，成为语义/语用划界的一种方式。

再考虑这两对区分之间的关系，句子意义即句子的字面意义（literal meaning）和句子所断言的内容之间的差别可以从类型/殊例的区分引出。句子中包含的词汇的字典义和句子的语法形式决定了句子的字面意义，这个字面意义就是句子作为类型的意义，获得这种意义无须考察句子被说出的语境。但句子所断言的内容，作为句子殊例产生的内容，常常需要依赖具体语境确定。在言语行为的交流活动中，根据一般语义学，我们首先通过句子字面意义获得了句子断言的内容。格莱斯认为，句子断言的内容就是句子所语义表达的内容，即句子语义表达的命题。但这还不是交流中获得的全部内容，因为从句子断言的内容外还可以获得"言外之意"的内容，即所蕴涵的内容。

这样，根据格莱斯的区分可以得出语句在被使用和交流的过程中意义生成的标准模型：从句子的稳定的字面意义出发，通过语境因素的作用（所谓饱和过程：明确索引词的指称，去除某些词汇的歧义，等等），得到句子所表达的命题，再进一步结合说话者在语境中的特定意图，可以得出句子所语用蕴涵的内容。对这样的标准模型一直存在着质疑，这种质疑通常与语义/语用的划界联系在一起。早在唐纳兰提出摹状词的指称/归属区分那里就已包含该问题,当摹状词被指称性地使用时,所指的对象并不满足摹状词的字面意义,那么包含该摹状词的语句所表达的命题是以该对象为成分的单称命题还是以摹状词为成分、最终可以分析成量化句的一般命题?进而摹状词的指称/归属区分是语义性的区分还是语用性的区分?这里的关键就在于说话者意图指称的对象能否进入句子的真值条件。对说话者意图指称的对象的把握,不可能像索引词那样根据明确的规则来得到,因而不可能是语境敏感性中系统描述的部分。格莱斯式标准模型的质疑者认为语境敏感性的因素是多种多样的,在交流过程中对相关语句而言不存在可以由语义确定的真值条件或最小命题。

对于形式语言,句子的真值条件无疑是根据严格的语义规则经由对句子成分的语义指派后通过某种方式组合而成,支配这种语义规则的基本理论框架是形式语义学。对于日常语言,由于使用场合中的各种不确定性,自然语言语句需要通过相对复杂的解释过程才能产生具有真值的命题或思想,支配这种解释过程的基本理论框架是语用学。语义学和语用学的边界在哪里,以及能否将后者通过合理的理想化和系统的关联还原为前者,是晚近意义理论的核心问题。相应地,语句的真值条件内容到底是可归属给自然语言语句的语义特征,还是言语行为或陈说必须在特定语境中才具有的内容,这里基本的区别可以看成选择语句还是言语行为作为语义内容(真值条件内容)的承担者。

争论的核心问题可以表述成两点:(1)是否存在着组合语义学;(2)说话者意图是否进入句子的语义内容。这两点是相互关联的。因为组合语义学能够实行的前提就在于整个句子的语义值能够通过句法结构系统性地编码句子各个部分即词项的语义值。但说话者在具体语境下的意图与语境的变化莫测相结合,显然不可能被系统编码。因此如果说话者意图要进入句子语义内容,就不可能存在着组合语义学。换言之,言语行为内容是否有时候能成为语义内容?语义内容(组合性决定的内容)在何种程度上是命题性内容?

我们在下面要讨论关于语句意义与语境敏感性的关系的不同立场。最小主义主张,语境敏感性对句子的语义内容的影响是有限的,存在着独立于语境的、完全由词汇和句法形式决定的语义性的真值条件内容,即由句子语义表达的最小命题。根据温和语境主义(包括不同的形式和版本,如索引主义、调和主义、关联理论、相对主义等），虽然存在着命题性的语义内容，但这种语义内容不一定能表达成命题，语境敏感性对句子的语义内容的影响可以控制在一定的范围内得到处理，但也有相当的自由或不受约束的情况。根据激进语境主义（以及真值条件语用学观点），语境敏感性的因素是全面而彻底的，任何语句的意义都是场合性的，总是被不可系统刻画的语境因素所引导而不受句法的制约，即语句的陈说不存在命题性的语义内容，其真值条件内容只能在语用层面描述。

我们也会看到，不同论者为辩护各自的立场，提出了若干关键的问题或方法加以分析讨论，这些主题包括：（1）语境敏感性测试和语境转换论证的作用；（2）是否存在着自由语用过程和是否存在语句中的未表述成分；（3）交流与意义的共享，以及语义学的观念与心理语义学的关系。对这些相互关联的问题的讨论涉及语境敏感性的各个主要方面。

第二节 最小主义与语境主义

两种极端立场，最小主义和激进语境主义，各自的表述相当清晰且立场稳定，中间立场则呈现出不同的偏向，例如索引主义与最小主义相当接近，而相对主义在某种程度上则更靠近激进语境主义。另一方面，即使是自称最小主义的不同论者，也有不同的表述和论证策略。同时，为了理论表述的连续性，某些论点尽管为理论的需要而被提出但可能并没有实际的支持者。这里先梳理不同的立场的基本观点谱系及其主要辩护思路。[①]

一 最小主义

传统真值条件语义学是激进最小主义的代表。根据实在论的真值条件语义学，语句有独立于我们认识的真值条件。例如，弗雷格式命题或

[①] 虽然不同论者对自己所持有的立场通常是清晰的，但是各论者对自身立场的表述所使用的"标签"可能不同。而且不少论者对他人的立场的理解常有差异。例如，巴赫就惊讶的发现，自己被雷卡纳提称为"真值条件语用学的鼓吹者"。而开普兰和勒珀在回应巴赫时，也认为后者误解地把命题主义观点归之于他们。参见 Kent Bach, "Review of Truth-conditional Pragmatics", *Notre Dame Philosophical Review*, 2011, August, https：//ndpr. nd. edu/reviews/truth-conditional-pragmatics - 2/。

"思想"就是具有不受语境因素影响的具有绝对真值的。当然弗雷格也承认，并非所有的语句都能具有绝对的不受语境影响的真值，一个独立于语境的非恒久句表达了一个不完整的思想或命题。不完整或不饱和的命题，在弗雷格那里被视为概念，即从对象到真值的函项。当对象填充到函项里面，就可以给出饱和的思想，也就是恒久句表达的命题。因此，可以有系统的方法通过语句的字面意义来结合语境获得独立于语境影响的"思想"，尽管弗雷格本人没有明确指出这种方法。蒯因也把语句分为恒久句和场合句。恒久句表达的语义内容是不会随语境变化而变化的。

这样，激进最小主义的基本主张就可以概括为：对应于每个在特定语境中的语境敏感句做出的陈述，都可以找到相对应的恒久句，使得该恒久句在任何语境中都表达相同的命题或思想。在恒久句那里，所有与真值条件相关的信息都被编码到句子的显式构成（即字面）的内容中。因此这样的立场也可以称为字面论，或命题主义的主张：每个完整的语句表达了一个完整的思想。

典型的最小主义者认为外语言的语境对语义内容只有最小的影响效果，具体而言，对于使用句子 S 在某个语境中的某次陈说 u，当确定了 S 中的指示性成分的指称和对模糊词项的歧义做出澄清后，就可以得到一个该陈说所表达的最小命题或最小语义内容。这种典型最小主义的当前主要支持者是开普兰和勒珀（Herman Cappelen and Ernie Lepore）和博格（Emma Borg）。

开普兰和勒珀（2005）对最小主义立场的表述是：（CL1）句子所真正表达的命题就是句子的语义内容。关于语言交流的合理解释必须预设语义性命题的存在。（CL2）为生成句子的语义内容所涉及的语境敏感性因素，都是句子的语法（句法）要素所触发的。（CL3）自然语言中的只存在少量的语境敏感词，可以用通过语境敏感测试甄别出来。（CL4）确定语义内容的过程，就是要基于组合原则，给句子中每一个词指派明确的语义值。这个过程即是消除多义词的歧义，模糊词的不精确性，以及结合语境给索引词和指示词赋值。（CL5）句子的语义内容只是交流内容（言语行为内容）的一部分，句子被说出时还被用于交流了很多其他的命题。与陈说某个句子相关的直觉性内容不是句子的语义内容的证据。此外，开普兰和勒珀指出最小主义有一个推论是言语行为多元论立场。因为存在着最小命题或最小语义内容，这样从语句的语义上看表达的内容是确定的，而从语用上看传达的内容则可以是多元的，在不同语境下一个语句做出的陈说具有多元性的内容。①

再看博格（Borg, 2012）将她的最小主义表述为下述四个基本论题：（B1）命题主义：每个合乎句法的陈述句都具有真值评价的语义内容；（B2）语义内容的组合性：语义内容具有组合性特征，即通过句子部分的词典意义和句子的句法结构可以确定整个句子的语义内容。（B3）少量的敏感词：在自然语言中仅有限的或少量的语境敏感词。（B4）意图的语义无关性：语义内容独立于说话者当前的意图，或至少可以不借助说话者意图来进行语义内容的复原。②

比较博格和开普兰和勒珀提出的核心主张，论题 B2 和 B3 与上述 CL2 和 CL3 基本一致，因而成为最小主义者所共同持有的显著论点。但开普兰和勒珀并不接受 B1 和 B4。博格认为，命题主义无疑是正确的，即使是"天在下雨（It is raining）"这样的"不完整表达式"不足以使我们放弃命题主义。B1 应该是最小主义的核心，如果不坚持命题主义，很难把最小主义与温和语境主义区分开。但是 CL1 比 B1 要弱，CL4 虽然给出了确定语义内容或命题的过程，但并未承诺命题主义。开普兰和勒珀认为他们的立场对命题主义保持着中立，事实上他们主张：如果句子的语义内容不是命题性的，那么为了确定完整的命题就要诉诸语境。③ B4 是博格版最小主义所强调的，要求把语义内容和言语行为内容分开，后者才是讨论说话者意图的合适领域，这也比 CL5 要强，因为 CL5 并未明确交代言语行为内容包含哪些成分。因此博格对最小主义的表述更加严格，是激进版本的最小主义，而开普兰和勒珀的最小主义则略温和。

雷卡纳提（2010）也概括了最小主义的不同版本，他将之区分为规定性最小主义和直觉性最小主义。④ 两者都主张句子所断言的内容就是语

---

① Herman Cappelen and Ernest Lepore, *Insensitive Semantics: A Defense of Semantic Minimalism and Speech Act Pluralism*, Wiley-Blackwell, 2005, pp. 144 – 145. 为论述方便这里略做整理缩写。

② Emma Borg, *Pursuing Meaning*, Oxford University Press, 2012, pp. 4 – 5.

③ Herman Cappelen & Ernie Lepore, "Replies", *Philosophy and Phenomenological Research*, Vol. 73, No. 2, 2006, p. 470.

④ François Recanati, *Truth-conditional Pragmatics*, Oxford University Press, 2010, p. 12.

句通过其字面意义和语境生成的意义,但是前一种立场认为,这种意义无须借助于自上而下的语用过程就可以得到具有真值评价的命题;后一种立场则认为,这种意义受到自下而上的过程的影响,但不需要借助于自上而下的语用过程的影响。其中自下而上的语用过程,包含在从构成句子的语词的意义根据句法来获得句子的意义的过程中,或者称为从部分到整体的语义复合过程,在这个过程中需要语境来进行去歧义和自由充实,因此仍是语用过程。反之自上而下的过程,则是以直觉到的句子意义的整体为出发点,通过言语行为活动(借助认知行为反应)来填充意义缺失部分的过程。相比起来,雷卡纳提提出的规定性最小主义的思路接近论题 CL4,因此总体上接近开普兰和勒珀版本的最小主义,而直觉性最小主义则比较接近我们下面要讨论的斯坦利(Stanley)的索引主义。

总之最小主义者的两点核心在于,强调作为语义内容的最小命题,以及对语境敏感性解释的限制。最小主义追随了格莱斯的标准模型,认为句子的所断言内容是以句子的字面意义为基础,结合语境因素产生的弱语用效应(饱和语用过程),而得到的语义内容(句子语义表达的命题)。句子的言语行为内容,是以句子的语义内容为基础,结合语境因素(特别是说话者意图),通过调适会话蕴涵的语用过程而产生的其他命题。从最小主义可以立即得到:存在着句子表达的语义内容;语义内容是具有真值的命题。并且语句具有最小的语义内容,该内容语义是不依赖于语境的,或者说在所有语境中包含该语句的话语都必须包含该内容,这个最小语义内容也即最小命题。命题有真假,因而最小命题即真值条件内容。最小主义通常只承认弱语用效应,即外语言的语境对于语义内容的影响只有极小的效应,同时强调语义能力理论对于语境依赖性的解释必须通过句法形式来得到说明。

再看最小主义者提出的辩护。开普兰和勒珀(2005)提出的支持最小主义的直接理由包括:(1)只需要承认少量语境敏感词,从而具有解释上的好处;(2)可以得到安全的间接转述,因而可以免受语境转换论证的批评;(3)保证公共的基本内容在不同语境间不被丢失,因而能解释交流的有效性;(4)清楚刻画了言语行为内容和语义内容的关系,明确语境影响内容和非语境影响内容,使得语义学和语用学的界限是清晰的;(5)使得语义学独立于形而上学;(6)使得语义内容具有心理现实性。另外,开普兰和勒珀还提出一个捍卫最小主义的间接论证。开普兰和勒珀指出温和语境主义的立场是不稳定的,容易滑坡到激进语境主义的立场上;而激进语境主义的立场是不可接受的,因为激进语境主义存在着一些深层的困难,包括激进语境主义无法解释交流的有效性,与我们的日常直觉相冲突;激进语境主义把所有的词汇都当作语境敏感的而并不具有经验的可行性;最后,激进语境主义立场还是不融贯的,它的表述预设了对立的观点。

博格(2012)支持最小主义的基本理由也是类似的。首先,最小主义论述符合语义直觉,句子传递了字面意义的内容作为交流的出发点。其次,无须用语义理论解释言语行为。语义内容不同于言语行为的内容,因此不需要解释言语行为内容归属的直觉。最后,只有坚持词汇句法结构对语义内容的限制,才能维护语义—语用的合理区分。博格论对语义最小主义的辩护中有一个重要思路是诉诸语义学与心理学的关系,表明语义事实依赖于心理事实,在心/脑结构里对语词意义、句法规则和语义规则都有相应的表征。曼特(Allyson Mount)则指出,这里似乎有某种循环:我们需要那种可真值评价的、不受说话者意图干扰的命题内容,是因为只有这种内容符合福多式的关于语言理解的计算模型的需要,而这种计算模型则正好是语义学形式主义者所接受的。[①] 关于心理学和语义学的关系,以及怎样的语义学观念是合适的,我们放在后面讨论。

正确解释交流活动也是语义—语用理论的重点所在,最小主义者通常希望维护语义学的独立性,这意味着存在一种系统化的方式对语言的意义生成给予理论解释,而过于诉诸语境敏感性的代价不但在哲学上显得琐碎,在说明日常语言交流上也会显得不得要领。

二 温和语境主义

温和语境主义是一个笼统庞杂的标签,并不是单一的立场,而是所有介乎于最小主义和激进语境主义的中间地带。其中有索引主义者斯坦利。还有巴赫(K. Bach)这种自称"不接受命题主义的最小主义者",以及

[①] Allyson Mount, "Review of Pursuing Meaning", *Notre Dame Philosophical Review*, 2012.12, http://ndpr.nd.edu/news/36252-pursuing-meaning/.

像萨尔蒙和索莫斯这样坚持格莱斯教条的论者，他们被雷卡纳提称为调和主义者。此外由斯珀伯和威尔逊（Sperber & Wilson）提出的具有广泛影响的关联理论以及卡斯顿（Carston）的理论也位于这个地带。另外，麦克法兰（J. Macfarlane）的语义学相对主义比起激进语境主义而言，似乎也更接近最小主义。① 如前所述按照最小主义者的说法，温和语境主义自身的立场并不稳定，"温和语境主义者只是缺乏想象力的激进语境主义者"②，容易滑向激进语境主义。我们在这里将温和语境主义分为分成索引主义和非索引性的语境主义来讨论。

以斯坦利为代表的索引主义与最小主义的共同点在于强调语义内容的组合性，认为句子的意义和真值条件可以通过句子的结构加以分析。但是与最小主义者诉诸句子的词汇—句法结构不同，斯坦利认为对句子的真值条件产生影响的那些外在于语言的语境敏感因素都可以追溯到语句的逻辑形式中去。逻辑形式与表面的语法形式对立，被认为是自然语言语句的隐藏的真实结构。索引主义主张，所谓的语境依赖性，实际上是语句的语法形式（语境依赖的）和逻辑形式（语境独立的）之间的差异。通过对经验性的研究分析之后，可以把语境敏感因素还原到逻辑形式中的空位。因此，那些影响句子真值条件的外语言的因素，都可以通过对句子的真实结构（逻辑形式）中的语境敏感变元加以赋值而得到明确。换言之，语境敏感因素都是某种隐藏的索引词，即语句中没有被语音实现但包含在隐藏的逻辑形式中的要素。

索引主义用于辩护其立场的其中一个主要论证是所谓约束论证：当语境 c 为某个句子 S 提供成分内容作为补充时，总是可以在句子的逻辑形式里找到该内容所对应的隐藏的变元 v，使得该成分内容就是此变元 v 在语境的语义值。根据约束论证，这种补充语境内容的方式是饱和过程。如果语境成分不是通过饱和过程（而是其他语用过程）产生的，那么在句子

---

① 相对主义者显然不承认命题主义的主张，而是认为语义内容尽管是由句法—词汇结构决定然而是不完整的命题。根据可能世界语义学的命题观，当可能世界参数确定时命题是可真值评价的；相对主义内容则需要进一步的参数才能得到真值评价，特别是对于断定行为或先前的评价行为。

② Herman Cappelen and Ernest Lepore, *Insensitive Semantics: A Defense of Semantic Minimalism and Speech Act Pluralism*, Wiley-Blackwell, 2005, p. 40.

的逻辑形式里，就找不到变元来对应相关的成分内容。例如，在量词辖域的情况下，隐藏变元就是量词的辖域（所涉及的对象集合），语境为这个辖域指定了某个集合作为其值。可以通过如下例子说明这一点。考虑句子：在约翰家的每个房间里，每个瓶子都在墙角。对这个句子可以做出如下解释："在约翰家的每个房间里，每个瓶子都在墙角"为真，当且仅当对于约翰家的每个房间，在那个房间里，每个瓶子都在墙角。这样，"每个瓶子都在墙角"的逻辑形式里，就包含了一个量词辖域的限制词，"在这个房间里"，它被整个句子最外边的量词（"每个房间"）所约束。现在需要讨论的是，句子"每个瓶子都在角落里"是否表达了某个命题"每个如此这般的瓶子在墙角"，还是没有表达任何命题而仅仅只是传达了某个命题"这个房间里的每个瓶子都在墙角"。斯坦利认为，限制词"这个房间里"并未在句子里（以语音的方式）出现，但它是被句子所表述的部分，它是句子的句法特征，包含在被语义表达的命题里。

索引主义主张句子的语义内容是命题，并且命题性的语义内容可以表面上受约束于句子的语法形式，实际上受约束于其逻辑形式。相比起温和版本如开普兰和勒珀的最小主义，索引主义甚至能够接受命题主义。对于经典例子（例如后文中的"冰箱里有牛奶"例子）中呈现的相同句子在不同语境下的真值差异，最小主义试图将通过语用层面解释差异而索引主义则试图通过语义层面解释差异。斯坦利强调的是，在去除语句中的歧义成分之后，解释语句的语言学断定的过程与非语言学的解释之间明显的差别：所有外语言的语境对某个语言学上的断定所表达的命题的影响，都能够追溯到所说出的句子的成分。在这个意义上，索引主义甚至比最小主义更加强调系统性的独立语义理论的存在。但是，索引主义者试图把语境敏感性还原到句子逻辑形式的努力，使得他们不接受关于存在语境敏感词的基本集合的观点，也即不承认前述最小主义的核心命题的 B3 和 CL3，相反索引主义假定存在着隐藏变元而不是语境敏感词作用在量词辖域的限制上。同时为了在语义内容的层面上解释这些隐藏变元，说话者的意图必须被考虑，这样 B4 和 CL4 也被索引主义拒绝了。

雷卡纳提提出对约束论证的反驳，认为约束论证实际上是一个谬误。按照激进语境主义的看法，像"天下雨了"这类句子需要语境补充下雨的地点，而这一填充过程是通过自由充实的语用过程完成的，但是按照斯坦利的分析，当说话者说出"天下雨了"时，相当于说出量化句"对每个地方 L，我到 L，在 L 就下雨了"，根据前面的约束论证，约束变元被隐藏在句子中，对句子所表达的语义内容做出了贡献，语境补充的只是为约束变元赋值，相当于索引词的情况，这样相关语用过程就不是自由充实而只是饱和过程。但是雷卡纳提认为，并非所有情况说出"天下雨了"都能分析成上述量化约束的情形，例如在气象报告的例子中就无法展开这样的分析。① 在一些简单结构中，例如没有介词短语的情况下，并不需要填充地点，即不存在自由变元需要赋值，这时约束论证就不起作用了。雷卡纳提的反驳是合理的，索引主义提出的是一个很强的论题，因为语言现象繁复多变，要把所有的语境敏感性都还原到语句的逻辑形式中去，显然是一件极为困难的任务。

非索引的语境主义中包括所谓调和主义和关联论者等不同思路。雷卡纳提所指的调和主义者包括巴赫、萨尔蒙和索莫斯等人。一般语境主义的基本主张是单个语句离开语境总是语义不完整的，因此陈说的真值条件内容不能仅仅依赖于句子的语言学性质。调和主义把生成句子所断言的内容分成两个过程：从句子字面意义（即直接根据句法结构和语词的字典习规意义得到的内容）出发，经过饱和过程得到最小主义的断言内容，此即句子的语义内容；从这个内容出发，经过直接语用过程，例如调适过程，得到说话者所断言的内容；再结合会话所蕴涵的间接语用过程，最后得到所交流的内容。调和主义的基本主张可以概括为：所断言的内容可以被语用决定。调和主义通常会拒绝命题主义，认为大量的陈述句相对于其陈说语境而言从命题的角度来看没有表达完整命题。实际上，调和主义既主张有语义决定的所断定内容，这与最小主义取得了共识；又主张有语用决定的所断定内容，这与激进语境主义取得共识。

语境主义者通常认为语义敏感词的集合比最小主义者所声称的基本集合要大。关于语境敏感词，开普兰和勒珀曾提出语言中的少量语义敏感词

---

① 气象报告的例子是雷卡纳提提出的一个反驳索引主义和最小主义的思想实验。考虑下述场景：在某个常年干旱地区，安装了多台雨水探测器，每台探测器对应着中央监控室的一盏警报器。在一段长期干旱之后，监控室里终于有某个警报器亮灯响铃。此时，值班气象员不禁喊道："天下雨了"（it is raining）。此时该气象员说出的句子为真，当且仅当喊话时该地区有某个地方正在下雨。在这个例子中，为使得句子"天下雨了"并不存在实际的地点变元需要明确。

构成了敏感词的"基本集",其主要包括的就是卡普兰在《论指示词》(Kaplan, 1977/1989a)中列举的索引词和指示词,主要是人称代词、指示代词、包含索引成分的形容词("现实的""本地的"……)等。但温和语境主义认为的敏感词还包括:量词、程度形容词、命题态度动词、颜色词等。其中量词的使用与量化约束的辖域密切相关。"所有","存在一些","很多","较少",都需要指明辖域,即适用对象的集合。这需要语境给出相关的讨论范围。程度形容词(如高矮、贫富等)等都需要在语境中才能明确它们是如何对句子的真值产生影响。

斯珀伯和威尔逊提出的关联理论通常也被认为是一种温和语境主义。关联理论分析了交流与语用推理的关系,其中一对重要的区分是所谓显义(explicature)和蕴义(implicature),接近于格莱斯的所断言的和所蕴涵的区分。在关联理论中,从字面意义出发要得出显义及真值条件,需要经过指称指派、去歧义、饱和和自由扩充过程。一方面,关联理论反对最小主义,主张获得显义或所断言的内容的过程中包含了自由扩充这样的语用过程,这典型的是调和主义的立场。另一方面,作为一种认知理论,关联理论的一个重要特征是强调理解的心理学过程。关联理论通过语境中的认知推理确定了交流关联原则:每个明示的交流行为都预设了要达到最优关联。在语境中进行的认知推理可能是隐性的,也即并非意识可达的。正如贝珠登胡(Anne Bezuidenhout)所表明的语言的模块性和认知模块性的关系:"语言处理具有模块性,即被内在的认知模块所携带,这个认知模块受其自身所有的规则和原则支配,其内部处理过程不受意识可达的信念的处理","如果我们把语言模块当成语言陈说的解释者和接收者,其输入是该陈说的物理性质(视听觉)的表征,其输出则是该陈说的逻辑形式的表征。语言模块的输出是意识觉知可达的,这一输出正是斯珀伯所假设的扩充的语用过程的输入。而这个扩充过程本质上是非模块的"[1]。关于语用过程与心理学的关系,所断言的内容是否需要意识可达,我们在后面还要讨论。

---

[1] Anne Bezuidenhout, "The Communication of *de re* Thought", *Noûs*, Vol. 31, No. 2, 1997, p. 201.

三 激进语境主义

激进语境主义又被称为场合主义者，主张一切与内容有关的因素都要到语境中处理，没有独立于语境的真值条件的语义内容。根据激进语境主义，任何语句都不可能独立于语境而在语义上表达某个命题，单个语句离开语境总是语义不完整的，从而不存在独立于语境的最小命题。因此，不存在所谓句子表达的语义内容，只有言语行为内容。相应地，也不存在语境敏感词的基本集合，因为任何语词都是语境敏感的。因此，任何语句必须借助于特定语境中才能表达特定命题和具有真值条件，也即，真值条件必须借助于语用因素才能确定下来。

特维斯（Travis，1997）较早表述了这种激进语用学的观点，主张句子的意义与各种不同的真值条件的变更（truth-condition variety）是兼容的，其原因在于，使得同一句子类型的不同陈说的真值为真或假的可能境况是无穷的，并且不存在系统的方法来说明句子真值条件是如何随语境变化的。于是激进语用学的极端立场可以归纳为：根本就不存在真值条件语义学。换言之，基于真值条件语义学和真值条件语用学的不同言语行为观的差别就在于，句子的字面意义和句子所断言的内容之间是存在着紧密的联系，还是存在着难以逾越的鸿沟。这正如另一位激进语境主义者贝珠登胡指出的，陈说在语境中表达的东西超出了句子本身所编码的东西。真值条件依赖于无数没有明言的背景假设，这些假设不一定都能以系统的方式澄清。换言之，这些背景假设不仅仅是通过澄清歧义性和索引性就能全部显明的，真值条件的变更因而深植于语境之中，做出脱离于语境的抽象的语义学方法是不可能的。

贝珠登胡指出虽然场合变化会影响语词或句子的意义，但场合敏感性并非指下述这些可以系统说明的情况，这些情况包括：歧义性（根据语境从多种可能的词典意义中选取义项）、多义性（与词项有多个相关的意义相联系，例如类型/殊例的区分）、非字面义（涉及隐喻和讽刺地使用词语）、不完全性（在限定摹状词和量词的情况中根据语境来补充对论域的说明）、省略（需要借助语境填入其他内容）、索引性、即时性涵义（把习规性意义带入新用法的某种一次性意义）和模糊性（某些词呈现出模糊的特征，没有精确的边界条件可刻画）等。① 在这些情况里的确都存在着需要语境因素来补充内容，使得不确定的内容因素明确起来，但这些语境敏感的要素某种意义上都是通过语言规则强制实现的，有明确的解释路线可以使不确定的内容确定下来，如果把场合敏感性理解成这些情况，那就不过是温和语境主义。

真值条件语用学的否定性论题可以概括为：(1) 反对命题主义，即反对每个陈述句在陈说语境中都具有真值条件。(2) 反对直觉上的真值条件内容的语用效应仅限于去歧义和给语境敏感表达式赋值。激进语境主义否定命题主义或存在最小命题的理由包括以下两点。其一是不完全性论证，这个论证强调脱离语境的单独句子在语义上表达的不是命题而只是命题的一部分（命题干）。语境主义者指出语境会对语句表达的内容进行填充，即使没有表面上的受词汇—句法约束的语境敏感词，语句的语义内容还是会按照直觉随语境变化而变化。反对命题主义不单是激进语境主义者的主张，也是部分温和语境主义的主张。其二是雷卡纳提的所谓"可达性要求"：所断言的内容必须是说话者和听者中意识可达或直觉可达的内容。雷卡纳提认为由于最小命题是意识不可达的，因此不能等同于所断言的内容。雷卡纳提认为最小命题也不能离开所断言的内容而独立存在，因为只有所断言的内容才有真值条件，单纯的句子的字面意义是不完整的，因此事实上不存在最小命题。这就是上述否定性论题的第一点，这与否定性论题的第二点是相互联系的，后者即反对所断言的内容的形成过程中仅有饱和过程而无自由扩充的过程。这就是下面的肯定性论题的第一点。

真值条件语用学的肯定性论题则可以概括为：(1) 陈说的直观真值条件受到自由扩充过程的影响。(2) 强调"强语用效应"，即自上而下的语用过程对陈说的直观真值条件内容的影响。(3) 组合性原则（复杂表达式的内容由简单表达式的内容组合得到）得以保留，调适的语用过程服从组合性的要求。语义灵活性与组合性在这里并不互相排斥。②

---

① Anne Bezuidenhout, "Truth-conditional Pragmatics", *Philosophical Perspectives*, Vol. 16, 2002, pp. 108-109.

② 有些论者（如福多）认为，语义灵活性现象（简单表达式的内容部分取决于所嵌入的复杂表达式）与组合性原则（负责表达式的内容由简单表达式的内容复合而成）是冲突的。

在真值条件语用学里,为了解释某个陈说,语用学在三个层次上被涉及:前语义层次或前命题层次(去歧义和语境变换)、语义层次或命题层次(饱和和调适)、后语义层次或后命题层次(会话蕴涵和反讽)。雷卡纳提将真值条件语用学的基本思路用于分析了几种语言现象,如形容词、气象报告、嵌入蕴涵和索引词的非标准使用,以及开放式引语。这些语境敏感因素不仅包括指示词和索引词等,也包括量化和述谓。

雷卡纳提区分了真值条件语用学(TCP)和激进语境主义的差别。[①] 真值条件语用学的基本观点是对所谓最小性原则的否定,也即对陈说的真值条件内容产生贡献的除了饱和过程,还存在着调适过程(即自由扩充、松散和谓词迁移三种语用过程)。但这与下述观点并不冲突,即用于陈说的句子的语言学性质(加上饱和过程)可以决定最小的具有真值的内容,这个内容与言语行为的内容可以一致也可以不一致。但激进语境主义则不接受该观点。根据激进语境主义,只有言语行为才具有可赋真值的内容,句子本身则不具有可赋真值的内容。显然在雷卡纳提的定义里,激进语境主义比真值条件语用学的立场更强。按照真值条件语用学的立场,虽然真值条件内容也是根据语境的变化而呈现出不确定的特征,但其变化可以用调适过程来有规律地刻画,这就使得真值条件语用学比激进语境主义更能与某种组合语义学的观念相结合,也即,使得真值条件内容,尽管是语用性的,但具有某种组合性特征,按雷卡纳提的表述,"复杂表达式的内容是其构成部分的调适后内容的函数"。除了调适之外,当然也还有其他语用过程,例如情境的相对化(语境论域的限制)和语境变换(指示性成分的处理)。

激进语境主义受到的主要攻击通常有三点:无法有效解释语言交流何以成功;过度生成;缺乏系统的语义理论。在最小主义、温和语境主义和激进语境主义的论战中,这些攻击常常是与对本方立场的辩护结合在一起的,而论战焦点通常集中在下文所述几个基本问题上。

---

① François Recanati, "Precis of *Truth-conditional Pragmatics*", *Torema*, Vol. 32, No. 2, 2013, p. 61.

第三节　对几个基本问题的探讨

一　语境转换论证和语境敏感性测试

语境转换论证（context shift argument）是分析语境敏感性的主要策略，通常认为它处于有关语境主义争论的核心位置。语境转换论证可以追溯到卡普兰（1989a）提出的"怪兽是否存在"的问题。所谓"怪兽"（monster），卡普兰指的是语境转换算子，它把当下语境 c_1 中的索引词的指称 x 转换到另一个语境 c_2 中的对象 y，这就很容易造成在当下语境 c_1 中 A 相信 p，而在语境 c_2 中 A 不相信 p。例如，句子"张三相信今天会下雨"中的"今天"应当是指说话者身处的语境中的那一天，而不是做出转述该信念报告的那一天。如果"在语境 c_2 中"这样的怪兽存在，"今天"这类索引词就不是直接指称的，而是跟随怪兽算子的辖域变化而变化。卡普兰指出，"没有算子能够控制其辖域内索引词的特征，因为索引词会跳出算子的辖域而跑到其前面"，这是一个经验判断，因为英语中不包含这样的算子。

开普兰和勒珀讨论了语境转换论证的常见情形：量词（"每个瓶子都在墙角"）、比较形容词（"那个篮球队员的个头较矮"）、命题态度归属（"皮埃尔相信伦敦是美丽的"）、知识归属（"我知道银行星期六营业"）、反事实条件句（"假如林肯没有去剧院，他就不会遇刺"）、价值判断归属（"随地吐痰是不道德的"）、天气报告（"现在正在下雨"）。这些例子不少是哲学诸领域里的著名案例，它们表明语句在不同语境下真值会改变，而这种真值差异是由句子中一些词汇的语境敏感性造成的，语境主义成为说明这种差异的一个主要选项。

对某些标准的例子，如量词、比较形容词等情况，似乎可以通过常规的方法解释语境敏感性，从而把语境敏感性限制在特定的词汇和句子类型上。但语境转换论证作为语境主义特别是激进语境主义的关键策略在于，似乎只要有足够的想象力，就能对每一个句子提供各种语境转换论证，从而使所有的语词都成为语境敏感的。典型的例子如：假设冰箱的侧门底部有一小摊牛奶。考虑句子"冰箱里有牛奶"在不同语境中被说出。语境

C₁的情况是：张三在郁闷地搅动咖啡；李四看到这个情况说：冰箱里有牛奶。语境 C₂ 的情况是：张三正在为冰箱清除污迹；李四打开冰箱指着侧门说：冰箱里有牛奶。从而李四的话在语境 C₁ 中为假而在语境 C₂ 中为真。根据语境转换论证，离开特定语境，句子"冰箱里有牛奶"的真值条件是不确定的，这个句子所断言的内容和语义表达的命题是不清楚的，也不可能对真值变化的情况进行系统的预测和说明。

语境转换论证也是用来测试语境敏感词汇的基本方法。要测试某个词 t 是否为语境敏感的，只用设计两个不同的语境 C₁ 和 C₂，使得包含 t 的语句 S 在 C₁ 和 C₂ 中具有不同的语义值（真值），而这种语义值的差异就是由于 t 的语境敏感性带来的。换言之，要执行语境敏感性测试，就是要设想包含词项 t 的语句 S 在各种不同的语境中被说出，考察 t 的相关语义特征（涵义和指称）是否会随之变化；在语句的层面，就是 S 的断定内容、真值条件或所表达的命题是否会发生变化。

最小主义要反驳激进语境主义，也必须从语境敏感性测试入手。最小主义和激进语境主义的基本分歧之一是语境敏感的词汇在我们的日常语言中是有限的少量，还是大量存在，乃至所有的词语都是语境敏感的。因此，需要有一个方法来确定一个表达式是否具语境敏感性。开普兰和勒珀提出了三个测试作为语境敏感性的标准，分别是"跨语境的去引号间接引语报告"标准、"共有描述测试"标准和"跨语境去引号测试和真正的语境转换论证"标准。开普兰和勒珀的目标即是说明，能够通过语境敏感性测试的只有卡普兰给出的语境敏感的基本词汇集，而前述量词、形容词、颜色词、命题态度词等并不能通过敏感性测试。①

（1）"跨语境的去引号的间接引语报告"标准：设 u₁ 是说话者 A 使用句子 S 在语境 C₁ 下的陈说，关于 u 的"跨语境的去引号间接引语报告"就是另一个语境 C₂ 中的形如"A 说了 S"的陈说 u₂。假设 S 中包含某个表达式 e，如果 e 在 S 中的出现使得陈说 u₁ 在语境 C 中为真而陈说 u2 在语境 C₂ 中为假，那么 e 就是语境敏感的。两个语境的差别在于 C₁ 是 S 在其中被 A 直接说出的语境，C₂ 是 S 在其中被他人间接地用"A 说了 S"表

---

① Herman Cappelen and Ernest Lepore, *Insensitive Semantics: A Defense of Semantic Minimalism and Speech Act Pluralism*, Wiley-Blackwell, 2005, chap. 7.

述的语境。显然这是一个语境转换论证。当某个词不能跨语境地使得去引号间接引语报告保真，这个词就是语境敏感的。根据这一标准，容易验证前面基本敏感词词汇集中的表达式，如索引词"我""现在""这"等，在转述时（改变语境时）都要改成转述者的角度而不能直接使用原来叙述者的角度，因此都是语境敏感的。而非基本敏感词汇集里的词汇，如一般形容词、命题态度词等，则不能通过这个测试，因为转述时无须做出改变。

（2）"共同描述测试"标准：如果 v 是某个描述，设 A 在语境 C_1 下可用 v 描述，B 在语境 C_2 下也可用 v 描述，如果 v 不是语境敏感的，那么在新语境 C 下，v 就是 A 和 B 的共同描述；否则若 v 在新语境 C 下不能成为 A 和 B 的共同描述，那么 v 就是语境敏感的。也即，v 是语境不敏感的，仅当 v 在不同语境下保持相同的语义内容。类似地，如果 N 是某个单称词项，设句子"N 是 F"在语境 C_1 中为真，句子"N 是 G"在语境 C_2 中为真，如果 N 不是语境敏感的，那么，句子"N 是 F 和 G"在新语境 C 中也为真；否则"N 是 F 和 G"在新语境 C 中可能为假。也即，N 是语境不敏感的，仅当 N 在不同的语境中保持相同的指称。容易发现专名对于共有描述测试是不敏感的而索引词是敏感的。原因在于索引词及其他语境敏感的指称表达式在不同语境下会根据语境调整指称，在不同语境下 N 指不同对象，新语境下就不能相容地进行共同描述；而语境不敏感指称表达式在所有语境下指称同一对象，新语境中仍保持原有对象，因此仍可以进行共同描述。

（3）"跨语境去引号测试和真正的语境转换论证"标准：如果一个表达式 e 是语境敏感的，那么 e 在不同的陈说语境下有不同的语义值（外延）。非语境敏感表达式在语境转换的时候不会改变语义值。这就是说用下述图式可以测试句子 S 中是否包含语境敏感表达式。其中跨语境去引号图式是：尽管 S 在实际使用中成立，但存在着使"S"被说出时为假的情形。跨语境去引号测试与真正的语境转换论证是等价的，如果一个表达式能够通过跨语境去引号测试，当且仅当能够为该表达式构建一个真正的语境转换论证。这里做出了语境类型的区分：语境转换论证在其中被表述的语境称为叙事语境，语境转换论证所讨论的语境被称为目标语境。这类似于元语言和对象语言的区分。根据这个区分，语境转换论证又可分为贫乏的（或不自然的）和真正的语境转换论证，依据是表达式 e 是否在叙事语境中被使用。要构建一个真正的语境转换论证，就是对在叙事语境中的真句子 S，描述一个 S 在其中为假的目标语境。开普兰和勒珀声称，语境主义者依赖的只是贫乏的语境转换论证而不是真正的语境转换论证。对于红色这样的颜色词，在真正的语境转换论证里（在叙事语境中使用这个词），是不能通过测试的。

开普兰和勒珀的这三项测试，直观上是要表明语境敏感表达式在改变后的语境（特别是态度报告语境）下的外延（语义内容）会发生变化，而非语境敏感表达式则不会。尽管这三项测试往往能成为语境敏感表达式的特征式证据，但实际语言运用中的具体使用情况要复杂得多。三项测试都有论者提出反例，因而它们也就不能成为确定语义敏感表达式的定义性的或充要条件式的测试。

二　自由扩充过程和未表述成分

最小主义和语境主义的另一个论战的焦点在于如何理解语句所断言的内容的生成过程，与此相关的问题在于所断言的内容中是否存在着只在语境中而不在句子的字面构成中才得以体现的内容成分。我们可以比较最小主义、温和语境主义（调和主义）和激进语境主义三种立场对句子在语境中所交流内容的生成路径的解释。

最小主义：

1. 语义过程：语句字面意义（经过饱和过程得到）所断定内容；

2. 语用过程：所断定内容（经过调适过程和会话蕴涵得到）所交流内容。

温和语境主义：

1. 语义过程：语句字面意义（经过饱和过程得到）所断定内容1；

2. 直接语用过程：所断定内容（经过调适过程得到）所断定内容2；

3. 间接语用过程：所断定内容2（经过会话蕴涵得到）所交流内容。

激进语境主义：

1. 直接语用过程：语句字面意义（经过饱和和调适过程得到）所断定内容；

2. 间接语用过程：所断定内容（会话蕴涵得到）所交流内容。

最小主义和语境主义都同意从句子字面意义出发得到语句所断言的内容需要经过所谓的"饱和"过程：通过对语句中不饱和的成分（自由变元）的语义值确定，使得语句变成饱和的。通常的未饱和语义成分包括指示词和索引词这样的语境敏感表达式。这些语词典型地需要借助特定语境的指示行为或语义规则来确定语义值。饱和过程显然是所谓自下而上的过程，因为"饱和"是支配那些语境敏感的表达式的语义规则强制性要求调用语境因素发生的。去歧义也是类似的强制过程，多义词在具体场合根据语境自动选择其中一种意思。比如对多义词"bank"如果使用语境是"土很松软"，那么"bank"指的就不是银行而是河岸。

除饱和过程外，语境主义者还主张确定语句所断言的内容时存在着所谓调适过程，即根据语境对语言学意义进行调节性选择。典型的调适过程包括自由扩充、松动和语义迁移。其中自由扩充，是将未明说的部分补足。例如在下述连接推理中："他得到了钥匙，打开了门。"钥匙是后面半句之间的连接语，要充实到语句中。松动则是和扩充相反的过程。如："ATM 吞了我的卡。"这里需要将"吞"进行放松以使得其应用于更宽泛的范围。语义迁移过程的一种典型情况是部分代整体的借代，将字面上的指代或性质迁移到另一种性质上。如："三明治没付钱就走了。"[①] 相比起由语言规则强制实行的饱和过程，这些过程更多的是由语境本身驱动的，雷卡纳提称为任选过程。如果一个语境补充的内容是任选的或相对自由的，就意味着在别的可能语境中，即使没有这种成分也能表达完整命题。

根据最小主义，饱和过程是语义过程，但根据激进语用主义，不存在纯粹的语义内容和语义过程。语义内容和语用过程是交织在一起的，强制性的饱和过程加上任选性的自由扩充过程都是形成所断言的内容或命题的直接语用过程。激进语境主义主张，自由语用过程与饱和语用是两种反向的语用过程。饱和过程之所以发生，是因为语义规则本身要求语境参与，因而可以说是支配语境敏感表达式的语义规则发出的信号强制性地驱动了语境的加入，所以称为自下而上的过程。而自由语用过程的发生，则与语境敏感表达式无关，而纯粹是由语境中出现了不可提前预测的语用因素，例如说话者意图，而要对相关表达式做出非字面（语义规则）的解释，

---

① 参见 François Recanati, *Literal Meaning*, Cambridge University Press, 2004, chap. 2。

如隐喻等；这种情况下，语境因素的加入是主动和复杂的，说话者和听者对于语句内容的直觉把握对于确立句子的语义内容具有在先的重要性，因而称为语境驱动的或自上而下的过程。基于这样的根据又可以区分出两种语用效应，其中弱语用效应是指能对语义内容产生影响的语境因素都是内在于句法形式和逻辑形式的成分，典型的如饱和过程；而强语用效应是外语言的语境（对应非句法成分的内容）能够对语义内容产生影响。对应自上而下的语用过程，因为要利用语境中的直觉内容。

最小主义和激进语境主义对是否存在着影响语义内容的自由语用过程有不同看法。最小主义认为自由扩充的语用过程是纯粹的语用因素，不会对语句的语义内容产生影响，只有饱和过程才对语句语义内容产生影响。对于生成所断言的内容或所表达的命题（真值条件），最小主义认为前命题过程是饱和过程，后命题过程是任选过程。激进语境主义认为，前命题过程是直接语用过程（饱和加上自由扩充），后命题过程是间接语用过程（会话蕴涵或言外之意）。

自由扩充过程有时候被称为具体化或补足，典型的情况就是对语句中没有表达出来但为了完整理解语句又不得不填充的成分加以明确。这常常被看作语句中暗含有"未表述成分"（unarticulated constituents）。但这种未表述成分跟非限定摹状词那种不完整性呈现的省略不同，后者经常可以通过说话者的语境而不是说话者意图进行补足。[①] 一般认为佩里（perry）最早提出未表述成分的概念，我们前面已经提到了佩里给出的典型的例子："天下雨了"。当说出这个句子的时候，说话者所在的斯坦福大学正在下雨，因此该句子为真，尽管这个句子的语言成分中并未包含斯坦福大学这个地点，但该句子的真值条件或所表达式的命题里明显包含了该地点作为其成分。因此，未表述成分是句子所表达的命题的成分，但在句子的句法结构中找不到对应的成分。

斯坦利（2000）给出了"未表述成分"的定义如下：x 是陈说 u 的未述成分，当且仅当（1）x 是语境提供的包含于 u 的真值条件中的要素；（2）x 不是所说出的句子的逻辑形式的任何成分的语义值。斯坦利对未表

---

① 当然这是有争议的。因为即使是省略，也可能有无限多种补足方式，因此要明确句法/语义性的省略和语用性的省略的差别。

述成分的存在性的论证重述如下：句子"天下雨了"（It is raining）包含着隐藏的时态变元，其真正的表征更类似于 It is raining (t)。但此句子陈说的不仅仅是在某个语境表明的时间下雨了。其断言的毋宁说是，在某个语境提供的时间在某个语境提供的地点下雨了。但除了一个时间变元外再假定一个地点变元并不合理。更合理的是，在这个句子的陈说的真值条件上补充一个位置，而不是借助某个变元。此处的未表述成分分析还可以补充如下细节：假定 t 是时间变元，l 是地点变元，"rains"的解释是其指谓 Den（"rains"）相对于语境 c = 函项 f 取 (t, l) 为真，如果在时间 t 和地点 l 处下雨了，其中 l 是语境 c 中的显著地点；函项 f 取 (t, l) 为假，如果在时间 t 和地点 l 处没有下雨，其中 l 是语境 c 中的显著地点。根据未表述成分分析，It is raining 的结构是 It is raining (t)。因此其真值条件可以表述如下：R：It is raining (t) 在语境 c 中为真，当且仅当"rains"的指谓取 (t, l) 为真，其中 l 是语境 c 中语境明显的地点。这里子句 R 就是标准的未述成分子句，它把握住了下述直觉：地点变元是由语境提供的，而不是"It is raining"的逻辑形式中的变元。但斯坦利论证，对每个所谓的未表述成分的例子，在相应句子的逻辑形式里都存在着未声明的代名词成分，其语义值就是所谓的未表述成分的语义值。这样未表述成分实际上可以看作句子的逻辑形式中的隐藏的索引词，并不需要用"未表述成分"和自由充实的语用过程来解释，否则会导致生成过多或意义的不确定性。斯坦利（Stanley, 2000）对四种表达式的情况论证使用未表述成分来进行分析是失败的。[①] 斯坦利的论证分成两步，首先表明对所谓未表述成分的解释能被高阶算子控制，也即论证语境提供的要素是相关构造的逻辑形式中的约束成分的值。由于索引表达式不是约束的，因而相关的语境依赖性就不是出于狭义索引性的理由。其次，由于语义约束和句法约束总是一致的，也即语义约束是由于存在着变元约束算子，该算子与子句中共索引的变元之间具有某种结构性的关系。同时约束变元具有独立的指

[①] Jason Stanley, "Context and logical form", *Linguistics and philosophy*, Vol. 23, No. 4, 2000, pp. 391 – 434. 这四种表达式是：(1) 下雨了（rains）。(2) 比较形容词，如"小的"（small）。(3) 量化表达式，如"每个"（every）约束的表达式。(4) 关系表达式，如"在家"（home），"本地"（local）等。

谓，这个理论实体不应当由语用机制提供。

未表述成分直观上看是没有直接出现在句子的语音—语形层面的内容但又是句子所断言的内容一部分，是由语境补充提供的部分。但是语境如何提供这样部分内容，它是如何进入句子的真值条件、语义内容或断定内容的，不同立场的论者有不同的解释。关键仍在于，未表述成分内容，如果存在的话，那么它是属于语义内容（最小主义和索引主义）还是语用部分（语境主义）？激进语境主义者认为，如果不补充未表述成分，原有语句实际上没有表达完整命题，所表达的部分只能算命题干（propsitional skeleton）或命题图式（prositional schema）。最小主义者博格认为未表述成分是没有被句法表征而又是理解句子所表达的命题所不可缺少的成分。索引主义者斯坦利认为未表述成分可以还原到句子的逻辑形式中，因此实际上不存在未表述成分。雷卡纳提则认为未表述成分是通过自由扩充的语用过程进入句子的真值条件的。

三 交流、心理学及语义学的观念

交流的目的在于信息从说话者到听者之间的传递。海克（R. Heck）曾指出，"在言语行为中，交流是理性主体之间互相参与的行为。对于交流的进一步讨论不仅要求在说话者之间传递信息，还要求使人们理性地相互参与，要求思考者把他的信念影响别人的认知生活以及允许他们自己的认知生活被别人影响"[①]。如果对于同一个信息说话者和听者具有不同的理解方式，那么如何确定其中的公共部分以作为成功交流的充要条件？素朴交流理论认为，交流成功进行必须依赖于说话者和听者之间共享相同的思想，也即听者持有意图表达的那一个思想，该思想就是说话者的信念内容。换言之，说话者的陈说的意思就恰恰是说话者已经相信的东西和听者将要相信的东西，当听者把握到说话者的陈说的意思，听者也就把握到说话者所相信的并试图和听者交流的那个思想。这可以用下述过程来表示：(1)说话者持有某个思想 T；(2)说话者使用某个语句表达式 S 将此信念进行语义编码；(3)听者听到或读到语句 S；(4)听者利用语义知识将 S 语义解码得到思想 T。素朴交流理论认为，交流成功的充要条件是，

---

① Richard Heck, "Do Demonstratives Have Senses?", *Philosophical Print*, Vol. 2, p. 16.

说话者对思想的语义编码为语言表达式和听者将语言表达式解码为思想这两个过程的结果是相同的。交流成功的结果是听者持有了说话者意图传递的那个思想。这种素朴理论无疑是基于某种最小主义的语义学,实现语义内容的共享是交流成功的标志,严格的标准要求听者正确获得说话者所意图传达的命题。

激进语境主义面临的一个主要指责是,如果不存在最小命题、真值条件语义学和系统的语义理论,如果所有的词项都是语境敏感的,那么每个句子的真值条件内容都不是系统可预测的,那么说话者说出的语句就具有意义不确定性,这样无法保证说话者和听者能获得相同的语义内容,交流也就成为不可能的。最小主义者认为,如果不存在最小的语义内容,我们在交流的时候,如何能够通过基本的字面内容把交流意图传递出去?言语行为内容的确可以是丰富的、随语境变化的,但是必须有一个基本的载体作为交流的公共部分。开普兰和勒珀和一些温和语境主义者如索莫斯等都主张句子的语义内容就是该句子在各种被说出的场合中所交流的内容的公共部分,此即最小命题。

对于激进语境主义,由于不存在语义内容的共享,就必须用别的方法来解释成功交流如何可能。激进语境主义者通常对此持有一种松散的标准,只要求说话者表达的命题与听者所理解的命题之间存在着某种相似关系,以便保证交流能够继续进行。例如,对于从物思想的交流,雷卡纳提主张成功的交流需要在说话者和听者之间保持语言学呈现模式的相似性,Anne B 则认为需要在对话双方保持关于指称对象的心理学呈现模式的相似性。不管成功交流的标准是什么,说话者和听者在成功的交流中必定分享了某些内容。要获得这种共享的内容,说话者和听者还需要有一些共同的背景知识。雷卡纳提强调有三种因素来确保交流内容的共享:(1)说话者和听者具有相同的心理结构;(2)对话双方对陈说内容的相互理解中的互动;(3)对模糊性和误解的容忍。这些因素排除了共享最小命题作为成功交流的必要性。

另一方面,某些语境敏感的词项的语义值的确定似乎要依赖于说话者的意图,而说话者的意图无疑是难以被句法系统编码的。这是命题主义最困难的地方。博格试图论证,在表达式的指称确定的过程中不能离开说话者意图但是对句子的语义内容的把握则无须借助说话者意图。对于包含指示词等语境敏感词项的句子，听者只要能识别出表达式的特征或语言学意义就足以完成语言学的理解。对陈说（言语行为）内容的把握，不是语义学的任务。这里，又回到语义学和语用学的关系和划界问题。

斯坦利曾经给出语义/语用区分的三种方式：（1）语义学研究相对于语境保持不变的意义。在这种区分下，"I"在不同语境中的不同值属于语用因素。在这种区分里语义学处理的是表达式的类型。（2）将语言学解释分为语义阶段和语用阶段。语义阶段处理表达式的语义值，这需要结合句子的逻辑形式和语境。语用阶段通过会话准则如相关性、质的准则和量的准则，不涉及根据语句结构来确定语义值，本质上不是语言内的因素而是外语言的因素起作用。在这种区分下，语义学处理的是相对于语境的表达式。（3）语义学处理句子的真值条件或命题，即真值条件语义学。语用学研究以真值条件命题为输入的情况下，言语行为中蕴涵的命题。其中第一种区分是格莱斯以前的区分，为早期的不少理想语言学派的提倡者所主张，如蒙太古等。后两种区分是温和语境主义者也接受的主张，如果斯坦利关于逻辑形式的理论是合理的，那么第二种和第三种区分没有实质性的差别。在这种情况下，说话者意图对于句子内容的贡献就不会是语义贡献。

事实上，说话者意图与交流内容的关系已经超出了语言学的层面而与理解的心理学密切相关。激进语境主义者认为最小主义者强调的最小命题并未在交流过程中出现，因此是多余的。在交流中，真正起作用的是直觉性真值条件，这一真值条件不依赖于前述所谓"自下而上的"过程通过句法和词汇的习规意义产生，而是借助于说话者和听者之间的背景信息的共享、听者领会了说话者的交流意图而产生的。根据雷卡纳提，在交流中真正进入意识层面的只有通过语用过程产生的直观性真值条件内容，由于最小命题并未进入意识层面，对于交流内容的真值条件的解释也是多余的，因此可以完全抛弃最小命题。真值条件的意识可达性应当成为确定"所断言的内容"的标准，雷卡纳提强调，应该用心理过程的方法来理解真值条件内容，也即将真值条件内容（语义内容）当作"潜在于理解中的复杂处理过程的有意识输出"，而不应该从纯粹语言学的角度来理解语义内容，即把真值条件内容当作经过饱和过程之后得到的最小命题。这样在雷卡纳提那里，语义内容和语用过程不是截然分开的两部分，而是互相交织，语义内容中的一部分由语用来决定。

前已提及，雷卡纳提将类似的原则表述为可达性原则：所断言的内容必须是会话的参与者意识上可达的，换言之，语言学层面的某些结构和内容应当具有心理层面（或神经科学）的可实现性。如果语义内容不是意识可达的，就等于是对我们说了什么而我们自己并无意识；用视觉类比，这相当于你看到了某些内容，但你却不知道你看到了这些东西。

对于语言学层次上语言交流模型和认知心理学层次上的意义理解模型之间的关系，可以从规范的和经验的两个角度来考察。从规范理论角度看，可以把语言模型当作认知模型的理性重构；从经验角度看，心理语言学领域展开了大量的实验研究。雷卡纳提的可达性要求，可以看作对语言交流模型的一种规范性约束，即对语言交流的解释必须满足可心理实现性。这种要求是否合理？

关于语义理论（语义学）与认知过程（心理学）的关系，正如博格（2012）所评论的，无非只能有三种情况：(1) 两者互相独立，包括形而上学的独立（语义理论用于刻画语言能力的知识，与理解的心理形式是相互独立的）和认识论上的独立（正确的语义理论并不蕴涵着关于心理过程的预言）；(2) 心理学事实依赖于语义事实。这就是在形而上学上体现为语言决定论的立场（语言框架在相当程度上规定了思维模式，语言结构决定心理认知模式），在方法论上体现为"语言学转向"的思潮（语言哲学是第一哲学，通过语言分析可以澄清认知上的理解混乱）。[①] (3) 语义学事实依赖于心理学事实。这在形上学上体现为心理主义的思路（语言层面的东西归根结底要到心理学层面解释，根据心理主义立场，甚至逻辑学也是心理学的分支）。某些自然主义者或物理主义者，则很可能把心理学过程或神经过程的证据当作最终的科学证据，来判定语言学理论（作为规范性理论）的适当与否。

按照格莱斯的意义理论，语句的意义取决于说话者意义，而说话者意义可以解释成某种说话者意图—听者反应的互动模式；或按照塞尔的说

[①] Emma Borg, *Pursuing Meaning*, Oxford University Press, 2012. 参见第二章。这些"优先性""决定"主要不是经验意义上的先后，而在很大程度上是本体论或认识论意义上的。

法，语言的意向性是派生于心理的意向性，最终要借助于心理意向性来解释语言意向性，这两种思路似乎都支持上述第3种立场，即语义学事实最终依赖于心理学的事实。但正如博格和巴赫所指出的，这要看我们如何理解语义理论的地位。语义理论是对意义之结构和语言之理解的"理性重构"，而不是对其心理学对应物的经验刻画或思辨性描述。后者被索莫斯称为语义能力的"饱满理论"（robust theory），索莫斯认为，根据饱满理论的要求，"句法和语义理论不但要求刻画句子的语言学意义的性质，还要求这一点是基于下述基础，即要求某种内部表征的认知机制对说话者识别这些性质负责；简言之，语言学理论既要求说明有关具备语言学能力所必须的知识，又要说明产生这些知识的机制"[1]，索莫斯论证，对于语义理论而言，甚至"简当方法"也是不必要的，因为"语义理论并不陈述说话者知道的东西是根据其语义能力获得的；语义能力也并非来自由正确的语义理论所刻画的表达式的语义性质"。

这里，需要区分语义学和心理语义学的关系，"语义学的中心事实是语言携带关于世界的信息，心理语义学的中心事实是说话者理解语言中句子所作出的关于世界的论断。因此语义理论要告诉我们相对于语境有哪些信息被编码到句子中；而有能力的说话者能够把握这一信息，把句子与其内容正确地匹配正是语义能力的本质"。根据索莫斯的讨论，语义学理论要完成的任务有三点：（1）解释语义内容，即告诉我们相对于不同的陈说的语境句子说出了什么东西，并以此提供基础来解释说话者在不同语境下发出断定性陈说时说出的内容；（2）解释真值条件，有关真值条件的语义解释要阐明语言和世界之基本关系，例如语言是如何表征世界的；（3）提供模型论刻画，语义理论的模型论机制要对意义决定的不同句子间的逻辑性质和关系提供语义解释。显然，语义学的这几个任务有可能独立于说话者对于语言理解的认知机制，后者是语义能力理论或心理语义学的研究范围，主要集中在两个方面：其一，是对理解某个表达式或某个语言来进行概念分析，这种分析可能需要借助社会的或心理的观念。其二，是使用经验理论来确认某个认知结构和过程，这个认知过程对于某个特定

---

[1] Scott Soames, "Semantics and semantic competence", *Philosophical Perspectives*, Vol. 3, 1989, pp. 576–577.

个人或群体的语言理解负有因果责任。①

关于语义学的简当理论"不要求导出语言理论的有关句法或真值条件定理的某种理论机制成为任何心理的实在系统的表征性成分；它不要求回答正确的语言理论所刻画的知识是如何被心理学上实现的"。因此，根据索莫斯的观点，语义学说明表达式的内容，但是不需要谈及这些表达式之所以具有该内容的因果相关的经验因素；因此语义学不能用来解释语义能力，语义学提供的知识对于理解语义能力既非充分也非必要的。

按照这种思路，雷卡纳提的可达性要求就是多余的，至少意识可达性不应该作为语义内容的经验性要求，因为语义理论并不需要负担语言理解的经验性说明。那么，将意识可达性作为语义内容的规范性要求是否合理呢？开普兰和勒珀指出最小主义的批评者常常持有下述错误预设（MA）：某个语义内容的理论是充分的，仅当该理论能解释说话者关于言语行为内容的全部或绝大部分直觉（也即说话者通过说出句子时所明说、断定、声称或陈述的内容的直觉）。开普兰和勒珀认为，上述假设是混淆了语义内容和言语行为内容，因此导致语境主义者假定了比实际情况更多的语义敏感性。

这里我们可以参照萨尔蒙所说的两种语义学观念，将假定了上述假设的语义学称为"以言语行为为中心的观念的语义学"（这种语义学观念中，表达式的语义归属可以概念上还原到说话者使用表达式的言语行为之中），以便与"以表达式为中心的观念的语义学"相对应（这种语义学观念中，表达式的语义归属从概念上不是来自说话者的言语行为，而是来自特定语言的表达式自身的内在性质）。② 这向我们表明，最小主义者和语境主义者的争论，在多大程度上是关于语义学的观念，特别是表达式的意义自主性的争论。

---

① Scott Soames, "Semantics and semantic competence", *Philosophical Perspectives*, Vol. 3, 1989, pp. 589–93.

② Nathan Salmon, "Two conceptions of semantics", in Szabo, Zoltan (ed.), *Semantics Versus Pragmatics*, Oxford University Press, 2005, pp. 317–328.

参考文献

一 英文文献

Alexander, Joshua, *Experimental Philosophy: An Introduction*, Cambridge: Polity Press, 2012.

Almog, J., Perry, J. and Wettstein, H, eds., *Themes from Kaplan*, Oxford: Oxford University Press, 1989.

Bach, Kent, *Thought and Reference*, Oxford: Oxford University Press, 1987.

Bach, Kent, "Intentions and Demonstrations", *Analysis*, Vol. 52, No. 3, 1992.

Bach, Kent, "Descriptivism Distilled", http://online.sfsu.edu/~kbach, 2001.

Bach, Kent, "Points of Reference", in A. Bezuidenhout and M. Reimer (eds.), *Descriptions and Beyond*, Oxford: Oxford University Press, 2004.

Bach, Kent, "Review of Truth-conditional Pragmatics", *Notre Dame Philosophical Review*, 2011, August, https://ndpr.nd.edu/reviews/truth-conditional-pragmatics-2/, 2011.

Barwise J. and Perry, J., *Situation and Attitude*, Cambridge MA: MIT Press, 1983.

Beaney, Micheal, *Frege: Making Sense*, Duckworth, 1996.

Bezuidenhout, Anne, "The Communication of *de re* Thought", *Noûs*, Vol. 31, No. 2, 1997.

Bezuidenhout, Anne, "Truth-conditional Pragmatics", *Philosophical Perspective*, Vol. 16, 2002.

Boersema, David, "Wittgenstein on Names", *Essays in Philosophy*, Vol. 1,

No. 2, 2000.

Boghossian, Paul, "Analyticity Reconsidered", *Noûs*, Vol. 30, No. 3, 1996.

Borg, Emma, *Minimal Semantics*, Oxford: Oxford University Press, 2004.

Borg, Emma, *Pursuing Meaning*, Oxford: Oxford University Press, 2012.

Braun, David, "Demonstratives and Their Linguistic Meanings", *Noûs*, Vol. 30, No. 2, 1996.

Braun, David, "Russellianism and Explanation", In *Philosophical Perspectives*, Vol. 15, 2001.

Burge, Tyler, "Sinning against Frege", *Philosophical Review*, Vol. 88, No. 3, 1979.

Burge, Tyler, "Frege on Sense and Linguistic Meaning", in David Bell & Neil Cooper, eds., *The analytic Tradition*, Basil Blackwell, 1990.

Burge, Tyler, "Philosophy of Language and Mind: 1950 – 1990", *Philosophical Review*, Vol. 100, 1992.

Byrne, Alex and Michael Thau, "In Defense of Hybrid View", *Philosophical Review*, Vol. 105, 1996.

Caplan, Ben, "Putting things in contexts", *Philosophical Review*, Vol. 112, No. 2, 2003.

Cappelen, Herman, and Lepore, Ernest, *Insensitive Semantics: A Defense of Semantic Minimalism and Speech Act Pluralism*, Wiley-Blackwell, 2005.

Cappelen, Herman & Lepore Ernie, "Replies", *Philosophy and Phenomenological Research*, Vol. 73, No. 2, 2006.

Cappelen, Herman and Hawthorne, John, *Relativism and Monadic Truth*, Oxford: Oxford University Press, 2009.

Cappelen, Herman, *Philosophy Without Intuition*, Oxford: Oxford University Press, 2012.

Cappio, James, "Wittgenstein on Proper Names or: Under the Circumstances", *Philosophical Studies*, Vol. 39, No. 1, 1981.

Carnap, Rudolf, *Meaning and Necessity: A Study in Semantics and Modal Logic*, University of Chicago Press, 1947.

Carston, Robyn, 2002. *Thoughts and utterances: The Pragmatics of Explicit*

Communication, Oxford: Blackwell.

Chalmers, David, *The Conscious Mind*, New York: Oxford University Press, 1996.

Chalmers, David, "On Sense and Intension", *Philosophical Perspectives*, Vol. 16, 2002a.

Chalmers, David, "The Components of Content", in Chalmers, D., ed., *Philosophy of Mind: Classical and Contemporary Readings*, Oxford: Oxford University Press, 2002b.

Chalmers, David, "Epistemic Two-Dimentional Semantics", *Philosophical Studie*, Vol. 118, 2004.

Chalmers, David, "The Foundations of Two-Dimensional Semantics", in Garcia-García-Carpintero, Manuel and Macia, Josep., eds., *Two-Dimensional Semantics Foundations and Applications*, Oxford: Oxford University Press, 2006a.

Chalmers, David, "Two-Dimensional Semantics", in E. Lepore and B. Smith eds., *Oxford Handbook of Philosophy of Language*, Oxford: Oxford University Press, 2006b.

Chalmers, David, "Response to Scott Soames on Two-Dimensionalism", http://consc.net/papers/soamesapa.html, 2006c.

Chalmers, David, "Propositions and Attitude Reports: A Fregean Account", *Noûs*, Vol. 45, 2011.

Cresswell, Max. 1985. *Structured Meanings: The Semantics of Propositional Attitudes*, The MIT Press.

Davidson, Donald, *Inquiries into Truth and Interpretation*, Oxford: Clarendon Press, 1984.

Davidson, Donald, "The Folly of Trying to Define Truth", *Journal of Philosophy*, Vol. 93, No. 6, 1996.

Davidson, Donald, "Reply to Nearle", In Hahn, L (ed), *The Philosophy of Davidson*, Open Court, 1999.

Davies, Martin, *Meaning Quantification and Necessity*, Routledge & Kegan Paul, 1981.

Davies, M and Humberstone, L, "Two Concepts of Necessity", *Philosophical Studies*, Vol. 38, 1980.

Deutsch, Max, "Experimental Philosophy and the Theory of Reference", *Mind and Language*, Vol. 24, No. 4, 2009.

Deutsch, Max, "Intuitions, Counter-examples, and Experimental Philosophy", *Review of Philosophy and Psychology*, Vol. 1, No. 3, 2010.

Devitt, Michael, *Designation*, New York: Columbia University Press, 1981.

Devitt, Michael, "Against Direct Reference", In *Midwest Studies in Philosophy*, Vol. 14, 1989.

Devitt, Michael, "Experimental Semantics", *Philosophy and Phenomenological Research*, Vol. 82, No. 2, 2011.

Devitt, Michael, "Whither Experimental Semantics?", *Theoria*, Vol. 27, No. 1, 2012a.

Devitt, Michael, "Semantic Epistemology: Response to Machery", *Theoria*, Vol. 27, No. 2, 2012b.

Donnellan, Keith, "Reference and Definite Descriptions", *Philosophical Review*, Vol. 75, No. 3, 1966.

Donnellan, Keith, "Putting Humpty Dumpty Together Again", *Philosophical Review*, Vol. 77, No. 2, 1968.

Donnellan, Keith, "Proper Names and Identifying Descriptions", in D. Davidson and G. Harman, eds., *The Semantics of Natural Language*, Dordrecht: Reidel, 1972.

Donnellan, Keith, "Speaker Reference, Descriptions and Anaphora", in Peter Cole, ed., *Syntax and Semantics*, Vol. 9, New York, NY: Academic, 1978.

Dummett, Michael, "Truth", *Proceedings of the Aristotelian Society*, Vol. 59, No. 1, 1959.

Dummett, Michael, *Frege: Philosophy of Language*, Cambridge, MA: Harvard University Press, 1973.

Dummett, Michael, *The Interpretation of Frege's Philosophy*, Cambridge, MA: Harvard University Press, 1981.

Dummett, Michael, *The Logical Basis of Metaphysics*, Cambridge, MA: Harvard University Press, 1991.

Dummett, Michael, *The Sea of Language*, Oxford: Clarendon Press, 1993.

Evans, Gareth, *The Varieties of Reference*, Oxford: Oxford University Press, 1982.

Evans, Gareth, *Collected Papers*, Oxford: Clarendon, 1985.

Field, Hartry, "Tarski's Theory of Truth", *Journal of Philosophy*, Vol. 69, No. 13, 1972.

Field, Hartry, *Truth and the Absence of Fact*, Oxford: Oxford University Press, 2001.

Fitch, Greg & Nelson, Michael, "Singular Propostion", *Stanford Encyclopedia of Philosophy*, https://plato.stanford.edu/entries/propositions-singular/, 2013.

Fodor, Jerry, *Psychosemantics*, Cambridge: MIT Press, 1987.

Fodor, Jerry, *A Theory of Content and other Essays*, Cambridge MA: MIT Press, 1990.

Fodor, Jerry, *Elm and expert*, Cambridge MA: MIT Press, 1993.

Fodor, Jerry, "The Representational Theory of Mind", *American Behavioral Scientist*, Vol. 40, 1997.

Forbes, Graeme, "Review of Frege's Puzzle", *Philosophical Review*, Vol. 96, No. 3, 1987.

Forbes, Graeme, "Indexical", in D. Gabby, *et al*, eds., *Handbook of Philosophical Logic*, Vol. 4, 1989.

Forbes, Graeme, "The Indispensability of Sinn", *Philosophical Review*, Vol. 99, No. 4, 1990.

Frege. Gottlob, *Translations from the Philosophical Writings of Gottlob Frege*, P. Geach and M. Black, eds., Oxford: Blackwell, 1952.

Frege, Gottlob, *The Basic Laws of Arithmetic*, M. Furth, trans. & ed., University of California Press, 1964.

Frege, Gottlob, *Posthumous Writings*, H. Hermes, *et al*. eds., Oxford: Basil Blackwell, 1979.

Frege, Gottlob, *The Frege Reader*, M. Beaney. ed., Oxford: Blackwell,

1997.

García-Carpintero, Manuel, "A Presuppositional Account of Reference Fixing", *Journal of Philosophy*, Vol. 97, No. 3, 2000.

García-Carpintero, Manuel and Macia, Josep, eds., *Two-Dimensional Semantics Foundations and Applications*, Oxford: Oxford University Press, 2006.

García-Carpintero, Manuel and Kölbel, Max, eds., *Relative Truth*, Oxford: Oxford University Press, 2008.

Gendler, Tamar & Hawthorne, John, eds., *Conceivability and Possibility*, Oxford: Oxford University Press, 2002.

Genone, James, "Concept Possession, Experimental Semantics, and Hybrid Theories of Reference", *Philosophical Psychology*, Vol. 25, No. 5, 2012a.

Genone, James, "Theories of Reference and Experimental Philosophy", *Philosophy Compass*, Vol. 7, No. 2, 2012b.

Grice, Paul, *Studies in the Way of Words*, Cambridge: Harvard University Press, 1989.

Hacker, P. M. S., *Insight and Illusion: Themes in the Philosophy of Wittgenstein*, Oxford: Oxford University Press, 1986.

Hale, Bob and Wright, Crispin, eds., *A Companion to the Philosophy of Language*, Oxford: Blackwell, 1997.

Hansen, Chad, *Language and Logic in Ancient China*, Ann Arbor: The University of Michigan Press, 1983.

Heck, Richard, "The Sense of Communication", *Mind*, Vol. 104, 1995.

Heck, Richard, "Do Demonstratives Have Senses?", *Philosophical Print*, Vol. 2, 2002,

Hintikka, Jaakko, "Problem 36: was Wittgenstein a New Theorist of Reference?", *Synthese*, Vol. 131, 2002.

Hintikka, J. & Sandu, G., "The Fallacies of the New Theory of Reference", *Synthese*, Vol. 104, No. 2, 1995.

Hintikka, M. & Hintikka, J., *Investigating Wittgenstein*, New York: Basil Blackwell, 1986.

Horich, Paul, "Disquotation and Cause in the Theory of Reference", *Philosophical Issue*, Vol. 6, 1995.

Horich, Paul, *Meaning*, Oxford: Oxford University Press, 1998.

Humphreys, Paul and Fetzer, James, eds., *The New Theory of Reference: Kripke, Marcus, and Its Origins*, Kluwer Acdemic Publisher, 1998.

Ichikawa, Jonathan, Maitra, Ishani & Weatherson, Brian, "In defense of a Kripkean dogma", *Philosophy and Phenomenological Research*, Vol. 85, No. 1, 2011.

Jackendoff, Ray, "Why a Conceptualist of Theory of Reference", *Linguistics and Philosophy*, Vol. 21, 1998.

Jackman, Henry, "Semantic Intuitions, Conceptual Analysis, and Cross-cultural Variation", *Philosophical Studies*, Vol. 146, No. 2, 2009.

Kaplan, David, "Quantifying In", *Synthese*, Vol. 19, No. 1 – 2, 1968.

Kaplan, David, "Dthat", in Peter Cole, ed., *Syntax and Semantics*, Vol. 9 New York, NY: Academic, 1978.

Kaplan, David, "Opacity", in Lewis Hahn, ed., *The Philosophy of W. V. Quine*, IL: Open Court, 1986.

Kaplan, David, "Demonstratives: An Essay on the Semantics, Logic, Metaphysics, and Epistemology of Demonstratives and Other Indexicals", in J. Almog, J. Perry, and H. Wettstein., eds., *Themes from Kaplan*, Oxford: Oxford University Press, 1989a.

Kaplan, David, "Afterthoughts", In J. Almog, J. Perry, and H. Wettstein., eds., *Themes from Kaplan*, Oxford: Oxford University Press, 1989b.

Katz, Jerrold, "The End of Millianism", *Journal of Philosophy*, Vol. 98, No. 3, 2001.

Katz, Jerrold, *Sense, Reference and Philosophy*, Oxford: Oxford University Press, 2004.

Knobe, Joshua & Nichols, Shaun, eds., *Experimental Philosophy*, Oxford: Oxford University Press, 2008.

Kölbel, Max, *Truth Without Objectivity*, London: Routledge, 2002.

Kölbel, Max, "Faultless Disagreement", *Proceedings of the Aristotelian Socie-*

ty, Vol. 104, 2003.

Kripke, Saul, *Naming and Necessity*, Cambridge, MA: Harvard University Press, 1980.

Kripke, Saul, "Speaker's Reference and Semantic Reference", *Midwest Studies in Philosophy*, Vol. 2, 1977.

Kripke, Saul, "A Puzzle about Belief", in Avishai Margalit, ed., *Meaning and Use*, Dordrecht: Reidel, 1979.

Lam, Barry, "Are Cantonese Speakers Really Descriptivists? Revisiting Cross-Cultural Semantics", *Cognition*, Vol. 115, No. 2, 2010.

Lau, Joe, "Externalism About Mental Content", *Stanford Encyclopedia of Philosophy*, https://plato.stanford.edu/archives/fall2020/entries/content-externalism/, 2014.

Leeds, Stephen, "How to Think about Reference", *Journal of Philosophy*, Vol. 70, 1973.

Leeds, Stephen, "Theories of Reference and Truth", *Erkennitins*, Vol. 13, No. 1, 1978.

Lewis, David, "Index, Context, and Content", in Stig Kanger and Sven Öhman, eds. *Philosophy and Grammar*, Dordrecht: Reidel, 1980.

Lewis, David, *Papers in Philosophical Logic*, Cambridge: Cambridge University Press, 1998.

Levison, Stephen, *Presumptive Meanings*, Cambridge MA: MIT Press, 2000.

Loar, Brian, *Mind and Meaning*, Cambridge: Cambridge University Press, 1981.

Ludlow, Peter and Neale, Stephen, "Indefinite Descriptions: In defense of Russell", *Lingustic and philosophy*, Vol. 14, 1991.

Lugg, Andrew, *Wittgenstein's Investigations 1 – 133: A Guide and Interpretation*, London: Routledge, 2004.

MacFarlane, John, "Making Sense of Relative Truth", *Proceedings of the Aristotelian Society*, Vol. 105, 2005.

MacFarlane, John, *Assessment Sensitivity: Relative Truth and its Applications*, Oxford: Oxford University Press, 2014.

Machery, Edouard, Mallon, Ron. Nichols, Shaun & Stich, Stephen, (abbr. MMNS)

MMNS, 2004, "Semantics, Cross-Cultural Style", *Cognition*, Vol. 92, No. 3.

MMNS, "Against Arguments From Reference", *Philosophy and Phenomenological Research*, Vol. 79, No. 2, 2009a.

MMNS, "Linguistic and Metalinguistic Intuitions in the Philosophy of Language", *Analysis*, Vol. 69, No. 4, 2009b.

MMNS, "Semantic Intuitions: Reply to Lam", *Cognition*, Vol. 117, No. 3, 2010.

MMNS, "Expertise and Intuitions About Reference", *Theoria*, Vol. 27, No. 1, 2012a.

MMNS, "Semantic Epistemology: A Brief Response to Devitt", *Theoria*, Vol. 27, No. 2, 2012b.

MMNS, "If Folk Intuition Vary, Then What?", *Philosophy and Phenomenological Research*, Vol. 86, No. 3, 2013.

MacKay, A. F., "Mr Donnellan and Humpty Dumpty on Referring", *Philosophical Review*, Vol. 77, No. 2, 1968.

Marti, Genoveva, "Against Semantic Multi-culturalism", *Analysis*, Vol. 69, No. 1, 2009.

Mcdowell, John, "De re senses", *Philosophical Quarterly*, Vol. 34, 1984.

McDowell, John, *Meaning, Knowledge, and Reality*, Cambridge, MA: Harvard University Press, 1998.

Mill, J. S., "Of Names", in Adrienne and Keith Lehrer, eds., *Theory of Meaning*, Prentice-Hall, Inc., 1970.

Mizrahi, Moti & Morrow, David, 2015, "Does Conceivability Entail Metaphysical Possibility?" *Ratio*, Vol. 28, No. 1, 2015.

Mount, Allyson, "Review of Pursuing Meaning", *Notre Dame Philosophical Review*, http://ndpr.nd.edu/news/36252-pursuing-meaning/, 2012.

Neale, Stephen, *Description*, Cambridge MA: MIT Press, 1990.

Nisbett, Richard, *The Geography of Thought*, Free Press, 2003.

Noonan, Harold, *Frege*, Cambridge: Polity Press, 2001.

Peacocke, Christopher, *Sense and Content*, Oxford: Clarendon, 1983.

Peacocke, Christopher, *Thoughts: An Essay on Content*, New York, NY: Blackwell, 1986.

Peacocke, Christopher, *A Study of Concepts*, Cambridge MA: MIT Press, 1992.

Perry, John, *The Problem of the Essential Indexical and Other Essays*, Stanford, CA: CSLI, 2000.

Perry, John, *Reference and Reflexivity*, Stanford, CA: CSLI, 2001.

Phillips, Matthew, "What a Solution to the Problem of Empty Names Cannot Be", http://www.rci.rutgers.edu/~mphil/empty_names.htm, 2001.

Plantinga, Alvin, *The Nature of Necessity*, Oxford: Oxford University Press, 1974.

Predelli, Stefano, *Context*, Oxford University Press, 2005.

Preyer, Gerhard and Peter, Georg, eds., *Context-Sensitivity and Semantic Minimalism*, Oxford University Press, 2007.

Putnam, Hilary, *Mind, Language, and Reality: Philosophical Papers*, Vol. 2, Cambridge: Cambridge University Press, 1975.

Putnam, Hilary, *Reason, Truth and History*, Cambridge: Cambridge University Press, 1981.

Putnam, Hilary, *Renewing Philosophy*, Cambridge, MA: Harvard University Press, 1992.

Quine, W. V. O, 1960, *Word and Object*, Cambridge MA: MIT Press.

Quine, W. V. O, 1973, *The Root of Reference*, Open Court.

Recanati, François, "Referential/Attributive: a Contextualist Proposal", *Philosophical Studie*, Vol. 56, No. 3, 1989.

Recanati, François, *Direct Reference: From Language to Thought*, Oxford: Blackwell, 1993.

Recanati, François, *Literal Meaning*, Cambridge: Cambridge University Press, 2004.

Recanati, François, *Perspectival Thought: A Plea for Moderate Relativism*, Oxford: Oxford University Press, 2007.

Recanati, François, *Truth-conditional Pragmatics*, Oxford: Oxford University Press, 2010.

Recanati, François, "Precis of Truth-conditional Pragmatics", *Torema*, Vol. 32, No. 2, 2013.

Reimer, Marga, "The Wettstein/Salmon Debate", *Pacific Philosophical Quarterly*, Vol. 79, No. 2, 1997.

Reimer, Marga, "Donnellan's Distinction/Kripke's Test", *Analysis*, Vol. 58, No. 2, 1998.

Ren, Yuan, "Belief Ascription and de re Communication", in *Studies in Computational Intelligence*, Vol. 64, Berlin: Springer, 2007.

Richard, Mark, "Contextualism and Relativism", *Philosophical Studies*, Vol. 119, No. 1 – 2, 2004.

Richard, Mark, *When Truth Gives Out*, Oxford: Oxford University Press, 2008.

Rorty, Richard, *Philosophy and The Mirror of Nature*, Princeton University Press, 1979.

Russell, Bertrand, "On Denoting", *Mind*, Vol. 14, 1905.

Russell, Bertrand, *The Problems of Philosophy*, Oxford University Press. 1959.

Sainsbury, R. M, *Russell*, London: Routledge & Kegan Paul, 1979.

Salmon, Nathan, *Reference and Essence*, Princeton, NJ: Princeton University Press, 1981.

Salmon, Nathan, *Frege's Puzzle*, Cambridge MA: MIT Press, 1986.

Salmon, Nathan and Soames, Scott, eds., *Propositions and Attitudes*. Oxford: Oxford University Press, 1988.

Salmon, Nathan, "A Millian Heir Rejects the Wages of *Sinn*", in Anderson, C. A. & Owens, J., eds., *Propositional Attitude*, Stanford, CA: CSLI, 1990.

Salmon, Nathan, "The Pragmatic Fallacy", *Philosophical Studies*, Vol. 63, No. 1, 1991.

Salmon, Nathan, "Two Conceptions of Semantics", in Szabo, Zoltan, ed.,

Semantics Versus Pragmatics, Oxford: Oxford University Press, 2005.

Schiffer, Stephen, "The Basis of Reference", *Erkenntins*, Vol. 13, No. 1, 1978.

Schiffer, Stephen, "The Mode-of-Presentation Problem", in Anderson, C. A. & Owens, J., eds., *Propositional Attitudes*, CSLI, 1990.

Schiffer, Stephen, 1995, "Descriptions, Indexicals and Belief report", *Mind*, 104: 107 – 31.

Schwartz, Stephen, ed., *Naming, Necessity and Natural Kinds*, Cornell University Press, 1977.

Searle, John, "Proper Names", *Mind*, Vol. 67, 1958.

Searle, John, *Speech Acts*, Cambridge: Cambridge University Press, 1969.

Searle, John, *Expression and Meaning*, Cambridge: Cambridge University Press, 1979.

Searle, John, *Intentionality*, Cambridge: Cambridge University Press, 1983.

Siegel, Susanna, "The Role of Perception in Demonstrative Reference", *Philosophical Imprint*, Vol. 2, 2002.

Sluga, Hans. (ed), 1993, *The Philosophy of Frege*, Vol. 4., Garland Publishing Inc.

Soames, Scott, "Semantics and Semantic Competence", *Philosophical Perspectives*, Vol. 3, 1989a.

Soames, Scott, "Direct Reference and Propositional Attitudes", in J. Almog, J. Perry, and H. Wettstein, eds., *Themes from Kaplan*, Oxford: Oxford University Press, 1989b.

Soames, Scott, "Review of Evans' *Collected Papers*", *Journal of Philosophy*, Vol. 86, No. 3, 1989c.

Soames, Scott, "Donnellan's Referential/Attributive Distinction", *Philosophical Studies*, No. 73, Vol. 2 – 3, 1994.

Scott Soames, "The Modal Argument: Wide Scope and Rigified Descriptions", *Noûs*, Vol. 32, No. 1, 1998.

Soames, Scott, *Beyond Rigidity*, New York, NY: Oxford University Press, 2002.

Soames, Scott, *Philosophical Analysis in the Twentith Century*, Vol. 2, Princeton: Princeton University Press, 2003.

Soames, Scott, *Reference and Descriptions*, Princeton University Press, 2004.

Soames, Scot, "Cognitive Propositions", *Philosophical Perspectives*, Vol. 27, 2013.

Soames, Scott, *Rethinking Language, Mind, and Meaning*, Princeton University Press, 2015.

Sosa, David, "Rigidity in the Scope of Russell's Theory", *Noûs*, Vol. 35, No. 1, 2001.

Sperber, Dan, and Wilson, Deirdre, *Relevance: Communication and Cognition*, Oxford: Blackwell, 1986.

Stalanker, Robert, "Reference and Necessity", in Hale, Bob and Wright, Crispin, eds., *A Companion to the Philosophy of Language*, Oxford: Blackwell, 1997.

Stalanker, Robert, *Context and Content*, Oxford University Press, 1999.

Stanley, Jason, "Names and Rigid Designation", in Hale, Bob and Wright, Crispin, eds., *A Companion to the Philosophy of Language*, Oxford: Blackwell, 1997.

Stanley, Jason, "Context and logical form", *Linguistics and philosophy*, Vol. 23, No. 4, 2000.

Stanley, Jason, "Modality and What is Said", *Philosophical Perspectives*, Vol. 16, 2002.

Stanley, Jason, *Language in Context*, Oxford: Oxford University Press, 2007.

Strawson, Peter, *Individuals*, London: Routledge, 1959.

Swoyer, Chris, "Relativism", *Stanford Encyclopedia of Philosophy*, http://plato.stanford.edu/entries/relativism/, 2003.

Sytsma, Justin & Livengood, Jonathan, "A New Perspective Concerning Experiments on Semantic Intuitions", *Australasian Journal of Philosophy*, Vol. 89, No. 2, 2011.

Taylor, Kenneth, *Reference and Rational Mind*, Stanford, CA: CSLI, 2003.

Travis, Charles, "Pragmatics", inHale, Bob and Wright, Crispin, eds., *A*

Companion to the Philosophy of Language, Oxford: Blackwell, 1997.

Thau, Michael, *Consciousness and Cognition*, Oxford: Oxford University Press, 2002.

Wettstein, Howard, *Has Semantics Rested on a Mistake*? Stanford University Press, 1991.

Wettstein, Howard, *The Magic Prism*, New York, NY: Oxford University Press, 2004.

Wittgenstein, Ludwig, *Wittgenstein's Notes on Logic*, Michael Potter, ed., Oxford: Oxford University Press, 2009.

Wittgenstein, Ludwig, *Tractatus Logico-Philosophicus*, D. F. Pears and B. F. McGuinness trans., New York: Humanities Press, 1961.

Wittgenstein, Ludwig, *Philosophical Investigations* (rev. 4th ed.), G. E. M. Anscombe, P. M. S. Hacker and Joachim Schulte, trans., Wiley-Blackwell, 2009.

Wright, Crispin, *Truth and Objectivity*, Cambridge: Harvard University Press, 1992.

Wright, Crispin, "New Age Relativism and Epistemic Possibility: The Question of Evidence", *Philosophical Issues*, Vol. 17, No. 1, 2007.

Wright, Crispin, "Fear of Relativism?", *Philosophical Studies*, Vol. 141, No. 3, 2008.

Zalta, Edward, *Intensional Logic and the Metaphysics of Intentionality*, Cambridge, MA: MIT, 1988.

Zhu, Jing. *et al.*, Report at Workshop on Experimental Semantics, Sun Yat-sen University, unpublished, 2012.

Ziff, Paul, "About Proper Name", *Mind*, Vol. 86, 1977.

二　中文文献

韩林合：《逻辑哲学论研究》，商务印书馆2000年版。

李海霞：《汉语动物命名研究》，巴蜀书社2002年版。

刘兴均：《〈周礼〉名物词研究》，巴蜀书社2001年版。

潘文国：《汉英命名方式差异的语言学考察》，《暨南大学华文学院学报》

2001年第1期。

郝大维、安乐哲:《孔子哲学思微》,蒋弋为,李志林译,江苏人民出版社1996年版。

尼斯贝特:《思维的版图》,李秀霞译,中信出版社2006年版。

诺布、尼科尔斯:《实验哲学》,厦门大学知识论与认知科学研究中心译,上海译文出版社2013年版。

普特南:《重建哲学》,杨玉成译,上海译文出版社2008年版。

亚历山大:《实验哲学导论》,楼巍译,上海译文出版社2013年版。

维特根斯坦:《哲学研究》,陈嘉映译,上海世纪出版集团2005年版。

维特根斯坦:《逻辑哲学论》,韩林合译,商务印书馆2014年版。